LITTÉRATURE ET CENSURE

sous la direction de Jean-Baptiste Amadieu

8

# Le Théâtre en procès

Ouvrage publié avec le soutien du laboratoire Versailles Saint-Quentin
institutions publiques – VIP de l'université Paris-Saclay

Emmanuelle Saulnier-Cassia

# Le Théâtre en procès

## Épilogues contentieux de trois querelles dramaturgiques contemporaines

PARIS
CLASSIQUES GARNIER
2022

Emmanuelle Saulnier-Cassia est professeure à l'université Paris-Saclay. Agrégée des facultés de droit, elle est en outre diplômée en sciences politiques et en études théâtrales. Elle travaille depuis de nombreuses années sur les rapports entre le droit et les arts, dans la lignée du courant de recherche Droit et littérature, appliqué au spectacle vivant, principalement en théâtre et opéra.



ISBN 978-2-406-13819-8 (livre broché)
ISBN 978-2-406-13820-4 (livre relié)
ISSN 2493-691X

# TABLE DES ABRÉVIATIONS

| | |
|---|---|
| AGRIF | Alliance générale contre le racisme et pour le respect de l'identité française et chrétienne |
| CA | Cour d'Appel |
| CAA | Cour administrative d'Appel |
| CC | Conseil constitutionnel |
| CE | Conseil d'État |
| CEDH | Convention européenne de sauvegarde des droits de l'homme et des libertés fondamentales |
| CJUE | Cour de justice de l'Union européenne |
| Coll. | collection |
| Cour EDH | Cour européenne des droits de l'homme |
| dir. | direction |
| DUDH | Déclaration universelle des droits de l'homme |
| éd. | éditions |
| EPCC | Établissement public de coopération culturelle |
| Ord. | ordonnance |
| Réf. | référé |
| Sect. | Section |
| TA | Tribunal administratif |
| TGI | Tribunal de Grande instance |
| TGP | Théâtre Gérard-Philippe |

# INTRODUCTION

Parler de *théâtre en procès* et d'*épilogues contentieux de querelles dramaturgiques contemporaines* ne relève pas de l'évidence. Si le grand public peut avoir facilement en mémoire des livres, des films ou des expositions qui ont fait la une des médias, suscitant des réactions scandalisées de toutes parts (artistes et contestataires), allant jusqu'au contentieux, le spectacle vivant, et le théâtre en particulier a laissé moins de traces dans l'imaginaire collectif. Des explications très factuelles et rationnelles peuvent dans une certaine mesure et dans un premier temps l'expliquer, que l'on peut résumer à deux principales : le théâtre reste en France un art élitiste par rapport aux autres arts précités, et à l'exception du Festival d'Avignon qui brasse un public quant à lui très varié et qui a connu des scandales historiques qui ont connu un certain retentissement médiatique, il est peu fréquent qu'un spectacle suscite des contestations suffisamment marquantes pour être relatées dans la presse, sur les ondes radiophoniques et télévisées ou plus récemment sur les réseaux sociaux. Pour autant, l'on pourrait intuitivement imaginer que même réservée à un cercle d'intéressés, la scène dramaturgique contemporaine, de par la créativité et l'audace des auteurs et metteurs en scène qui l'animent, susciterait une certaine frénésie contestataire, y compris contentieuse.

L'une des premières surprises de cette recherche est qu'il n'en est rien. Le corpus de cette étude n'est composé que de trois séries d'affaires, non par volonté de le limiter numériquement pour révéler par des exemples choisis des lignes forces, mais parce qu'il n'existe véritablement au XXI<sup>e</sup> siècle et de manière plus large à l'époque contemporaine que trois spectacles[1] qui aient fait l'objet de contestations allant jusqu'à des contentieux *stricto sensu*.

---

1 Les affaires relatives au spectacle *Le Mur* de Dieudonné ont été écartées car bien qu'étant représenté le plus souvent dans des théâtres, il ne relève pas, loin sans faut, de l'art dramaturgique. Toutefois, le contentieux est évoqué *infra* (p. 109) afin de souligner la singularité de l'interdiction juridictionnelle des représentations et du traitement inédit fait à la liberté d'expression, par rapport au traitement juridictionnel habituel.

La judiciarisation relative à l'art dramaturgique est donc beaucoup plus réduite qu'attendue ou imaginée instinctivement, notamment lorsqu'on la compare à la littérature[2] et à d'autres champs artistiques, en particulier l'art cinématographique[3] ou les arts plastiques contemporains[4].

Elle est d'autant plus réduite que ces trois spectacles concernés que sont *Sur le concept du visage du fils de Dieu* de Romeo Castellucci, *Golgota Picnic* de Rodrigo García et *Exhibit B* de Brett Bailey, n'ont suscité de procès que pour certaines seulement de leurs représentations, principalement parisiennes, au sein de leurs larges tournées respectives nationales et internationales.

---

2 Après les procès bien connus du XIX^e^ siècle (v. Yvan Leclerc, *Crimes écrits – La littérature en procès au XIX^e^ siècle*, Paris, Classiques Garnier, coll. Littérature et censure, 2021, 456 p.) notamment les trois de 1857, concernant *Les Fleurs du mal* de Baudelaire, *Madame Bovary* de Flaubert et *Les Mystères du Peuple* de Sue, pour offense à la morale publique et religieuse et aux bonnes mœurs, il existe de très nombreux exemples à l'époque contemporaine, notamment en matière de violation de la vie privée et de diffamation (v. *infra*, p. 134).

3 Dans une période récente, le juge administratif a dû se prononcer de nombreuses fois sur l'adéquation de l'interdiction à une tranche d'âge (qui découle du système d'autorisation préalable) : par exemple pour *La Vie d'Adèle* (interdiction aux moins de 12 ans jugée suffisante : CE, 28 septembre 2016, n° 395535) et pour *Sausage Party* (TA de Paris, réf., 14 décembre 2016, n° 16629779/9 et 1620839/9, jugement annulé par le Conseil d'État mais sur d'autres motifs). L'association *Promouvoir*, considérée comme proche des milieux catholiques traditionnalistes, a par ailleurs été à l'initiative de nombreux contentieux contestant des visas d'exploitation devant le juge administratif au motif de la présence de scènes « de grande violence » ou de « sexe non simulées », obtenant satisfaction pour certains d'entre eux, en particulier le film *Baise moi* de Virginie Despentes et Caroline Trinh Thi pour « pornographie et violence » (première annulation d'un visa d'exploitation depuis près de trois décennies : CE Sect. 30 juin 2000, n° 222194, 222195), *La Vie d'Adèle* d'Abdellatif Kechiche (CAA de Paris, 8 décembre 2015), *Antichrist* de Lars von Trier (CAA de Paris, 2 février 2016). Le juge judiciaire, compétent en cas d'assignation des producteurs des films a été saisi en référé pour empêcher par exemple la sortie d'*Une intime conviction* d'Antoine Raimbault sur le procès d'assises du professeur Jacques Viguier par Olivier Durandet pour atteinte à sa vie privée, qui n'a pas été retenue par le juge des référés (TGI de Paris, ord. réf. 19 février 2019) et de *Grâce à Dieu* de François Ozon sur les affaires de pédophilie au sein du diocèse de Lyon qui a également été rejeté (TGI de Lyon, réf., 18 février 2019). Par le passé, des recours ont également pu être formés contre des affiches de films : le Tribunal de police de Cambrai a ainsi été saisi pour « outrage à la décence » s'agissant de l'affiche de *La Bride au cou* faisant poser Brigide Bardot en monokini, les bras repliés en croix sur les seins et a condamné le cinéma à une amende après une analyse « esthétique » minutieuse.

4 V. les nombreux exemples cités *in* : Céline Delavaux, *Les procès de l'art. Petites histoires de l'art et grandes affaires de droit*, Paris, éditions Palette…, 2013, 352 p. et aussi : Thomas Schlesser, *L'art face à la censure. Cinq siècles d'interdits et de résistances*, Paris, Beaux-arts éditions, 2011, 239 p.

Pour autant, les choix esthétiques de ces trois spectacles, la manière et la temporalité selon lesquelles leurs représentations se sont déroulées, l'agitation qu'elles ont en certains lieux suscitée, les mouvements et organisations qu'elles ont mobilisés, jusqu'à l'arrivée aux procès, permettent de réfléchir à la fois à la singularité éventuelle de l'outil dramaturgique utilisant une esthétique propre par rapport à celle relevant des autres arts, mais aussi à la place du juge en matière artistique, à sa participation à l'évolution de la notion d'ordre public, et enfin à l'équilibre à trouver avec la protection des droits fondamentaux essentiels en matière artistique, au premier rang desquels la liberté d'expression et la liberté de création. Sur ce dernier point, l'une des interrogations *a priori* légitimes était de savoir si la protection renforcée accordée depuis de nombreuses années par le juge européen des droits de l'homme à ces libertés dans de nombreux domaines artistiques pouvait être confirmée devant les juridictions françaises et spécifiquement en matière dramaturgique.

Ces questionnements intéressant potentiellement un lectorat hétérogène nécessitaient une approche résolument pluri-disciplinaire qui donne une place aussi importante à la dimension esthétique qu'à la dimension juridique, afin qu'elle soit utile à la diversité des lecteurs concernés par ces problématiques, qu'ils soient juristes, littéraires, artistes ou simples citoyens.

Afin de faciliter les différentes entrées et lectures possibles, il est nécessaire d'apporter quelques précisions terminologiques et notionnelles, en les articulant autour de deux axes préliminaires afin de cadrer la réflexion et clarifier le titre et le sous-titre de cet ouvrage.

## LE « THÉÂTRE EN PROCÈS » : LES LIBERTÉS D'EXPRESSION ET DE CRÉATION FACE À LA PROTECTION DE L'ORDRE PUBLIC

La notion de liberté d'expression et plus rarement de liberté de création, ainsi que les concepts de moralité, de bonnes mœurs, de dignité, de protection de l'enfance découlant de l'objectif de protection de l'ordre public, ont été cités dans les affaires étudiées à tout propos et par de nombreux locuteurs, si bien que chacun croit les connaître sans pour autant en comprendre les champs d'application véritables, et encore moins le plus souvent les enjeux juridiques. Or, il est crucial pour bien saisir de quoi l'on parle et surtout pouvoir apprécier le cas échéant tant la singularité de l'activité théâtrale que le regard du juge porté sur elle, d'en rappeler les contours respectifs.

### LE THÉÂTRE, UNE ACTIVITÉ DE SPECTACLE VIVANT NON SOUMISE À UN RÉGIME D'AUTORISATION PRÉALABLE À L'ÉPOQUE CONTEMPORAINE

« La censure s'est appliquée au spectacle vivant comme aux autres arts, venant mettre en jeu la liberté de ceux qui l'exercent[5] », car le théâtre a été à la fois « un moyen de propagande et surtout de critique à l'égard du pouvoir[6] ». Après une période de grâce éclair à la Révolution, « la fermeture des théâtres qui "dépravent" l'esprit public[7] » a rapidement été réglementée (décret du 2 août 1793) ; la pièce *L'Ami des Lois* mettant en cause Robespierre[8] n'y étant sans doute pas pour rien. La censure dramatique après quelques parenthèses de « liberté toute relative[9] » sous le Directoire a pu réapparaitre largement au XIX^e^, après chaque révolution[10], tant sous la monarchie de Juillet[11], que sous le Second

5 Emmanuelle Saulnier-Cassia, « Censure et spectacle vivant » *in* : Sébastien Saunier (dir.), *Censure et arts*, Paris, Mare & Martin, à paraître.

6 Jean-Marie Pontier, Jean-Claude Ricci, Jacques Bourdon, *Droit de la culture*, Paris, Dalloz, 2e éd., 1996, § 564.

7 Jean-Claude Yon, *Histoire culturelle de la France au XIXe siècle*, Paris, Armand Colin, 2021, p. 20.

8 Cette pièce de Laya a été acceptée en décembre 1792 par le Théâtre de la Nation, elle fait toutefois l'objet de suspensions au bout de 10 jours de représentations (qui connaissaient un succès croissant) et d'un retrait de l'affiche le 15 janvier 1793. Elle est interdite en mars 1793 en même temps que *Mérope* de Voltaire. L'auteur n'échappe à son arrestation qu'en se cachant pendant plus d'un an et sa pièce fut rejouée à partir de 1795. L'ironie de l'histoire est que Laya devint lui-même censeur de 1814 à 1822. Sur cette chronologie, v. Michel Biard, « Mark Darlow et Yann Robert, *Laya. L'Ami des lois* », *Annales historiques de la Révolution française*, 369, 2012, p. 178, en ligne : https://doi.org/10.4000/ahrf.12658 (consulté le 16 juin 2022).

9 Jean-Claude Yon, *Histoire culturelle de la France au XIXe siècle*, *op. cit.*, p. 24.

10 Jean-Claude Yon note que « même pendant les courtes périodes de liberté, la censure répressive est toujours possible, l'autorité pouvant interdire à tout moment les représentations d'une pièce si elle estime qu'elle constitue un trouble à l'ordre public » (« La censure dramatique en France au XIXe siècle. Fonctionnement et stratégies d'auteur », *Cahiers de l'AIEF*, 2010, 62, p. 364).

11 Odile Krakovitch, *La Censure théâtrale (1835-1849). Édition des procès-verbaux*, Paris, Classiques Garnier, 2016, 801 p.

Empire[12]. Un régime spécifique pour le théâtre a toutefois finalement été édifié par le décret-loi du 6 janvier 1864, supprimant le régime d'autorisation préalable[13], à l'exception des spectacles de curiosité.

À l'époque contemporaine, le théâtre n'est plus considéré comme « une activité politique dangereuse[14] » pour l'État, ni à l'inverse comme un moyen de propagande. Dès lors, le spectacle vivant n'est plus soumis à un régime d'autorisation préalable, tel que celui qui reste applicable au cinéma, imposant l'obtention d'un visa d'exploitation avant toute représentation cinématographique[15]. Il n'existe donc pas de police administrative spéciale du spectacle vivant ou du théâtre comme il existe une police spéciale du cinéma.

L'ordonnance du 13 octobre 1945 sur les spectacles[16], modifiée plusieurs fois, est toujours à ce jour la base juridique applicable. Le

---

12 Odile Krakovitch, « La censure des spectacles sous le Second Empire » *in* : Pascal Ory (dir.), *La censure en France à l'ère démocratique (1848-...)*, Bruxelles, éditions Complexe, 1997, p. 53.

13 Sur les différents textes imposant l'autorisation préalable, v. Odile Krakovitch, « Une seule et même répression pour le théâtre et la presse au XIXe siècle ? », *Presse et scène au XIXe siècle*, sous la direction de Olivier Bara et Marie-Ève Thérenty, *Médias 19. Littérature et culture médiatique*, 2021, en ligne : https://www.medias19.org/publications/presse-et-scene-au-xixe-siecle/une-seule-et-meme-repression-pour-le-theatre-et-la-presse-au-xixe-siecle (consulté le 16 juin 2022).

14 Jack Lang, *L'État et le théâtre*, Paris, LGDJ, 1968, 373 p. L'auteur s'appuie notamment sur le faible nombre de spectateurs dans les années 60 (quelques centaines de milliers) pour tirer cette conclusion, et le compare à l'évolution parallèlement croissante du nombre de spectateurs (quelques centaines de millions) à la télévision au cinéma (p. 25-26).

15 En matière cinématographique, il existe en France et dans plusieurs autres États une police administrative spéciale depuis environ un siècle, qui pratique un régime d'autorisation administrative préalable. V. la thèse très exhaustive de droit comparé de : Claire Nahoum, *Étude comparée de la police du cinéma (France, Belgique, Grande-Bretagne, Canada et Australie)*, Université Paris-Saclay, 2022. Le visa d'exploitation valant autorisation de l'exploitation d'un film est délivré (ou refusé) par le ministre chargé des affaires culturelles (depuis 1969) après avis (simple) de la Commission de classification des œuvres cinématographiques, composée depuis 1990 de membres répartis en collèges (des administrations – justice, éducation nationale, intérieur, affaires sociales et jeunesse – des professionnels, des experts et des jeunes). Le refus de l'octroi d'un visa peut être prononcé pour des motifs relatifs à « la protection de l'enfance et de la jeunesse » ou du respect de la dignité humaine (L. 211-1 et R. 211-1 du Code du cinéma et de l'image animée) ou sa diffusion limitée à certains publics afin de préserver la « protection de l'enfance et de la jeunesse » de « films pornographiques ou d'incitation à la violence ». Plusieurs types de visas d'exploitation existent à cette fin (interdiction aux moins de 12 ans, de 16 ans, de 18 ans, classement X) qui peuvent être contestés devant le juge administratif soit par les exploitants les estimant trop sévères, soit par des associations les estimant pas assez restrictifs. V. *supra*.

16 Ordonnance n° 45-2339 du 13 octobre 1945 *relative aux spectacles*, JORF du 14 octobre 1945.

classement d'origine des spectacles en plusieurs catégories[17] a été supprimé depuis 1999, pour tous les « spectacles vivants[18] », même s'il subsiste pour des raisons fiscales dans le Code général des impôts.

L'absence de régime d'autorisation ne dispense toutefois pas les auteurs, metteurs en scène, directeurs de salles du respect des règles relevant d'un ordre public matériel et immatériel (v. *infra*), protégé par les autorités de police administrative générale qui peuvent prendre des mesures restrictives *a posteriori*, même si le principe reste que « la liberté est la règle et la restriction de police l'exception » selon l'expression célèbre du commissaire du gouvernement Corneille[19].

### LES PRINCIPES DE LIBERTÉ D'EXPRESSION ET DE LIBERTÉ DE CRÉATION APPLIQUÉS À L'ACTIVITÉ THÉÂTRALE

L'activité théâtrale comme toutes les autres activités artistiques est accompagnée par des libertés juridiquement opposables que l'autorité de police doit dans la mesure du possible concilier, ce qui peut la conduire pour protéger l'intérêt général à limiter l'exercice de certaines libertés, au premier rang desquelles en matière artistique la liberté d'expression.

Si la liberté d'expression revêt un contenu et une terminologie pluriels – allant de la pensée à la presse en passant par la communication, l'information, l'opinion –, elle est depuis longtemps consacrée en droit français[20], et plus récemment en droit international[21] et en

17 Le théâtre était concerné par les première (théâtres nationaux), deuxième (autres théâtres fixes, tournées théâtrales) et quatrième (théâtres de marionnettes, cabarets artistiques, cafés-concerts, music-hall et cirque) catégories visées à l'article 1er, dans sa rédaction d'origine, de l'ordonnance du 13 octobre 1945 relative aux spectacles, *op. cit.*

18 Loi n° 99-198 du 18 mars 1999 portant modification de l'ordonnance n° 45-2339 du 13 octobre 1945 *relative aux spectacles*, JORF du 19 mars 1999. L'article 13 fait référence aux spectacles vivants au pluriel, les définissant comme ceux « produits ou diffusés par des personnes qui, en vue de la représentation en public d'une œuvre de l'esprit, s'assurent la présence physique d'au-moins un artiste du spectacle percevant une rémunération ».

19 Conclusions sur CE, 10 août 1917, *Sieur Baldy*, Lebon, p. 637.

20 La liberté d'expression est tirée de l'article 11 de la Déclaration des droits de l'homme et du citoyen de 1789 suivant lequel « tout citoyen peut [...] parler, écrire, imprimer librement ». Elle a été reprise dans la loi du 29 juillet 1881 sur la liberté de la presse, puis dans des lois successives prenant notamment en compte le numérique.

21 Article 19 de la Déclaration universelle des droits de l'homme (DUDH) de 1948 (« Tout individu a droit à la liberté d'opinion et d'expression, ce qui implique le droit de ne pas être inquiété pour ses opinions et celui de chercher, de recevoir et de répandre, sans considération de frontières, les informations et les idées par quelque moyen d'expression que ce soit »).

droit européen[22], mais n'avait pas forcément vocation à s'appliquer au spectacle vivant qui revêt des dimensions et des spécificités multiples et plus larges tenant notamment à sa fonction de représentation. Ainsi, il existe souvent une certaine confusion lorsqu'il s'agit de présenter l'encadrement juridique du spectacle vivant, les manuels et ouvrages de droits et libertés fondamentales hésitant à lui consacrer une place à part, les assimilant parfois à toutes les autres manifestations artistiques (notamment le cinéma) ou les incluant parmi les activités couvertes simplement et uniquement par la liberté d'expression, et négligeant parfois de faire référence à la récente liberté de création longtemps réclamée par les artistes qui présente pourtant un intérêt particulier pour le spectacle vivant même si elle est peu utilisée jusqu'à présent.

La liberté d'expression et la liberté de communication ont été consacrées dans la Déclaration des droits de l'homme et du citoyen de 1789 (aux articles 10 et 11) et par le législateur[23].

Par ailleurs, la loi du 7 juillet 2016 reconnait pour la première fois en droit français – si l'on exclut la liberté de l'art brièvement consacrée en 1777 –, en son article 1er, que « la création artistique est libre[24] », en miroir de l'article 1er de la loi de 1881, disposant que « l'imprimerie et la librairie sont libres ». La liberté de création vient ainsi s'ajouter à, ou compléter, la liberté d'expression pour encadrer le spectacle vivant dans sa dimension organisationnelle, mais on ne peut l'entendre comme totalement indépendante de son aînée. Est ainsi prévu, le soutien de « l'existence et le développement de la création artistique sur l'ensemble du territoire, en particulier la création d'œuvres d'expression originale française et la programmation d'œuvres d'auteurs vivants, et encourager l'émergence, le développement et le renouvellement des talents et de leurs modes d'expression » (article 3).

---

22 Article 10 de la CEDH (« Toute personne a droit à la liberté d'expression. Ce droit comprend la liberté d'opinion et la liberté de recevoir ou de communiquer des informations ou des idées sans qu'il puisse y avoir ingérence d'autorités publiques et sans considération de frontière [...] »).

23 Les bases juridiques initiales ont été complétées les siècles suivants. V. par exemple la loi n° 86-1067 du 30 septembre 1986 *relative à la liberté de communication*, modifiée par la loi n° 2000-719 du 1er août 2000.

24 Loi n° 2016-925 du 7 juillet 2016 *relative à la liberté de création, à l'architecture et au patrimoine*, JORF du 8 juillet 2016. À l'article 2 est ajouté que : « La diffusion de la création artistique est libre ».

À ces bases juridiques nationales s'ajoute une reconnaissance au niveau international protégeant la participation à la « vie culturelle de la communauté », la jouissance des arts, la protection des intérêts moraux et matériels découlant d'une production artistique[25], la liberté d'expression sous une forme artistique[26]...

### MORALITÉ, BONNE MŒURS, DIGNITÉ, PROTECTION DE L'ENFANCE ET AUTRES INTÉRÊTS PUBLICS RELEVANT OU DÉCOULANT DE LA NOTION D'ORDRE PUBLIC, ÉVOQUÉS PAR LES PARTIES AUX PROCÈS

Il est communément admis que le théâtre est toujours entré « *a priori* en contradiction avec les exigences de la religion, de la morale et de la paix civile[27] ». À l'époque contemporaine, ce constat n'est pas remis en cause et se traduit dans le langage juridique par différentes notions qui sont elle-même évolutives dans leur contenu ou étendue.

La notion d'ordre public en droit administratif français a d'abord été strictement circonscrite à la trilogie d'un « ordre matériel et extérieur considéré comme un état de fait » suivant l'expression du doyen Hauriou[28], composée de la sécurité, la tranquillité et la salubrité publiques, devenant ensuite, en particulier dans le Code général des collectivités territoriales, « le bon ordre, la sûreté, la sécurité et la salubrité publiques[29] ».

Si on ne la cantonne pas au champ de la police, la notion d'ordre public renvoie plus largement aux valeurs et exigences fondamentales de la société qui doivent être respectées par tous les auteurs et sujets d'actes juridiques. Le contrôle de son respect a été confié tant aux autorités de police administrative générale, qu'aux juges des ordres judiciaire et administratif, qui ont ainsi pu l'adapter aux évolutions sociétales au fil de leurs jurisprudences. Un « ordre public immatériel[30] » progressivement reconnu par les juges, y compris constitutionnel, a permis de

---

25 Article 27 de la DUDH de 1948, article 15 du Pacte international relatif aux droits économiques, sociaux et culturels de 1966.

26 Article 19 du Pacte international relatif aux droits civils et politiques de 1966.

27 Clotilde Thouret, *Le théâtre réinventé. Défenses de la scène dans l'Europe de la première modernité*, Rennes, Presses Universitaires de Rennes, coll. Le Spectaculaire, 2019, p. 281.

28 Maurice Hauriou, *Précis de droit administratif et de droit public*, 1933, 12e éd., Paris, réimpr. Dalloz, 2002.

29 L'article L. 2212-2 du CGCT charge la police municipale d'assurer cet objectif.

30 Marie-Odile Peyroux-Sissoko, *L'ordre public immatériel en droit public français*, Paris, LGDJ, 2018, 598 p.

dépasser le contenu exclusivement matériel venant s'imposer comme une limite à l'exercice des libertés – dont les libertés d'expression et de création – ainsi que le credo apparemment indépassable de la nécessité de trouver une conciliation entre l'exercice des libertés et le respect de l'ordre public. Cette « notion insaisissable » permettrait ainsi de pallier les insuffisances de la notion originelle « lorsqu'il ne peut en être autrement pour préserver la paix sociale[31] ».

Reflet de la protection nécessaire d'un intérêt général à un moment donné, la notion d'ordre public est appréhendée dans le domaine artistique, en quelque sorte de manière négative, en théorie du moins, comme une contrainte pesant sur la création artistique, les créateurs pouvant se voir appliquer les mesures que nécessite l'intérêt général afin de prévenir ce qui a pu être qualifié de dangers sociétaux. Ce ne sont toutefois pas ces dangers sociétaux qui entraînent eux-mêmes d'éventuelles interdictions ou restrictions aux libertés d'expression et de création, mais uniquement leurs conséquences, c'est-à-dire des troubles à l'ordre public.

Dès lors certaines notions annexes vont venir s'ajouter aux exigences d'ordre public et compléter son spectre. Ainsi la moralité, les bonnes mœurs, la dignité et la protection de l'enfance vont progressivement être considérées comme pouvant faire partie de cet ordre public immatériel.

### *La moralité*

La moralité comprend une dimension individuelle qui fait référence au comportement d'une personne et une dimension collective, qui est celle de la société. Cette moralité publique a pu être vue comme une composante de l'ordre public par le Conseil d'État[32] et participer, dans le régime d'autorisation préalable en matière cinématographique, à l'interdiction de représentations de films lorsqu'ils sont « contraires aux bonnes mœurs ou de nature à avoir une influence pernicieuse sur la moralité publique[33] », c'est-à-dire parce que l'immoralité supposée pourrait engendrer des troubles à l'ordre public. S'agissant spécifiquement

31 Baptiste Bonnet, « De l'ordre matériel et extérieur à l'ordre public immatériel. Tentative de définition d'une notion insaisissable » *in* : Charles-André Dubreuil (dir.), *L'ordre public*, Paris, Cujas, 2013, p. 135.

32 CE, 7 novembre 1924, *Club indépendant chalonnais*, Lebon, p. 864.

33 CE, Sect., 18 décembre 1959, *Société Les Films Lutétia*, Lebon, p. 693.

du théâtre, la présomption de son caractère immoral a été formulée dès les origines. Au fil des siècles, depuis les poètes de l'Antiquité[34] – et de l'Antiquité tardive[35] –, la dénonciation de l'immoralité du théâtre a été récurrente, à l'exception de quelques rares périodes de répit, animées par des défenseurs convaincants[36]. Les théâtrophobes les plus virulents, tels les théologiens du XV^e[37], les philosophes des Lumières[38] et même les plus grands juristes du XX^e siècle, comme le doyen Hauriou[39], ont occupé la place. Toutefois, à l'époque contemporaine, on ne peut que constater que les réquisitoires brandissant l'immoralité du théâtre se sont essoufflés, que la dénonciation n'est plus que l'apanage d'individus

34 Dès la condamnation de la poésie par Platon.

35 V. Tertullien qui interdit dans son *Contre les Spectacles* (*in* : *Œuvres Complètes*, Paris, Les Belles Lettres, 2017) aux Chrétiens de se rendre au théâtre (ainsi qu'au cirque et autres spectacles) en raison de son impudicité et dont on revient avec un « démon intérieur ». V. aussi le chapitre 2 dans le livre troisième (« Attraits pour le théâtre. Réflexion sur la pitié tragique ») des *Confessions* de Saint-Augustin (Paris, Les Belles Lettres, 2009) lequel à partir de son expérience personnelle (« J'étais ravi par le théâtre et ses spectacles remplis des images de mes misères, et des aliments de ma flamme ») dénonce le plaisir que l'on prend dans les souffrances représentées.

36 V. le passionnant ouvrage de Clotilde Thouret (*Le théâtre réinventé. Défenses de la scène dans l'Europe de la première modernité*, *op. cit.*) qui fait référence dans sa première phrase d'introduction aux spectacles *Sur le concept du visage du fils de Dieu* et *Golgota picnic*, avant de montrer sur sa période de référence que si le théâtre est « un art inquiet » (p. 9), qui a été « violemment attaqué », il a eu « de nombreux défenseurs », dont le « discours apologétique » a réinventé le théâtre (p. 10).

37 V. l'analyse par Marc Fumaroli (« La querelle de la moralité du théâtre avant Nicole et Bossuet », *Revue d'Histoire littéraire de la France*, sept.-déc. 1970, n° 5-6, p. 1007-1030) de l'influence du mouvement janséniste au XVII^e dans la continuité des réflexions de Saint Augustin et de la « réaction ecclésiastique contre le théâtre » (p. 1008). V. aussi les exemples donnés par Charles Mazouer : « Censure religieuse et théâtre du Moyen Âge à la fin du XVII^e siècle », *Cahiers de l'Association Internationale des Études Françaises*, 2010, n° 62, p. 291-307.

38 V. en particulier Rousseau. Dans sa *Lettre dite à d'Alembert* de 1874 (*Discours sur les sciences et les arts, Lettre à d'Alembert sur les spectacles*, Paris, Gallimard, folio, 1987), il écrit que le théâtre agit sur le spectateur par « séduction du vice », que « l'effet moral du spectacle et des Théâtres ne saurait jamais être bon ni salutaire en lui-même », qu'il ne « peut rien pour corriger les mœurs, beaucoup pour les altérer ».

39 Maurice Hauriou indique que « l'inconvénient » des entreprises de spectacle et de théâtre « est d'exalter l'imagination, d'habituer les esprits à une vie factice et fictive, au grand détriment de la vie sérieuse, et d'exciter les passions de l'amour, lesquelles sont aussi dangereuses que celles du jeu et de l'intempérance » (Maurice Hauriou, « Exploitation théâtrale et Service public : nature juridique d'une convention portant sur la concession d'un emplacement pour la construction d'un "Palais philharmonique" », note sous Conseil d'État, 7 avril 1916, *Astruc et Société du Théâtre des Champs-Élysées c. ville de Paris*, S. 1916.3.41, *Revue générale du droit*, 2013, n° 13019.

isolés[40] et d'un petit nombre d'associations, telles celles à l'origine des recours objets du présent ouvrage, qui s'arrogent la fonction de protéger cette moralité publique en invoquant « volontiers l'opinion de la majorité des français contre la minorité des hommes de théâtre pour empêcher le créateur de s'exprimer librement[41] ».

*Les bonnes mœurs*

La notion de bonnes mœurs est souvent accolée à celle de moralité, ou parfois employée comme synonyme. Elle renvoie elle aussi aux « valeurs et aux normes morales fondamentales auxquelles une société adhère à un moment donné[42] ». Néanmoins, des auteurs ont insisté sur le « flou sémantique » de la notion, en particulier « lorsqu'il s'agit d'élucider le rapport que les bonnes mœurs entretiennent avec le sexe[43] ». Longtemps, l'« outrage à la morale publique et religieuse, ou aux bonnes mœurs » sur des supports écrits constituait un délit et était sanctionné pénalement[44]. Le Code civil quant à lui cite les bonnes mœurs aux côtés de l'ordre public (article 6).

La notion semble toutefois être tombée en désuétude, tout comme celle de la bienséance à laquelle on pourrait la comparer en matière théâtrale. En effet, les règles de bienséance au cœur de l'esthétique du théâtre classique imposaient aussi notamment de ne pas choquer le public, dans sa sensibilité ou ses principes moraux, ce qui avait pour effet d'interdire au dramaturge de montrer sur scène des actions violentes, d'exposer les corps plus que de raison, ou encore de représenter de manière par trop réaliste des transports amoureux. Autrement dit,

40 Jack Lang cite l'exemple du député Bertrand Flornoy qui a réclamé en 1966 l'interdiction de la représentation de la pièce *Marat-Sade* de Peter Weiss (dont l'intitulé exact comme d'autres pièces du même auteur est beaucoup plus long : *La Persécution et l'assassinat de Jean-Paul Marat, représentées par le groupe théâtral de l'hospice de Charenton, sous la direction de M. de Sade*) afin de défendre l'avenir de milliers de jeunes citoyens français » (*L'État et le théâtre*, *op. cit.*, p. 333). Sur ce « scandale mort-né », v. Philippe Roger, « Le chant du cygne des censeurs français ? Les "scandales" de 1966 » *in* : Jean-Baptiste Amadieu, Jean-Charles Darmon, Philippe Desan, *L'immoralité littéraire et ses juges*, Paris, Hermann, 2019, spéc. p. 106-112.

41 Jack Lang, *L'État et le théâtre*, *op. cit.*, p. 333.

42 CJUE, 27 février 2020, *Constantin Film Produktion GmbH c/ EUIPO*, aff. C-240/18 P, pt 39.

43 Danièle Lochak, « Le droit à l'épreuve des bonnes mœurs. Puissance et impuissance de la norme juridique » *in* : *Les bonnes mœurs*, CURAPP-PUF, 1994, p. 15-53.

44 Ce délit a été remplacé dans le Code pénal à partir de sa réforme en 1994, par celui visant les messages « à caractère violent ou pornographique, ou de nature à porter gravement atteinte à la dignité humaine » (article 227-24), ce qui n'est pas forcément un assouplissement.

assassinats, suicides, nudité et scènes de sexe étaient absolument bannies des théâtres, seul leur récit étant admis.

## *La dignité*

La dignité est probablement une « notion juridiquement insaisissable[45] », mais dont le respect a fait l'objet d'une tentative de protection accrue à l'époque contemporaine en France, sous l'influence notamment des textes internationaux. Ainsi « le respect de la dignité humaine » peut servir de fondement, comme la sauvegarde de l'ordre public, à des limitations de droits et libertés, telles les libertés de la presse, de communication et d'expression. Les atteintes à la dignité de la personne sont en outre interdites tant par le Code civil que par le Code pénal.

Le principe est contrôlé de manière approfondie par les juges, notamment administratif, depuis l'affaire très connue de *Morsang sur Orge*[46], dite du lancer de nain, qui est citée explicitement ou implicitement, voire parfois instrumentalisée, par laquelle le Conseil d'État a jugé que « le principe de dignité de la personne humaine est une des composantes de l'ordre public ». Cette décision de la plus haute juridiction administrative a été rendue une année après la consécration du principe de dignité de la personne humaine au rang de « principe à valeur constitutionnelle » par le Conseil constitutionnel[47]. Les « difficultés d'interprétation » du nouveau principe l'ont vraisemblablement « transformé en un concept juridique galvaudé[48] », qui a donné lieu à une utilisation effrénée, notamment par les associations ayant agi dans les affaires étudiées dans le présent ouvrage.

---

45 Paul Cassia, *Dignité(s). Une notion juridique insaisissable ?*, Paris, Dalloz, coll. les sens du droit, 2016, 148 p.

46 Il s'agissait en l'occurrence d'une personne de petite taille qui était lancée par un dispositif sécurisé et avec des protections sur des matelas dans une boîte de nuit. Le maire de la commune s'était opposé à cette pratique et l'avait interdite sur le fondement de l'atteinte au respect de la dignité humaine. Le nain rémunéré pour cette activité et la société gérante de la discothèque avaient formé un recours pour contester l'interdiction. Le juge de première instance leur avait donné raison notamment sur le fondement des libertés du travail et du commerce et de l'industrie. Le Conseil d'État a jugé au contraire que ces libertés ne peuvent faire obstacle à l'exercice des pouvoirs de police visant à stopper un trouble à l'ordre public : CE, Ass., 27 octobre 1995, *Commune de Morsang-sur-Orge et Ville d'Aix-en-Provence*, Lebon, p. 372.

47 CC, 27 juillet 1994, n° 94-343/344 (décision dite « Bioéthique »).

48 Muriel Fabre-Magnan, *L'institution de la liberté*, Paris, PUF, 2019, p. 298.

Dans les recours, comme dans les textes, l'atteinte à la dignité humaine est parfois liée à la protection de l'enfance.

*La protection de l'enfance*

La protection de l'enfance est enfin un motif maintes fois utilisé par les contestataires contemporains de l'art en général et du spectacle vivant en particulier et le renforcement de sa protection est concomitant. Cette protection peut reposer sur différentes bases juridiques. Le Code pénal permet par exemple de sanctionner le fait de fabriquer, transporter, diffuser ou faire commerce d'un message à caractère violent ou pornographique ou attentatoire à la dignité qui pourrait être perçu par un mineur (article 227-24). En matière éditoriale, il existe depuis 1949 une législation toujours en vigueur, encadrant les publications destinées à la jeunesse et une police administrative spéciale[49]. Et en matière cinématographique, la protection de l'enfance et de la jeunesse peut fonder, avec le respect de la dignité humaine, des motifs permettant au ministre chargé de la culture dans le cadre de son pouvoir de police spéciale, de refuser un visa d'exploitation ou de poser des conditions à sa délivrance pour qu'il soit accessible aux mineurs[50].

L'ensemble de ces notions dresse autant de difficultés relatives à leurs définitions en tant que telles que de légitimité et de responsabilité pour en définir les contenus. De fait, il incombe aux autorités législatives, exécutives, et administratives, de dresser les contours, de fixer leur encadrement et d'en assurer le respect sous le contrôle potentiel du juge. Mais le risque est d'aboutir soit à des constructions théoriques et désincarnées, soit à des positionnements subjectifs, élitistes, en décalage avec les conceptions populaires. Cette absence de synchronie et diachronie maîtrisées explique pour une part que des querelles en viennent jusqu'à se transformer en plaintes contentieuses dont le dénouement constitue nécessairement l'épilogue.

49 Il s'agit de la loi du 16 juillet 1949 *relative aux publications destinées à la jeunesse*. V. Emmanuelle Saulnier-Cassia, « La protection de la jeunesse : limite à la liberté d'expression ? », *Revue du droit public*, 2006, n° 2, 37 p.

50 En application de l'article L. 211-1 du Code du cinéma et de l'image animée.

## LES « ÉPILOGUES CONTENTIEUX » DES « QUERELLES » : LE DÉNOUEMENT JURIDICTIONNEL METTANT FIN AUX PLAINTES

L'expression d'« épilogues contentieux » a été choisie à partir à la fois du sens premier du terme d'épilogue en matière littéraire, qui par opposition au prologue, fait référence à la conclusion d'une œuvre, que du sens figuré au XX^e siècle de « dénouement », mais encore parce qu'à l'Antiquité, l'épilogue était « une petite allocution en vers récitée par un acteur à la fin d'une représentation pour demander l'approbation du public[51] ». Le terme contentieux, ici utilisé comme adjectif, a été préféré à celui de judiciaire (ne permettant pas d'inclure les juridictions administratives) et même de juridictionnel, afin de désigner non seulement les deux ordres juridictionnels, mais également le processus lui-même, reflétant une démarche volontaire, pour ne pas dire volontariste des requérants, mais aussi des défendeurs dans leurs réactions.

L'emploi du terme de « querelle » dans le sous-titre de cet ouvrage nécessite davantage de justification, car il relève moins de l'évidence en raison de l'existence d'autres terminologies qui ont également pu être couramment utilisées par la doctrine et/ou dans la presse pour les trois spectacles concernés. La confrontation avec l'ensemble de ces termes permet de mieux apprécier sa pertinence pour parler du « théâtre en procès » à l'époque contemporaine.

### LA DIVERSITÉ LEXICALE SUBSTITUABLE À LA QUERELLE

De nombreux termes ont été utilisés dans le temps long de l'histoire du spectacle vivant d'Eschyle à nos jours pour caractériser les débats et oppositions qui se sont produits en réaction à des textes et à leurs représentations. À l'époque contemporaine, et particulièrement pour les spectacles du corpus, certains sont revenus plus fréquemment, écartant d'autres terminologies qui auraient pu le cas échéant enrichir le lexique des contestataires[52], mais auxquels on a préféré un substantif plus daté et théâtralement connoté.

---

51 Alain Rey, *Dictionnaire historique de la langue française*, tome 1, Le Robert, Paris, 2006, p. 1272.

52 Comme le terme de dispute dans son sens étymologique de *disputatio*, qui revêt une dimension intellectuelle qui pourrait convenir aux discussions mettant en jeu à la fois

## *La controverse*

Dans sa forme latine, *controversia* fait référence à la « discussion », au « débat », « et, dans une discussion juridique » au « litige », puis à « une discussion argumentée, une contestation sur une opinion et, par métonymie, l'ensemble des éléments contradictoires du débat[53] ». Au XVIIe siècle, une controverse célèbre a opposé les tenants et adversaires de la moralité ou l'immoralité au théâtre, mais qui a *in fine* été qualifiée de querelle.

À l'époque contemporaine, des controverses nombreuses existent en matière artistique et le terme a servi à caractériser notamment l'affaire *Exhibit B*[54].

À la controverse peut succéder l'affaire.

## *L'affaire*

Le terme d'affaire a une connotation d'emblée juridique. Son emploi d'origine « pour les questions sentimentales et galantes[55] » (sens qui est toujours celui de son équivalent anglo-saxon d'*affair*) est devenu désuet. Aujourd'hui, c'est une « cause soumise à un juge », une « espèce dont il est saisi, en matière contentieuse ou gracieuse[56] » et qui suppose donc l'existence de parties (requérant(s) et défendeur(s)). Les spectacles de MM. Castellucci et García ont pu à juste titre être qualifiés d'« affaires », parce que dans les deux cas « la condamnation n'est jamais univoque et universelle », « les réactions [...] toujours contradictoires et la défense s'organise dès qu'un spectacle est attaqué[57] ».

---

des questions de société et des questions esthétiques.

53 Alain Rey, *Dictionnaire historique de la langue française*, *op. cit.*, p. 879.

54 Maxime Cervulle parle de « controverse » et de « contestation » pour les représentations à Saint-Denis au Théâtre Gérard-Philippe et de « polémique » pour Londres : « Exposer le racisme. Exhibit B et le public oppositionnel », *Études de communication*, 48, 2017, p. 39.

55 Alain Rey, *Dictionnaire historique de la langue française*, *op. cit.*, p. 1391.

56 Gérard Cornu, *Vocabulaire juridique*, Paris, PUF, coll. Quadridge, 12e éd., 2018, p. 120. Les synonymes de cas, différend, contestation, circonstances sont donnés.

57 François Lecercle, « De Phrynichos à Castellucci : scandale de théâtre ou scandale politique ? », François Lecercle et Clotilde Thouret, *Théâtre et scandale (I)*, actes de colloques, en ligne : https://www.fabula.org/colloques/sommaire5759.php (consulté le 16 juin 2022), § 11.

### *La contestation*

Si à l'origine, la *contestatio* est l'« ouverture d'un procès par appel des témoins[58] », une fois dans le langage courant, le terme de contestation fait référence à l'époque moderne à la mise en question de l'ordre établi. Dès lors, une ou des contestation(s)[59] peuvent surgir à l'occasion d'une représentation théâtrale. Le terme a également un sens juridique à l'époque contemporaine, notamment dans le nouveau code de procédure civile, pour faire référence à « ce sur quoi les intéressés sont en désaccord », une « réalité qui, une fois portée devant un juge, devient l'objet du procès », sachant que « existant dès que le désaccord éclate », il « peut faire l'objet même avant recours à la justice, soit d'un mode amiable purement volontaire de solution (transaction, renonciation), soit d'un mode mi-juridictionnel, mi-conventionnel (recours à l'arbitrage par compromis)[60] ». Le terme a été employé dans le contexte du spectacle *Exhibit B*.

### *La polémique*

La polémique a d'emblée une dimension belliqueuse, puisque le nom vient du grec *polemikos* (qui concerne la guerre). Par « affaiblissement », mais « tout en conservant une valeur de "violence verbale" », s'est développé à partir du XVI^e le sens actuel de la polémique « qui appartient à la dispute, au débat[61] » et dont les acteurs (les polémistes) ne souhaitent pas nécessairement (sans pour autant donc l'exclure) de suite contentieuse. Le terme a ensuite servi à caractériser spécifiquement les textes opposant les auteurs[62].

Le terme ne convient donc que partiellement à l'agitation provoquée par les trois spectacles du corpus, même si *Golgota picnic* a été qualifié de « polémique autour de l'art et de la religion[63] ». La probabilité contentieuse fait en tout cas défaut.

---

58 Alain Rey, *Dictionnaire historique de la langue française*, *op. cit.*, p. 871.

59 Agnès Tricoire, « Contestations, irruptions, interruptions, modifications… Réflexions sur le blasphème religieux et le blasphème artistique » *in* : François Lecercle et Clotilde Thouret, *Théâtre et scandale (I)*, *op. cit.*

60 Gérard Cornu, *Vocabulaire juridique*, *op. cit.*, p. 567.

61 Alain Rey, *Dictionnaire historique de la langue française*, *op. cit.*, p. 2825.

62 Furetière dans son *Dictionnaire universel* (1690), définit la polémique comme « une épithète qu'on donne aux livres des auteurs qui écrivent les uns contre les autres, et qui se critiquent quelquefois avec trop d'aigreurs ».

63 Anna Arzoumanov et Mathilde Barraband, « Introduction. Une polémique sur l'art et la religion » *in* : Anna Arzoumanov et Mathilde Barraband (dir.), *Polémique autour d'un*

Une polémique peut prendre la forme d'une dispute et céder ensuite au scandale[64].

*Le scandale*

Le scandale est « une notion complexe aux contours incertains[65] », que certaines sciences sociales ont eu du mal à appréhender[66] en dépit de la pluralité de sens pouvant découler de ses étymologies d'origine de « pierre d'achoppement » (venant du latin *scandalum*), le « petit caillou qui fait trébucher[67] », ou de « piège » (venant du grec *skandalon*). Son utilisation en théologie morale a perduré depuis sa théorisation par Saint Thomas d'Aquin distinguant le scandale actif et le scandale passif. Si au-delà de la sphère de la théologie morale, l'idée de pêché s'est affaiblie dans le sens courant au profit du « désordre », du « tumulte », d'un « acte qui provoque la réprobation publique » ou « l'indignation[68] », il conserve des relents de mauvaise moralité. Mais si l'on s'accorde généralement pour que le scandale désigne aujourd'hui « ce qui insulte publiquement à des valeurs ressenties comme essentielles, et/ou la réaction collective de rejet et d'indignation qui en résulte[69] », certains contestent cette vision pour privilégier l'idée d'une « catégorie juridique dont la portée politique s'est peu à peu affirmée[70] ».

En outre, en « esthétique, il faut distinguer les scandales involontaires et les scandales volontaires[71] », puisque ces réactions de rejet peuvent

---

*« blasphème ». Regards croisés sur l'affaire Golgotha picnic*, *COnTEXTES*, 26/2020, en ligne : https://doi.org/10.4000/contextes.8617 (consulté le 16 juin 2022).

64 Elsa Jaubert, « De la polémique au scandale : théâtre et émergence de l'espace public en Allemagne dans la seconde moitié du XVIII^e siècle » *in* : François Lecercle et Clotilde Thouret, *Théâtre et scandale (I)*, *op. cit.*

65 François Lecercle, Clotilde Thouret, « Introduction – Une autre histoire de la scène occidentale », § 4 *in* : François Lecercle et Clotilde Thouret, *Théâtre et scandale (I)*, *op. cit.*

66 Éric de Dampierre, « Thèmes pour l'étude de scandale », *Annales. Économies, Sociétés, Civilisations*, 1954, n° 3, p. 328.

67 Selon les termes de R. Castellucci lors d'un entretien avec Fabienne Pascaud (« Roméo Castellucci : au théâtre l'interdit c'est la réalité », *Télérama*, n° 3260, juillet 2012).

68 Alain Rey, *Dictionnaire historique de la langue française*, *op. cit.*, p. 3407.

69 Étienne Souriau, *Vocabulaire d'esthétique*, Paris, PUF, coll. Quadrige, 2004, entrée « Scandale », p. 1271.

70 Arnaud-Vivien Fossier, « Propter vitandum scandalum. Histoire d'une catégorie juridique (XII^e-XV^e siècles) », *Mélanges de l'École française de Rome – Moyen Âge*, École française de Rome, 2009, 121 (2), p. 317.

71 Étienne Souriau, *Vocabulaire d'esthétique*, *op. cit.*

avoir été recherchées par l'artiste par goût de la provocation ou pour faire parler de lui ou de son œuvre, ou résulter d'un activisme organisé par des individus ou des communautés afin de soutenir un discours politique, idéologique qui cherche lui aussi à faire parler de lui. Le scandale de théâtre a en tout état de cause « plus d'impact qu'il a des effets politiques insupportables – que ceux-ci soient délibérés ou accidentels[72] ». Le scandale vient parfois en outre au théâtre se nourrir de la haine, deux notions qui ont fait l'objet d'études doctrinales approfondies[73].

Le scandale serait en fait consubstantiel au théâtre. Si l'on en croit Matthias Langhoff : « Le théâtre est un lieu dangereux où tout peut se produire. Ce n'est pas par hasard s'il a aussi mauvaise réputation, s'il est scandaleux[74] ». « Le théâtre est l'art d'organiser le scandale : il doit révéler le scandaleux et l'obscène que le monde s'efforce de cacher, les inégalités, les injustices, les brutalités et tout notre système. Afin que cela ne demeure pas enseveli, oublié mais soit dénoncé. À tout le moins, un spectacle doit déranger[75] ».

Toutefois, l'on peut douter que les opposants actuels soient les théâtrophobes d'hier tant l'instrumentalisation de leurs actions semble davantage liée à des convictions sans rapport avec l'esthétique ou la moralité du théâtre ou encore des positions purement dogmatiques, plus qu'à un rejet en tant que tel du spectacle vivant ou afin de dénoncer son caractère fascinatoire comme de nouveaux Platon.

À plusieurs reprises, les trois spectacles du corpus ont été qualifiés de « scandales[76] », et pour deux d'entre eux de « double scandale[77] ».

---

72 François Lecercle, « De Phrynichos à Castellucci : scandale de théâtre ou scandale politique ? », *Théâtre et scandale (II) : scandales d'hier, scandales d'aujourd'hui*, *op. cit.*, § 10.

73 François Lecercle et Clotilde Thouret, *Théâtre et scandale (I)*, *op. cit.* et *Théâtre et scandale (II) : scandales d'hier, scandales d'aujourd'hui*, *op. cit.* Les deux colloques de 2015 et 2018 ont été organisés dans le cadre du projet « Haine du théâtre » du Labex OBVIL. V. aussi : Emmanuelle Saulnier-Cassia, « La haine du théâtre par le droit *versus* la haine du droit par le théâtre », *Les Cahiers de Droit*, Université de Laval, n° spécial Art et Droit, mars-juin 2017, 38 p.

74 Odette Aslan, *Matthias Langhoff*, Arles, Éditions Actes Sud-Papiers, Paris Conservatoire national supérieur d'Art dramatique, 2005, p. 23.

75 *Ibid.*, p. 60-61.

76 François Lecercle, Clotilde Thouret, « Introduction – Une autre histoire de la scène occidentale », *op. cit.*, § 1. Pour Chloé Lavalette (« Rodrigo García et la "crise de la culture" : contextualisations critiques » *in* : Anna Arzoumanov et Mathilde Barraband (dir.), *Polémique autour d'un « blasphème ». Regards croisés sur l'affaire Golgotha picnic*, *op. cit.*) : « L'année 2011 a remis le théâtre contemporain au premier plan d'un débat d'ampleur sur la question de la liberté de création, au terme d'une série de scandales ».

77 François Lecercle, « De Phrynichos à Castellucci : scandale de théâtre ou scandale politique ? », *op. cit.*, § 1 et 11.

Le scandale se distinguerait de « l'affaire » pour les sociologues[78] par le fait que le premier ne porterait « pas trace d'un quelconque soutien apporté au dramaturge[79] », qu'il susciterait toujours de la part du public une condamnation unanime, sans appel ; le scandale supposant par ailleurs que ce soient les choix théâtraux du dramaturge qui soient en cause[80].

La qualification de scandale pour les trois spectacles retenus n'est donc pas adaptée car les oppositions antagonistes dans le public sont bien présentes et ce sont moins les choix esthétiques des dramaturges en tant que tels qui sont attaqués, que leur instrumentalisation politique ou idéologique[81] permettant de mettre la dimension artistique de côté pour mieux l'oublier.

Les usages et sens respectifs de toutes ces terminologies – qu'il est difficile de hiérarchiser entre elles en dépit de certaines affirmations[82] – étant énoncés, il s'agit de voir en quoi le terme de « querelle » pourrait le cas échéant être le plus pertinent pour s'intéresser aux trois affaires du corpus.

## L'APPLICATION DU TERME « QUERELLE » À L'ÉPOQUE DRAMATURGIQUE CONTEMPORAINE

Le terme de querelle qui vient du latin *querela* (plainte) implique une dimension langagière forte et une idée d'opposition devant conduire à une solution, qu'elle soit trouvée par les parties elles-mêmes ou par un tiers. Terme couramment employé au XVIII^e^ siècle[83], certaines d'entre elles sont passées à la postérité : querelles des Anciens et des Modernes

---

78 François Lecercle renvoie à : Damien de Blic, Cyril Lemieux, « Le scandale comme épreuve. Éléments de sociologie pragmatique », *Politix*, 2005/3, n° 71, p. 9-38.

79 François Lecercle, « De Phrynichos à Castellucci : scandale de théâtre ou scandale politique ? », *op. cit.*, § 10.

80 *Ibid.*

81 V. la démonstration argumentée et extrêmement documentée s'agissant de l'un des trois spectacles : Geneviève Bernard Barbeau, Marty Laforest, Jessica Rioux-Turcotte, « De l'art et de la religion, ou quand les internautes commentent l'affaire Golgotha picnic » *in* : Anna Arzoumanov et Mathilde Barraband (dir.), *Polémique autour d'un « blasphème ». Regards croisés sur l'affaire Golgotha picnic*, *op. cit.*

82 Par exemple, le journal *Africultures* a titré « Exhibit B : bien plus qu'une polémique » (Claire Diao, 25 novembre 2014).

83 En particulier s'agissant de *La Querelle des Théâtres* de Lesage et La Font en 1718, citée par Jeanne-Marie Hostiou, « De la scène judiciaire à la scène théâtrale : l'année 1718 dans la querelle des théâtres » *in* : Jeanne-Marie Hostiou, Alain Viala (dir.), *Le Temps des querelles*, Littératures classiques, n° 81, 2013, p. 113. V. aussi les *Querelles littéraires ou mémoires*

en littérature, des Bouffons pour la musique lyrique, de la Moralité[84], des Réguliers et des Irréguliers et même des Théâtres[85]... Dans cette sphère théâtrale, de nombreuses œuvres ont en outre constitué ou engendré des querelles, telles celles du *Cid* (1637-1638), des *Précieuses ridicules* (1658) ; de *L'École des femmes* (1662), de *Tartuffe* (1664), de *Don Juan* (1665), des *Bérénice* (1671) pour ne citer que les plus connues.

Si parler de querelle pour des spectacles du XXI^e^ siècle pourrait sembler anachronique, l'on peut au contraire souligner la pertinence de mettre en perspective les spectacles de Castellucci et García avec la plus ancienne tragédie de Phrynichos, « premier scandale attesté dans l'histoire du théâtre[86] » au V^e^ siècle avant notre ère ou avec la querelle du *Cid* de Corneille pour non pas comparer les disputes d'hier et les contestations d'aujourd'hui, mais mieux saisir les enjeux de ces dernières, voire les relativiser.

La querelle du *Cid* est des plus passionnantes et utiles, à la fois en raison de son caractère inaugural dans la vague de querelles relatives à des œuvres théâtrales[87], de son inscription dans une problématique intellectuelle plus vaste de poétique théâtrale (prolongeant la querelle dite des réguliers et des irréguliers et posant la question de la légitimité du théâtre[88]), de sa durée (un an), des caractéristiques de sa manifestation annonçant l'émergence d'une opinion publique, mais aussi de sa dimension de méta-théâtralité (pièce à l'intérieur de laquelle on trouve aussi

---

*depuis Homère jusqu'à ce jour* de l'Abbé Irailh en 1762, citées par Alain Viala, « Un temps de querelles » *in* : Jeanne-Marie Hostiou, Alain Viala (dir.), *Le Temps des querelles*, *op. cit.*, p. 5.

84 Laurent Thirouin, *L'aveuglement salutaire. Le réquisitoire contre le théâtre dans la France classique*, éd. H. Champion, coll. Lumière classique, n° 17, 1997, 292 p.

85 Jeanne-Marie Hostiou, « De la scène judiciaire à la scène théâtrale : l'année 1718 dans la querelle des théâtres » *in* : Jeanne-Marie Hostiou, Alain Viala (dir.), *Le Temps des querelles*, *op. cit.*, p. 107.

86 François Lecercle, « De Phrynichos à Castellucci : scandale de théâtre ou scandale politique ? », *Théâtre et scandale (II) : scandales d'hier, scandales d'aujourd'hui*, *op. cit.*, § 2.

87 V. notam. sur les motifs de la querelle et les arguments de défense : Jean-Marc Civardi, « Quelques critiques adressées au Cid de Corneille en 1637-1638 et les réponses apportées », *L'information littéraire*, 2002/1, vol. 54, p. 12 ; *La Querelle du Cid (1637-1638)*, Édition critique intégrale, 2004, Paris, Honoré Champion, 1232 p. V. aussi : Catherine Naugrette, *L'esthétique théâtrale*, Paris, Armand Colin, 3^e^ éd., 2016, p. 125.

88 Sur cette opposition entre la tragi-comédie et la tragédie, entre la légitimité morale du théâtre et sa fonction de plaisir, v. Georges Forestier, Alain Viala, « De la modernité anti-classique au classicisme moderne. Le modèle théâtral (1628-1634) », *Littératures classiques*, n° 19, automne 1993, p. 87.

la querelle de Don Diègue). Le terme n'était pourtant pas employé au moment même, ni par Corneille, ni par ses opposants, ni d'ailleurs dans les querelles suivantes sur les œuvres de Molière, qualifiées de cabales, frondes, ligues… C'est l'historiographie qui l'a imposé.

Même si le terme de querelle a toujours cette connotation principalement dix-septiémiste et dix-huitiémiste, il n'a pas pour autant été abandonné et sert aujourd'hui régulièrement de synonyme à « contestation », « différend » ou « litige[89] », c'est-à-dire des substantifs qui étaient déjà employés au XVII^e^ par Furetière dans son *Dictionnaire universel* ou dans le *Dictionnaire de l'Académie française*[90]. Il a en outre été, dans une période récente, plusieurs fois utilisé – y compris pour le renier[91] – s'agissant de la crise qu'a traversé le Festival d'Avignon en 2005[92], dont l'artiste associé était Jan Fabre[93] – et qui avait programmé des artistes comme Romeo Castellucci[94] – ou encore pour parler de l'opposition contemporaine « entre les tenants de l'image et ceux du texte[95] », prolongement paradoxal de la querelle des Anciens et des Modernes – laquelle ne pouvait à l'époque

89 Ce sont les trois termes que Gérard Cornu identifie pour définir sans le définir le terme de querelle *in* : *Vocabulaire juridique*, *op. cit.*, p. 1775.

90 Alain Viala, « Un temps de querelles » *in* : Jeanne-Marie Hostiou, Alain Viala (dir.), *Le Temps des querelles*, *op. cit.*, p. 8.

91 Jean-Pierre Han, « La fausse querelle d'Avignon », *L'Humanité*, 30 août 2005.

92 Parmi quelques exemples : « La querelle d'Avignon », *Libération*, 23-24 juillet 2005 ; Antoine de Baecque et René Solis, « La querelle d'Avignon joue en prolongation », *Libération*, 26 novembre 2005 ; « Querelle à Avignon », *Le Monde*, 23 juillet 2005. Des critiques du *Monde* ont également employé le terme de querelle aux côtés de ceux de « polémique » et de « bronca » (Fabienne Darge et Brigitte Salino, « 2005, l'année de toutes les polémiques, l'année de tous les paradoxes », *Le Monde*, 27 juillet 2005). Pour Georges Banu et Bruno Tackels ((dir.), *Le cas Avignon 2005. Regards critiques*, Paris, Entretemps, 2005, 269 p.) : « Derrière les attaques souvent trop affectives de ce qui s'est trouvé (un peu vite) désigné comme une "querelle des anciens et des modernes", une opposition frontale entre textes et images, nous sentons poindre les signes d'une véritable transformation du spectacle vivant, et, partant, des différentes disciplines qu'il côtoie et intègre ». V. aussi : Régis Debray, *Sur le pont d'Avignon*, Paris, Flammarion, 2005, 122 p. ; Carole Talon-Hugon, *Le conflit des héritages*, Arles, Actes Sud-Papiers, 2017, 96 p.

93 « En 2005, la programmation du Festival d'Avignon, placée sous l'égide de l'artiste flamand Jan Fabre, fait l'objet d'une "querelle" virulente » : Chloé Lavalette, « Rodrigo García et la "crise de la culture" : contextualisations critiques », *op. cit.* Le propre spectacle de Fabre, *L'histoire des larmes*, a suscité de vives réactions.

94 « La querelle qu'on a vu surgir pendant l'édition du Festival d'Avignon peut se lire comme un retour en force des écrivains de plateau » (Bruno Tackels, *Rodrigo García. Écrivains de plateau, IV*, Besançon, Les Solitaires intempestifs, 2007, 123 p., p. 17). Le spectacle présenté par Castellucci était *B.#03 Berlin* et *BR.#04 Bruxelles*.

95 Bruno Tackels, *Rodrigo García*, *op. cit.*, p. 19.

se placer « qu'au niveau du texte[96] » – et a même été utilisée pour faire référence aux difficultés relevant de l'interprétation juridique[97] !

Le terme est toutefois aujourd'hui plus rarement employé s'agissant d'affaires qui pourraient présenter des points communs contemporains avec les anciennes. Néanmoins, pour Chloé Lavalette, « García et Castellucci étaient les cibles idéales d'un *remake* accéléré des débats avignonnais de 2005[98] », auxquels il n'est pas difficile d'intégrer Bailey.

Quelle que soit l'époque considérée, les querelles ont en commun d'engendrer de la haine de la part des opposants (doctes, auteurs concurrents, parties du public, représentants de communautés...), qu'elle soit physique ou verbale et plus souvent les deux. Cette violence des contestataires peut entraîner trois types d'épilogues : le plus souvent, elle engendre une pression faisant indirectement œuvre de censure en poussant les créateurs et directeurs de théâtres à annuler eux-mêmes les représentations ; parfois, elle aboutit à un arbitrage du public rendant la poursuite des représentations impossible car non soutenable financièrement ; plus rarement, elle conduit à un basculement faisant passer une querelle caractérisée par des manifestations, des tentatives de perturbations des représentations, des dégradations, des injures, voire des menaces, à une contestation policée, c'est-à-dire prenant la forme d'une revendication officielle devant les autorités administratives compétentes puis devant les juridictions à la fois administratives, civiles et pénales. Dans les trois cas étudiés, les querelles se sont ainsi transformées en saisines juridictionnelles.

L'annulation des représentations par autocensure, provoquée par le chantage ou la pression des opposants, comme la probabilité d'une interdiction *a priori* prononcée par une autorité de police administrative en raison[99] ou non[100] d'une situation locale particulière, ou enfin

96 *Ibid.*, p. 20.

97 Jacques Krynen consacre un chapitre de *L'État de justice – France, XIIIe-XXe siècle I – L'idéologie de la magistrature ancienne* (Paris, Gallimard, 2009), à « La querelle de l'interprétation » (p. 139).

98 Chloé Lavalette, « Rodrigo García et la "crise de la culture" : contextualisations critiques », *op. cit.*

99 Si la création de *Roberto Zucco* de Koltès au TNP de Villeurbanne en novembre 1991 n'avait pas posé de problème, non plus que les représentations à Nice, le retrait de la programmation par la Maison de la culture de Chambéry et Savoie début janvier 1992 a finalement été décidé par le maire de la commune à la suite de plaintes des proches des victimes du meurtrier ayant inspiré la pièce et des syndicats de police.

100 Le conseil municipal de Nancy a décidé en novembre 1970 d'annuler les représentations de *L'Infâme* de Roger Planchon, pièce s'inspirant du crime de Guy Desnoyers, curé du village d'Uruffe en Meurthe-et-Moselle, dont le procès eut lieu certes à Nancy, mais qui n'avait

*a posteriori* par une juridiction, est un risque qui peut être consciemment ou inconsciemment pris par les artistes, lesquels peuvent avoir une forme de responsabilité dans l'arrivée et/ou le développement d'une querelle ou au contraire avoir été surpris par la proportion prise par la querelle à leurs dépens[101].

Tout comme Molière « inventa[102] » sans doute la querelle de *L'École des femmes*, moyen « de stimuler la production et la vente d'imprimés » car « l'esclandre fait vendre, les "affaires" font faire des affaires[103] », les artistes contemporains peuvent également vouloir provoquer le « buzz » par une « provocation calculée[104] » ou comme Racine faire en sorte de jalonner leurs carrières de querelles[105]. De fait, la querelle ou la perspective de querelle peut susciter, stimuler, nourrir la « création[106] » ou le processus créatif.

---

pas de retentissement local particulier dans la ville de Nancy (même si un communiqué de la municipalité justifiait la déprogrammation par les égards dus à la famille du curé et aux juges), les faits de la fiction étant par ailleurs partiellement éloignés de l'histoire véritable.

101 Les exemples de *Kanata* et *Slav* de Robert Lepage et des *Suppliantes* d'Eschyle mis en scène en 2019 par Philippe Brunet à la Sorbonne, sont symptomatiques de querelles non voulues par les artistes et qui les ont dépassés dans des proportions inimaginables. Ariane Mnouchkine avait pour la première fois confié la troupe du Théâtre du Soleil à un metteur en scène invité, Robert Lepage, pour mener le premier épisode du projet *Kanata*, sous-intitulé de manière prémonitoire « La controverse ». Les accusations, avant même la création achevée, de racisme, d'appropriation culturelle ont créé la surprise et une réaction combattive ; le spectacle a finalement eut lieu en dépit du retrait de partenaires financiers. S'agissant de la mise en scène de Philippe Brunet accusée de *blackface* (maquillage de scène utilisé pour faire apparaître les artistes non noirs en noirs, utilisé au départ dans les *minstrel shows* aux États-Unis au XIX^e^, puis encore au début du XX^e^), les soutiens institutionnels au dramaturge ont été inconditionnels et la pièce a pu finalement être représentée. En revanche, dans le cas de *Slav*, l'on ne peut que noter un manque de courage institutionnel (des dirigeants du Festival de jazz de Montréal) qui a conduit à l'abandon d'une création initiée pourtant par la chanteuse Betty Bonifassi qui avait fait la preuve de son engagement sincère et ancien sur les questions d'esclavage.

102 Georges Forestier et Claude Bourqui, « Comment Molière inventa la querelle de L'École des femmes » *in* : Jeanne-Marie Hostiou, Alain Viala (dir.), *Le Temps des querelles*, *op. cit.*, p. 185.

103 Alain Viala, « Un temps de querelles » *in* : Jeanne-Marie Hostiou, Alain Viala (dir.), *Le Temps des querelles*, *op. cit.*, p. 18.

104 Georges Forestier et Claude Bourqui, « Comment Molière inventa la querelle de L'École des femmes », *op. cit.*, p. 188.

105 Paul Fièvre, « Racine en querelles » *in* : Jeanne-Marie Hostiou, Alain Viala (dir.), *Le Temps des querelles*, *op. cit.*, p. 199.

106 Alain Viala, « Un temps de querelles » *in* : Jeanne-Marie Hostiou, Alain Viala (dir.), *Le Temps des querelles*, *op. cit.*, p. 18. V. aussi Jeanne-Marie Hostiou, Alexis Tadié, « Introduction » *in* :

En l'occurrence, la provocation assumée des trois artistes du corpus qui vient s'ajouter à l'évolution progressive vers une transgression systématique, délibérée dans le théâtre et plus largement l'art moderne, s'exprime aussi bien à l'égard de la morale et des bonnes mœurs[107] qui connaissent un encadrement législatif que du développement d'une morale privée et communautariste. Il a même pu être soutenu que ce travail de provocation, notamment chez Castellucci et García, « devient l'un des ressorts essentiels du spectacle[108] ».

Claudia Castellucci revendique d'ailleurs ainsi une démarche artistique assumée : « il faut être conscient que toute chose existante – et d'autant plus celle qui a le pouvoir de légiférer – est une contrainte, et comme telle est la cause d'un désir de dépassement que les artistes, en premier lieu, doivent sentir et réaliser. Il faut être conscient que, de toute façon, la loi est faite pour être transgressée[109] ». « On ne pas avoir confiance dans la loi, ni même éprouver une crainte révérencielle. Dans tous les cas, il s'agit de voir comment il est possible de donner vie, de toute façon, à ce que nous avons créé dans notre esprit, en dépit et à cause de la loi[110] ». C'est en quelque sorte l'étape d'après la revendication hugolienne de « la liberté de l'art contre le despotisme des systèmes, des codes et des règles[111] » et qui est partagée par de nombreux artistes contemporains dans tous les champs disciplinaires[112].

Les artistes qui aspirent à cette démarche transgressive savent donc par avance qu'elle peut se heurter à la forteresse de la loi ou pire, les placer sous l'effet d'une menace explicite de demande d'interdiction qui s'appuierait de manière pertinente ou pas à des règles et principes juridiques. Partant, ils acceptent le risque de renoncer à ce que leurs créations ne soient pas montrées, ou pas partout. C'est ainsi que *Parfois*

---

Jeanne-Marie Hostiou, Alexis Tadié (dir.), *Querelles et création en Europe*, Paris, Classiques Garnier, coll. Rencontres, n° 387, 2019, 332 p.

107 Les seules œuvres théâtrales citées par Carole Talon-Hugon dans *L'art sous contrôle* (Paris, PUF, 2009, 141 p.) sont « Golgota Picnic » (p. 60) et « Sur le concept de visage du Christ » (*sic*, p. 65).

108 Christian Biet, Christophe Triau, *Qu'est-ce que le théâtre ?*, Paris, Gallimard, folio, 2006, p. 347.

109 Claudia Castellucci, « Dans l'ordre conscient de solitude absolue (1996) » *in* : Claudia et Romeo Castellucci, *Les Pèlerins de la matière. Théorie et praxis du théâtre*, trad. K. Espinosa, Besançon, Les Solitaires intempestifs, 2001, p. 180.

110 Claudia et Romeo Castellucci, *Les Pèlerins de la matière*, *op. cit.*, p. 181.

111 Victor Hugo, *Préface de Cromwell in* : *Critique*, *Œuvres complètes*, Paris, Bouquins, 2002, p. 31.

112 Laurent Wolf, « L'artiste, la règle et l'interdit », *Études*, mars 2011, n° 414, p. 365-375.

*je me sens si fatigué que je fais ce genre de choses* de Rodrigo García qui expose des situations délirantes (sodomies hommes-animaux, …) n'a jamais été programmé en France au motif de « la crainte d'un procès pour outrage aux bonne mœurs[113] ».

La crainte d'un procès éviterait donc le procès par l'agitation du moyen et non l'élimination de la cause par une forme d'évitement (la non-représentation de l'œuvre) qui ne renie pas l'objet de la question (l'œuvre non représentée).

Pourtant, rien n'est jamais moins sûr que la seule atteinte délibérée à la morale ou à un quelconque intérêt relevant de la protection de l'ordre public dans un spectacle soit suffisante pour qu'une querelle médiatique aille jusqu'à entraîner avec certitude un procès, quelles que soient les pressions ou le chantage exercés et aboutir à un épilogue contentieux.

En effet, l'observation des scandales, contestations ou véritables querelles sur la scène théâtrale contemporaine laisse à penser qu'il existe d'autres raisons pour lesquelles la plupart n'arrivent pas jusqu'au juge, exception faite des rendez-vous judiciaires manqués pour méconnaissance des procédures[114]. Car une querelle est souvent révélatrice des tensions que traverse une société à un moment donné, de ses tabous, ses peurs, qui raisonnent avec un passé à l'histoire douloureuse ou un présent aux enjeux politiques inquiétants et qui est le résultat d'une *catharsis* inaboutie ou ratée ou encore impossible parce qu'utopique, alors qu'Aristote la concevait comme « la forme optimale de l'expérience du spectateur, la seule qui lui permet de retrouver le sens de l'humain[115] ».

D'une part, seuls des groupements bien organisés ou bien dotés financièrement, fondés sur une idéologie ou une religion, se mobilisent efficacement pour aller jusqu'à une action contentieuse. Ce sont en effet, finalement, à l'époque contemporaine toujours les mêmes

113 Bruno Tackels, *Rodrigo García*, *op. cit.*, p. 60.

114 Les contestataires du spectacle *Accidens* de Rodrigo García (sous-intitulé « Tuer pour manger », consistant en le tranchage d'un homard vivant par un comédien sur le plateau) auraient en effet formé un recours devant le Tribunal administratif de Montpellier, demandant l'interdiction du spectacle montré pour la première fois en France, mais l'auraient déposé tardivement (selon Brigitte Salino, « Rodrigo Garcia pousse le homard à bout », *Le Monde*, 8 avril 2015), ce qui a entraîné nécessairement une irrecevabilité.

115 Catherine Naugrette, « Une nouvelle dimension du cathartique », *Études théâtrales*, 2011/2-3, n° 51-52, p. 173. V. aussi Catherine Naugrette, *Paysages dévastés. Le théâtre et le sens de l'humain*, Belval Vosges, Circé, coll. Penser le théâtre, 2004, 171 p.

contestataires qui osent et tiennent à pousser les portes des palais de justice, tels l'AGRIF[116], avec des motivations récurrentes ou systématiques – principalement la lutte contre « les racismes anti-français et antichrétien[117] » – s'attaquant à toutes les formes artistiques[118], en complément de leurs actions contentieuses contre d'autres manifestations de la liberté d'expression[119]. Forts de la récurrence de leurs interventions ou de la menace de leurs interventions, sous couvert de défense de « l'intérêt général[120] », ils ont acquis la conviction d'avoir gagné une influence déterminante, volontiers qualifiée par les observateurs de censure privée, quand leurs actions poussent les artistes eux-mêmes ou plus souvent les directions d'établissements de spectacle vivant à renoncer à une programmation. Quand bien même ces « associations procureur[121] » savent qu'elles ont peu de chances de succès, le retentissement des causes qu'elles portent est déjà comblé par la médiatisation de leurs recours qui leur donnent une plus grande visibilité dans l'espace public, même si son degré est variable selon les formes d'art touchées. Plus rarement, les querelles naissant d'une opposition idéologique peuvent susciter la formation de mouvements contraires suscitant l'organisation de contre-manifestations, de soutiens actifs aux artistes attaqués, voire

116 L'Alliance générale contre le racisme et pour le respect de l'identité française et chrétienne (AGRIF), domiciliée à Paris dans le 5e arrondissement, est présidée depuis sa création en 1984 par Bernard Antony, député européen Front national jusqu'en 1999. Pour davantage de détails, v. l'étude exhaustive de Mathilde Barraband et Jean-Yves Camus, « Le combat culturel des traditionnalistes catholiques. L'affaire Golgotha picnic, un coup de force ? » § 5 s. *in* : Anna Arzoumanov, Mathilde Barraband (dir.), *Polémique autour d'un « blasphème ». Regards croisés sur l'affaire Golgotha picnic*, *op. cit.*

117 Sur son site internet, l'AGRIF se revendique comme une « association de droite » et indique lutter « contre tous les racismes en particulier les racismes antifrançais et antichrétien ».

118 Comme l'association *Promouvoir*, l'AGRIF est à l'origine de nombreux recours en matière cinématographique (par exemple contre les films *Je vous salue, Marie* de Godard, *Amen* de Costa-Gavras, *La dernière tentation du Christ* de Scorcese).

119 La même AGRIF a poursuivi les Femen pour injure envers les Chrétiens à l'occasion d'une manifestation de Civitas contre le mariage entre personnes de même sexe en 2012.

120 Il s'agit évidemment d'une défense autoproclamée, qui est en réalité un contresens, les associations en question dans cet ouvrage poursuivant davantage par définition un intérêt particulier que l'intérêt général, même si comme l'a démontré Emmanuel Jeuland (« La notion d'intérêt comme moyen d'immixtion dans les rapports de droit » *in* : Béatrice Parance (dir.), *La défense de l'intérêt général par les associations. Intérêt général versus intérêts collectifs*, Paris, LGDJ, coll. Grands colloques, 2015, 125 p.) un intérêt particulier peut avoir « un impact collectif, général et universel » (p. 63).

121 Frédéric Gras, « Censure et ordre public : les associations procureur », *Legicom*, 2017/1, n° 58, p. 85.

même d'évènements artistiques ou créatifs supplétifs[122], qui viennent ainsi susciter la « pratique d'une forme élémentaire de démocratie[123] ».

Une autre raison expliquant la rareté des saisines juridictionnelles comme points d'orgue à des querelles, réside dans le fait que certaines thématiques semblent inciter davantage à des réactions jusqu'au-boutistes que d'autres. Si dans *Anéantis* (*Blasted*) de Sarah Kane, les pires horreurs pouvant être perpétrées à l'égard du principe de dignité de la personne humaine sont représentées (viol, torture) et ont suscité le scandale (en particulier la scène de cannibalisme sur un bébé) à la différence d'une autre pièce employant des thèmes comparables (*Thyeste* mis en scène par Caryl Churchill[124]) lors de sa création à Londres au Royal Court Theatre en 1995, les oppositions n'ont pourtant pas été jusqu'à demander l'interdiction des représentations. La recréation dix ans plus tard par Thomas Ostermeier à Berlin puis au cloître des Carmes à Avignon, n'a suscité aucune escalade dans les contestations et encore moins de saisine juridictionnelle.

Jusqu'où un créateur, auteur comme metteur en scène, doit-il donc aller pour que la querelle éclate et se poursuive par une ultime étape contentieuse ?

La réponse à cette question n'est pas certaine et selon toute vraisemblance conjoncturelle ou casuistique. Il existe selon les époques des thématiques plus ou moins clivantes. La religion catholique et la défense de certains communautarismes sont à l'évidence au début du XXI^e^ siècle les motifs motivant principalement le passage à l'acte de la saisine juridictionnelle.

Rares également dans le spectacle vivant sont les contentieux sur le terrain juridique spécifique de la propriété intellectuelle[125]. La mise en

122 V. *infra* (note 4, p. 118) l'exemple remarquable, même si exceptionnel, du projet artistique construit en réaction à l'annulation des représentations de *Golgota picnic* en Pologne.

123 Alain Viala, « Un temps de querelles » *in* : Jeanne-Marie Hostiou, Alain Viala (dir.), *Le Temps des querelles*, *op. cit.*, p. 21.

124 Comme l'a démontré Zoé Schweitzer (« La scène cannibale de Blasted à Thyestes : le scandaleux fait-il scandale ? ») *in :* François Lecercle et Clotilde Thouret, *Théâtre et scandale (I)*, *op. cit.*

125 Le contentieux de la propriété intellectuelle est spécifique et n'est pas l'objet de la présente étude. Toutefois, il est important de savoir qu'en matière de spectacle vivant, des actions peuvent être comme en matière littéraire, intentées par les ayant-droits, lesquels le plus souvent, parviennent à faire valoir le droit moral des auteurs sans aller jusqu'à saisir le juge, les metteurs en scène ou directeurs de théâtre renonçant également à des actions contentieuses pour imposer les représentations. Il en a été ainsi notamment pour la *Tête*

scène de Muriel Mayette à la Comédie française en 2007 de *Le Retour au désert* de Bernard-Marie Koltès a été contestée par son frère François, l'ayant-droit, au motif que le rôle d'Aziz n'avait pas été confié à un comédien arabe, contrairement aux exigences claires du dramaturge. Il a refusé de renouveler le contrat d'exploitation prévoyant 30 représentations et interdit donc de les poursuivre contrairement aux souhaits de la nouvelle Administratrice générale.

Par ailleurs, la mise en scène de Dmitri Tcherniakov de *Dialogues des Carmélites* à l'Opéra d'État de Bavière en 2010, a provoqué l'opposition des ayants-droits tant de Bernanos que de Poulenc plaidant une « dénaturation de l'œuvre en raison de la modification de sa fin[126] » du fait du remplacement de la scène de la guillotine par un suicide collectif et a suscité une saisine immédiate des juridictions judiciaires pour contrefaçon.

Les deux affaires ont suscité des réponses juridictionnelles contrariées et seule la seconde s'est véritablement traduite par un épilogue contentieux[127], le juge judiciaire s'attachant à « la recherche d'un juste équilibre entre la liberté de création du metteur en scène et la protection morale du compositeur et de l'auteur du livret[128] ».

Si l'on a à l'évidence dépassé aujourd'hui les querelles dramaturgiques des XVII$^{e}$ et XVIII$^{e}$ siècles, centrées soit sur des questions de poétique

---

*d'Or* de Claudel dans la mise en scène de Daniel Mesguish en 1980. A l'opposé, certains spectacles ne sont pas contestés, telle la mise en scène de la *Maison de poupée* de Ibsen par Thomas Ostermeier (créée en 2003 à Berlin et présentée au Festival d'Avignon en 2004), en dépit de la modification radicale de la fin par l'ajout d'un meurtre final.

126 Emmanuelle Saulnier-Cassia, « *Dialogues des Carmélites* de Poulenc : un cas pratique juridico-opératique », chronique Du droit dans les arts, *Les Petites affiches*, 8 mars 2018.

127 Dans l'affaire *Retour au désert*, il y a eu des recours déposés par chaque partie (sur le terrain du droit moral et de la diffamation) ne leur donnant pas satisfaction en première instance. Une médiation réussie (sur cette transaction, v. : Cyril Desclès, *L'affaire Koltès. Retour sur les enjeux d'une controverse*, L'œil d'or, 2015) n'a pas permis d'épilogue contentieux. Toutefois, on notera l'étonnante motivation lyrique de la 3$^{e}$ chambre du TGI dans sa décision du 20 juin 2007 : « Il n'appartient pas au juge de poser les principes d'une herméneutique du théâtre en général, ni d'une pièce en particulier. Une telle fonction relève des professionnels du théâtre, des universitaires et chercheurs spécialisés, de la critique et du public, aujourd'hui et dans l'histoire, en bref, de ce mécanisme fondamental d'une société libre que Kant appelait la publicité ».

128 La Cour de cassation a cassé l'arrêt de la cour d'appel concluant à l'atteinte au droit moral des auteurs en jugeant même que si « loin d'être l'expression d'une interprétation des œuvres des auteurs, elle en modifie la signification et en dénature l'esprit », et que « la mise en scène litigieuse ne modifiait ni les dialogues, absents dans cette partie des œuvres préexistantes, ni la musique » (Cass., civ., 1$^{re}$ ch., 22 juin 2017). La Cour d'appel de Versailles s'est rangée à cette interprétation (30 novembre 2018, RG n° 17/08754).

théâtrale, soit de moralité ou plus prosaïquement de concurrence entre les auteurs ou les lieux de représentation, force est de constater que les rares réponses juridictionnelles en matière de spectacle vivant ne sont plus à proprement parler fondées sur une rupture esthétique mais placent avec certitude le périmètre de la liberté d'expression au cœur de leurs épilogues. Le propos n'est ici nullement de faire le procès déjà bien documenté de l'art et de l'artiste, à travers le théâtre et ses dramaturges, de sonder leur responsabilité, de débattre des bienfaits ou des inconvénients de la reconnaissance d'une impunité, mais plus modestement de la part prise par le contentieux dans des affaires dramaturgiques dont la portée n'est peut-être que casuistique.

Après une étude esthético-politique de chacune des trois querelles théâtrales du corpus, revenant à la fois sur le contexte de chaque œuvre pour son créateur, sur son analyse et sur la chronologie et les motifs de la querelle qui a suivi (Partie 1), c'est à une analyse juridico-esthétique des mêmes trois querelles théâtrales que l'on procédera afin de mesurer surtout en quoi les décisions juridictionnelles qui ont été rendues constituent de véritables épilogues consacrant en outre de manière heureuse le principe de liberté d'expression (Partie 2).

PREMIÈRE PARTIE

# ÉTUDE ESTHÉTICO-POLITIQUE DE TROIS QUERELLES THÉÂTRALES CONTEMPORAINES

Tant la pièce *Sur le concept du visage du fils de Dieu* de Romeo Castellucci, que *Golgota picnic* de Rodrigo García et encore *Exhibit B* de Brett Bailey ont suscité au fil des représentations et parfois même avant qu'elles ne commencent des contestations qui se sont transformées en véritables querelles par les oppositions et réactions radicales auxquelles elles ont conduit. Il n'y avait sans doute pas eu avant ces trois querelles des années 2010 autant d'émotions populaire et médiatique depuis les altercations au Théâtre de l'Odéon suscitées en 1966 par les représentations des *Paravents* de Jean Genet[1], qui présentent des équivalents uniquement sur trois points : destructions mobilières et agressions physiques[2], exclusivité française[3] et absence d'annulation des représentations. À la différence des trois querelles de ce début du XXI^e^ siècle, celle[4] de 1966 n'a pas pris un tour contentieux, mais est restée exclusivement sur le terrain politique, suscitant des débats à l'Assemblée nationale sur la question du subventionnement du théâtre public, qui avait déclenché la fameuse réaction de Malraux, alors ministre de la Culture refusant la censure au nom de la liberté d'expression[5]. Cette véritable « affaire d'État[6] », impliquant les personnalités politiques et les médias de tous bords, s'est traduite par un affrontement idéologique dont le degré n'a nullement été atteint par les trois affaires étudiées qui n'ont suscité que peu de réaction des élus de la République.

---

1 *Les Paravents* avait été créé à Berlin-ouest en 1951 (dans une mise en scène de Hans Lietzau) et jouée dans plusieurs capitales européennes avant Paris. V. le dossier de Michel Corvin *in* : Jean Genet, *Les Paravents*, Gallimard, folio théâtre, n° 69, 1979, p. 298 s.

2 Un groupe de parachutistes et nostalgiques de l'Algérie française, envahissait le 30 avril 1966 le Théâtre de l'Odéon, lançait des projectiles et agressait les comédiens (dont Maria Casarès). L'un d'entre eux fut blessé, ainsi qu'un machiniste.

3 Comme les trois spectacles étudiés, la pièce de Genet fut jouée par la suite sans incidents dans d'autres pays européens.

4 Le député Christian Bonnet a employé le terme de « querelle » lors du débat du 26 octobre 1966 demandant une réduction de la subvention au théâtre de France équivalent au coût de la création de la pièce controversée (Assemblée nationale, 2e séance du 27 octobre 1966 sur la loi de finances pour 1967, JORF du 28 octobre 1966, p. 3979).

5 « La liberté, Mesdames, Messieurs, n'a pas toujours les mains propres [...] Cette pièce blesse votre sensibilité. N'allez pas acheter votre place au contrôle. On joue d'autres choses ailleurs » : Assemblée nationale, 2e séance du 27 octobre 1966, *ibid.*, p. 3989.

6 Françoise Lecercle, « Continuer la guerre par d'autres moyens : l'exemple des Paravents » *in* : *Théâtre et scandale* (1), *op. cit.*, § 5.

# LA QUERELLE DE *SUR LE CONCEPT DU VISAGE DU FILS DE DIEU* DE ROMEO CASTELLUCCI

Afin de mieux appréhender la querelle autour de *Sur le concept du visage du fils de Dieu*, il convient de la replacer dans son contexte, avant d'examiner les problématiques politico-religieuses qui ont surgi lors de ses représentations parisiennes.

## LA CONTEXTUALISATION DE L'ŒUVRE *SUR LE CONCEPT DU VISAGE DU FILS DE DIEU*

La pièce *Sur le concept du visage du fils de Dieu* (*Sul concetto di volto nel Figlio di Dio*) du metteur en scène italien Romeo Castellucci, a été principalement accusée avec un temps de retard, de christianophobe.

### ROMEO CASTELLUCCI, UN METTEUR EN SCÈNE ITALIEN PROLIXE ET « DÉRANGEANT »

Né à Cesena (en Italie) en 1960 et initialement étudiant en école d'agriculture, Romeo Castellucci s'est finalement inscrit aux Beaux-arts, subjugué par les livres de sa sœur, Claudia Castellucci et fonde avec elle et sa femme Chiara Guidi la société Raffaello Sanzio en 1981 (devenue Societas), qui produit des spectacles mêlant plusieurs disciplines artistiques, sources « d'expériences sonores visuelles, sensibles et mentales extrêmes[1] » tout en minorant voire supprimant[2] la place

1 Fabienne Pascaud, « Le Père, le Fils et Castellucci transforment la merde en or au Festival d'Avignon », *Télérama*, 1er juillet 2011.

2 Dans *Genesi. From the Museum of Sleep* par exemple en 1999.

du texte littéraire en tant que tel, comme Artaud – avec lequel il entretient une filiation évidente, qu'il a fini par admettre[3]. Celui que rien ne destinait au théâtre, est devenu un « plasticien érudit[4] », un « plasticien(s) de la scène[5] », en tout état de cause un metteur en scène incontournable d'une « forme de théâtre hybride, située entre les arts visuels, la performance et le théâtre[6] » ou d'avant-garde, qui a également investi l'opéra[7], tout à la fois un « performer » et un « magicien[8] », qui travaille principalement à la manière des « écrivains de plateau[9] ».

Il a exploré tant les grands mythes (Gilgamesh) que les grandes œuvres antiques et classiques (notamment de Shakespeare) qui lui ont permis de dénoncer notamment les discours politiques rhétoriques.

Récipiendaire de nombreux prix internationaux et de reconnaissances officielles[10], il est considéré comme « un représentant majeur d'un théâtre "post-dramatique" », qui revendique un « théâtre de parabole » s'adressant « moins à l'intellect qu'à tous les sens du récepteur[11] ».

Il est souvent considéré comme « provocateur ». Alors qu'il récuse ce terme[12] et dit « déteste(r) » la provocation[13], Romeo Castellucci qui ne

---

3 Dans un entretien autour de *Genesi* en mai 2001 à Toulouse (*in* : Bruno Tackels, *Les Castellucci. Écrivains de plateau, I*, *op. cit.*), l'auteur indique n'avoir « jamais supporté ne serait-ce que de citer Artaud », mais s'être senti « presque obligé d'utiliser sa voix » bien qu'ayant « très peur d'utiliser ses mots » (p. 65).

4 Alexandre Demidoff, « L'homme blessé selon Romeo Castellucci bouleverse à Vidy », *Le Temps*, 12 novembre 2015.

5 Bruno Tackels, *Rodrigo García*, *op. cit.*, ici p. 14.

6 Francine Di Mercurio, « Le scandale des violences esthétiques de Romeo Castellucci », *Les Chantiers de la création*, 2013, 6, § 5, en ligne : http://journals.openedition.org/lcc/500 (consulté le 16 juin 2022)

7 Par exemple *Orfeo ed Euridice* de Gluck en 2014 et le remarqué *Moses und Aaron* en 2015 à l'Opéra Bastille.

8 Mathieu Mével, « Romeo Castellucci (performer, magicien) ou la fête du refus », *Théâtre/Public*, n° 194, 2009, p. 61.

9 Bruno Tackels, *Les Castellucci. Écrivains de plateau, I*, *op. cit.*

10 Prix Europa en 1996, chevalier des Arts et des Lettres en France en 2002, artiste associé à Avignon en 2008, Lion d'Or à Venise en 2013, docteur Honoris causa de Bologne en 2014.

11 Michel Corvin, *Dictionnaire encyclopédique du théâtre à travers le monde*, Paris, Bordas, 2008, entrée Castelucci Romeo, p. 259.

12 Fabienne Pascaud, « Romeo Castellucci : Au théâtre, l'interdit c'est la réalité », *Télérama*, 6 juillet 2012.

13 Armelle Héliot, « Roméo Castellucci : adresse aux agresseurs », Blog *Le Figaro*, Le grand théâtre du monde, 24 octobre 2011.

cesse « de déclencher des polémiques[14] », de provoquer le « scandale[15] », a également été qualifié de « fauteur de trouble[16] » et à l'occasion du spectacle *Sur le concept du visage du fils de Dieu*, de « radical, jusqu'au-boutiste, viscéralement dérangeant[17] », de « pratiquer un théâtre qui dérange, trouble et divise – y compris à l'intérieur de soi-même[18] » car « forgé d'images limites et de situations taboues, nourri de violence et de personnages hors normes, effrayants ou lumineux, [...] toujours une plongée dans l'indicible[19] », dans « l'inquiétude » et « l'ambiguïté » qui sont des fils rouges revendiqués de son œuvre. Dans tous ses spectacles, « les gestes, les corps, les images qu'ils mettent en œuvre sont profondément ancrés dans un refus du monde tel qu'il va, et [...] se construisent même sur ce refus[20] ».

De fait, nombre de ses spectacles ont marqué les esprits, notamment la trilogie inspirée de la *Divine Comédie* de Dante à Avignon où « l'enfant terrible[21] » a été artiste associé du Festival en 2008, l'une de ses neuf présences depuis 1998 (alors avec *Giulio Cesare*). La figure divine, et de manière plus générale la religion chrétienne, est une source d'inspiration fréquente, pour ne pas dire systématique, pour l'artiste dans ses créations comme dans ses mises en scène, qui dit se nourrir notamment des textes bibliques[22]. *Sur le concept du visage du fils de Dieu* est certainement à la fois le meilleur exemple et peut-être « le plus extrême[23] » sur ce terrain, et l'avant-dernière participation à ce jour de Romeo Castellucci à Avignon.

---

14 Fabienne Pascaud, « Le Père, le Fils et Castellucci transforment la merde en or au Festival d'Avignon », *Télérama*, 1er juillet 2011.

15 La première représentation à Avignon de *Voyage au bout de la nuit* en 1999 a suscité, « bronca » et « colère », réactions du public troublant la fin du spectacle finalement résumées par le mot « scandale » (Bruno Tackels, *Les Castellucci. Écrivains de plateau, I*, *op. cit.*, p. 117-119).

16 Fabienne Darge, « Romeo Castellucci, fauteur de trouble », *Le Monde*, 26 août 2014.

17 Chronique de Joëlle Gayot, *France culture*, 21 juillet 2011, en ligne : https://www.radiofrance.fr/franceculture/sur-le-concept-du-visage-du-fils-de-dieu-par-romeo-castellucci-4678527 (consulté le 16 juin 2021).

18 Fabienne Darge, « La foi est à mille lieues de l'idéologie », entretien avec Romeo Castellucci, *Le Monde*, 26 octobre 2011.

19 Fabienne Pascaud, « Le Père, le Fils et Castellucci transforment la merde en or au Festival d'Avignon », *op. cit.*

20 Mathieu Mével, « Romeo Castellucci (performer, magicien) ou la fête du refus), *op. cit.*, p. 61.

21 Gilles Renaud, « Romeo Castellucci censuré au Mans », *Libération*, 13 avril 2018.

22 Cette source produit la représentation fréquente de figures bibliques : le Christ dans le spectacle étudié, le prophète Jérémie par exemple dans *Bros*, l'une des dernières créations de la compagnie Societas, présentée notamment à la MC93 en février 2022.

23 Francine Di Mercurio, « Le scandale des violence esthétiques de Romeo Castellucci », *op. cit.*, § 1.

## *SUR LE CONCEPT DU VISAGE DU FILS DE DIEU*, UN SPECTACLE À LA FIGURE CHRISTIQUE

Pour Castellucci, « l'art ne cesse de croiser la religion chrétienne[24] » et le théâtre en particulier « est traversé [...] par la présence de Dieu[25] ». De fait, cette dernière irrigue la plupart de ses créations et *Sur le concept du visage du fils de Dieu* ne fait pas exception et entre donc bien dans la lignée de ses autres œuvres, en utilisant la figure du Christ. Présenté à Avignon, le spectacle dérange et sous l'impulsion d'associations criant à la christianophobie est querellé lors de ses représentations à Paris, et ses représentations interdites par le Préfet lors de sa tournée au Mans.

### *Un spectacle-performance singulier dans la lignée des autres œuvres de l'artiste*

La qualification du spectacle de Romeo Castellucci (tout comme les deux autres œuvres du corpus *infra*), ne relève pas de l'évidence. Même si elle a été le plus souvent répertoriée comme une « pièce de théâtre[26] », il n'est pas impertinent de se demander si cette « performance » selon la présentation dans le document officiel du Festival d'Avignon, est encore du théâtre[27]. En l'occurrence, le terme de performance est sans doute ici mal choisi puisqu'à la différence dudit genre vers lequel ont évolué beaucoup d'auteurs contemporains, le spectacle de Romeo Castellucci « a vocation à être reproduit » tel quel et ne constitue pas un « événement unique[28] » ou « éphémère[29] » comme la performance le suppose. On peut néanmoins parler de « spectacle-performance », qualification qui correspond bien à cette œuvre en particulier et à d'autres qui l'ont précédé et lui ont succédé.

D'une durée d'à peine une heure – ce qui n'est pas inhabituel pour ce créateur – le spectacle a été créé lors du *Theater der Welt*, festival international de théâtre en Allemagne (qui se déroulait cette année-là

24 Bruno Tackels, *Les Castellucci. Écrivains de plateau, I*, *op. cit.*, p. 64.

25 Romeo Castellucci, « Le Pèlerin de la matière », 2000 *in* : Claudia et Romeo Castellucci, *Les Pèlerins de la matière*, *op. cit.*, p. 112.

26 Florence Andoka, « L'impossible transgression de Roméo Castellucci », *Philosophique*, 2016, 19, § 1, en ligne : https://doi.org/10.4000/philosophique.958 (consulté le 16 juin 2022).

27 Chronique de Joëlle Gayot, *France culture*, 21 juillet 2011, *op. cit.*

28 Jean-Pierre Sarrazac, *Poétique du drame moderne. De Henrik Ibsen à Bernard-Marie Koltès*, Paris, Seuil, 2012, p. 373.

29 Étienne Souriau, *Vocabulaire d'esthétique*, entrée « Performance », *op. cit.*, p. 1123.

à Essen), le 17 juillet 2010 et vient constituer le premier opus d'une autre trilogie, poursuivie avec *Le Voile noir du Pasteur*[30] créé à Rennes en mars 2011 et *The Four Seasons Restaurant*[31] créé en juillet 2012 au Festival d'Avignon, qui ont en commun d'interroger la représentation, l'image et sa disparition.

Après une tournée internationale en 2011 (Oslo, Madrid, Moscou, Amsterdam, Athènes, Barcelone), *Sur le concept du visage du fils de Dieu* a d'abord été présenté en France au Festival d'Avignon, à l'Opéra-Théâtre du 20 au 26 juillet 2011, puis programmé au Théâtre de la Ville du 20 au 27 octobre 2011 et du 2 au 6 novembre 2011 au 104 à Paris, après un passage à la Biennale de Venise, puis à Rennes en novembre 2011, à Strasbourg en novembre 2012. La tournée a été internationale (Montclair, Séoul et Vienne en 2013, Lausanne en 2015, Trento en 2016, Erlangen en 2019) avec quelques autres dates françaises (Besançon en décembre 2015, Le Mans en avril 2018).

Le dispositif scénique est assez simple. Une immense toile en fond de scène reproduit le visage de Jésus, détail du *Salvator Mundi*, œuvre fascinante de la Renaissance, d'Antonello da Messina, laquelle par le plan très serré provoque une sensation hypnotique tout à la fois désireuse de percer le mystère de l'expression du regard et de la bouche et consciente de l'impossibilité de le déchiffrer à l'instar de Mona Lisa. Le plateau représente un appartement contemporain (canapé, table, lit, fauteuil roulant) dans un décor blanc, au départ immaculé. L'accompagnement musical, créée par Scott Gibbons, progressivement angoissant, est essentiel du fait de la présence discrète du texte et s'ajoute la dimension olfactive, aboutissant à une approche multi-sensorielle extrêmement développée, suscitant l'inconfort. Le caractère laconique du texte, voire « le refus » est un trait caractéristique des spectacles de Castellucci et a pu être interprété comme fondant aussi sa « modernité[32] ». En l'occurrence, la prépondérance du son sur le texte est une alchimie couramment pratiquée par l'artiste.

Un vieil homme et un jeune homme sont sur scène ; ils échangent de rares dialogues en italien. Le premier est le père du second, il est

---

30 Il s'agit d'une adaptation de la nouvelle éponyme de Hawthorne de 1836, qui raconte l'histoire d'un pasteur qui apparaît un matin à l'office le visage recouvert d'un voile noir.

31 Le titre reprend le nom du restaurant new-yorkais où Rothko avait refusé d'accrocher ses toiles.

32 Mathieu Mével, « Romeo Castellucci (performer, magicien) ou la fête du refus », *op. cit.*, p. 62.

visiblement malade (la table est couverte de médicaments) ou en fin de vie. Alors que le fils s'apprête à partir pour aller vraisemblablement travailler (en costume cravate), son père (en peignoir) ne se retient pas et se souille. Tout à son humiliation personnelle, à sa déchéance corporelle, il se fait laver par son fils, tandis qu'une odeur fécale – par diffusion d'une reproduction chimique – envahit l'espace du lieu de représentation. La scène se répète deux fois. Le fils d'abord patient (« Ne t'inquiète pas, papa »), prenant soin de ne pas se salir, continue à laver son père qui sanglote (« Pardon je suis désolé »), debout, nu, de dos et lui remet une couche. Il se tourne vers le visage du Christ, comme l'implorant de mettre fin au supplice ou le rendant témoin de son abnégation et de l'insupportable et « obscène humiliation[33] » pour lui, comme pour le père dans cette atteinte à la dignité individuelle que connait toute personne en perte d'autonomie. Le fils finit par pleurer et hurler vers ce visage divin qu'il embrasse, pendant que le père recouvre tout le plateau d'excréments à l'aide d'un gigantesque bidon. C'est un moment de « rupture » à la suite duquel, ainsi que Castellucci l'a formulé, « la dimension scatologique dépasse alors tout réalisme [...]. On passe de la scatologie à l'eschatologie : on bascule alors dans une dimension métaphorique de l'œuvre[34] ».

La scène suivante, d'une durée de douze minutes, faisait entrer dans la version initiale des enfants sur scène, qui sortaient des grenades en plastique de leurs cartables ou sacs à dos, et les lançaient sur la toile représentant Jésus. Les projectiles étaient accompagnés d'un bruit d'explosion se transformant peu à peu en une musique religieuse. Cette scène de lapidation contemporanisée, ou de *remake* de révolte populaire dans nombre de conflits intérieurs ou de frontières dans le monde ou même encore dans les banlieues ou périphéries de grandes villes, est intéressante dans les interprétations qu'elle a pu ou peut susciter. Il ne peut s'agir de manière très littérale, d'une simple attaque d'une représentation de la religion, en particulier chrétienne, par un procédé violent. Certes, on ne peut manquer de penser aux conflits régionaux à la fois ancestraux et récents, visant à détruire les images, les représentations divines, les symboles patrimoniaux tels les bouddhas géants de

33 Frère Samuel Rouvillois, *Le Figaro*, 9 juillet 2011.

34 Entretien avec Jean-Louis Perrier pour le Festival d'Avignon dans le dossier de presse du spectacle.

la vallée de Bâmiyân détruits par les Talibans. Mais la différence, de taille, est ici que l'image n'était pas détruite. N'est-ce pas alors plutôt la démonstration d'une impossible destruction des icônes par celui qui se définit comme iconoclaste ? L'idée lui aurait été plus simplement inspirée par une photographie de l'américaine Diane Airbus de 1962[35] d'un enfant au regard dur, voire haineux tenant dans l'une de ses mains une grenade. L'innocence et la naïveté de l'enfance face à des pulsions destructrices qui le dépassent.

Romeo Castellucci aurait conçu cette scène – comme il l'a expliqué *a posteriori* à l'occasion de sa suppression lors des deux représentations au Mans comme on le verra *infra* – comme « une forme de prière, un geste porté par l'innocence de l'enfance qui symbolise ici l'humanité entière, un geste qui fait référence à la Passion du Christ[36] ».

Le spectacle se termine par le déversement sur la toile de longues trainées d'encre sombre – et non d'excréments ainsi que l'ont indiqué les contestataires au contentieux comme on le verra *infra*, même s'il est difficile de ne pas y songer – recouvrant le visage du Christ et créant selon l'artiste « un suaire nocturne[37] », tandis que la toile se déchire et laisse apparaître l'inscription « You are my sheperd » (« Tu es mon berger ») inspirée de la première phrase du Psaume 23 de l'Ancien Testament (« l'Éternel est mon berger »), à laquelle s'ajoute dans les dernières secondes du spectacle sa négation, « You are *not* my sheperd » (« Tu n'es pas mon berger »).

À l'image donc de ses autres « spectacles (qui) divisent, font peur », doivent « toujours inquiéter, viser à une violence et à une effectivité sensitive et mentale, à un effet de scandale[38] », *Sur le concept du visage du fils de Dieu* n'a pas fait exception et provoqué lui aussi le scandale[39] et la querelle, mais avec un effet à retardement.

---

35 Diane Arbus, « Child with Toy Hand Grenade in Central Park », 1962. Cette photographie faisait partie d'une exposition consacrée à la photographe au Jeu de Paume, qui débutait en même temps que les représentations parisiennes du spectacle de Romeo Castellucci.

36 Communiqué de Romeo Castellucci le 10 avril 2018 lors de la première représentation au Mans. V. *infra*.

37 Armelle Héliot, « Roméo Castellucci : adresse aux agresseurs », *op. cit.*

38 Christian Biet, Christophe Triau, *Qu'est-ce que le théâtre ?*, *op. cit.*, p. 908.

39 Fabienne Darge, « Romeo Castellucci, fauteur de trouble », *Le Monde*, 26 août 2014.

### *Un spectacle « dérangeant » à Avignon qui engendre une querelle à Paris (2011)*

En Italie et dans les autres États européens où il a tourné, le spectacle n'a suscité aucune opposition violente. En revanche, dès son passage à Avignon, le spectacle a été considéré, tout comme son créateur[40], par les spectateurs et les critiques comme « dérangeant[41] », poussant « encore plus loin les limites du supportable en maniant avec force des images qui ne cessent de se heurter et de creuser la faille en chacun de nous[42] », et a donc fait beaucoup parler de lui, même si l'auteur-metteur en scène lui-même avait renié par avance toute intention de lancer une controverse : « Pas de polémique, pas de blasphème, pas de raccourci de pensée ni de caricature idiote[43] ».

Toutefois, si les oppositions se sont bornées à quelques invectives verbales (« c'est nul »...) et gestuelles (agenouillement de personnes devant l'Opéra-Théâtre[44]...) rapportées par la presse, parallèlement à l'organisation de rencontres publiques constructives avec des personnalités catholiques[45], les critiques d'Avignon pressentaient que le spectacle risquait le « scandale[46] » ou ne manquerait pas « de faire débat[47] » lors de sa tournée, en particulier parisienne, le spectacle étant alors déjà programmé au Théâtre de la Ville du 20 au 30 octobre 2011, puis au Centquatre du 2 au 6 novembre. Et en l'occurrence, il faut souligner le rôle qu'a joué la presse à ce stade, pour permettre à la querelle de grossir, car c'est sur le fondement des articles parus dans les quotidiens français et de quelques extraits vidéos que les contestataires ont fondé leur opposition aux représentations à venir du spectacle.

---

40 Chronique de Joëlle Gayot, *France culture*, 21 juillet 2011, *op. cit.*

41 Philippe Noisette, « Un père et son fils », *Les Échos*, 25 juillet 2011.

42 Chronique de Joëlle Gayot, *France culture*, 21 juillet 2011, *op. cit.*

43 Dossier de presse pour le Festival d'Avignon 2011.

44 Rapporté par Armelle Héliot, « Roméo Castellucci : la pièce qui fait scandale », *Le Figaro*, 30 octobre 2011.

45 Notam. avec Mgr Robert Chave d'après Armelle Héliot (*Ibid.*), qui était toutefois une figure singulière du fait des amitiés nouées avec le monde du théâtre en particulier avignonnais. Il avait fondé les rencontres « Foi et culture » en 2008.

46 Fabienne Pascaud, « Le Père, le Fils et Castellucci transforment la merde en or au Festival d'Avignon », *op. cit.*

47 Philippe Noisette, « Un père et son fils », *Les Échos*, 25 juillet 2011.

Les contestataires parisiens étaient principalement issus de communautés chrétiennes qualifiées dans la presse d'« intégristes[48] », ou de « traditionnalistes » et même de « catholiques pas très catholiques[49] », exprimant « la pensée intégriste de la fraternité Saint-Pie X[50] », venant de l'association Civitas[51], mais aussi de l'église Saint-Nicolas-du-Chardonnet[52], des royalistes de l'Action française, des nationalistes du Renouveau français, des militants du Groupe Union Défense, et quelques islamistes radicaux[53].

Ils ont protesté place du Châtelet devant le Théâtre de la Ville dès le premier soir de représentation (20 octobre) où certains ont manifesté bruyamment à l'intérieur du théâtre, par des jets d'huile, d'œufs, sur la scène même, interrompant momentanément des représentations (avec le déploiement d'une banderole « Christianophobie ça suffit »), lançant des boules puantes et en criant « Cathophobie ça suffit », « À bas la République », mais aussi à l'extérieur par des prières et chants de cantiques démonstratifs, par des *sittings* près de la statue de Jeanne d'Arc dans le quartier de l'Opéra avec des banderoles pro-chrétiennes (« La France est chrétienne et doit le rester »), des bannières du Sacré Cœur, des crucifix, réunissant jusqu'à plusieurs centaines de personnes,

---

48 Armelle Héliot, « Roméo Castellucci : la pièce qui fait scandale », *op. cit.* Laurent Borredon (« Au Théâtre de la Ville : des manifestants jeunes », *Le Monde*, 27 octobre 2011) parle de « groupuscules de catholiques intégristes ».

49 Jean-Louis Schlegel, « Positions : Des catholiques pas très catholiques », *Esprit*, janvier 2012.

50 Christophe Cornevin, « Parmi les manifestants des radicaux de toutes confessions », *Le Figaro*, 30 octobre 2011.

51 L'Association Civitas, créée en 1999 sous la dénomination Institut Civitas, est devenue un parti politique en 2016 proche du mouvement d'Alain Soral. Elle se situe dans la mouvance de la Fraternité Sacerdotale Saint-Pie-X. Parmi ses objets figure celui de « rechristianiser la France » suivant sa propre présentation et elle prône l'établissement du catholicisme comme religion d'État. V. l'étude exhaustive qui lui a été consacrée dans le cadre du contentieux *Golgota picnic* : Mathilde Barraband et Jean-Yves Camus, « Le combat culturel des traditionnalistes catholiques. L'affaire Golgotha picnic, un coup de force ? » § 3 s. *in* : Anna Arzoumanov, Mathilde Barraband (dir.), *Polémique autour d'un « blasphème ». Regards croisés sur l'affaire Golgotha picnic*, *op. cit.* V. aussi Jean-Louis Schlegel, « Positions : Des catholiques pas très catholiques », *op. cit.*, qui qualifie Civitas de l'« un de ces surgeons politico-religieux – ou politico-catholiques plutôt – qui ne cessent de renaître, selon les opportunités, des cendres de la tradition maurrassienne, mâtinée de l'intégrisme et du traditionalisme nés après et contre le concile Vatican II ».

52 Des fidèles de cette Église s'étaient déjà illustrés par un attentat dans la nuit du 22 au 23 octobre 1988 à l'occasion de la projection de *La dernière Tentation du Christ* de Martin Scorsese au cinéma Espace Saint Michel.

53 Christophe Cornevin, « Parmi les manifestants des radicaux de toutes confessions », *op. cit.*

actions pourtant condamnées par la Conférence des évêques de France – et d'autres représentants du Clergé[54] – dont Mgr Wintzer dans une note aux évêques a indiqué « déplorer la manifestation[55] ». Si les représentations ont été perturbées chaque soir (retard de 30 minutes par exemple le 22 octobre) et parfois violemment, si bien qu'il a été noté que « Jamais depuis 1966, date de la création des *Paravents* de Jean Genet à l'Odéon, un théâtre parisien n'avait dû faire face à de tels débordements[56] », elles ont pu se tenir jusqu'à la dernière date (30 octobre) sous protection policière, Emmanuel Demarcy-Mota, directeur du Théâtre de la Ville soutenant indéfectiblement le spectacle et ne souhaitant pas céder aux pressions exercées[57].

Il a été procédé à de nombreuses interpellations chaque soir – v. les condamnations *infra*[58] – en raison des agressions exercées, des intrusions réalisées dans le théâtre, voire sur la scène elle-même, nécessitant l'intervention des forces de l'ordre pour les en déloger.

Face au caractère inédit de la violence exercée par les jeunes – pour la majorité – contestataires qui ont confirmé leur « goût du coup de poing[59] », le ministre de la Culture et de la Communication, Frédéric Mitterrand a, par un communiqué de presse du 22 octobre 2011, condamné « les perturbations commises à l'encontre de la pièce », portant « atteinte à un principe fondamental de liberté d'expression protégé par le droit français[60] ». Il a conclu qu'en dépit du fait que « certains passages du spectacle peuvent choquer, [...] cela ne saurait en aucun cas justifier des méthodes violentes contraires à la démocratie. Un théâtre est le lieu de la liberté d'expression, liberté qui doit être préservée ».

---

54 Par exemple Johan Bonny, l'évêque d'Anvers, a exprimé son soutien dans les journaux flamands *De Morgen* et *De Standaard*.

55 Déclaration du 17 novembre 2011, en ligne : https://eglise.catholique.fr/conference-des-eveques-de-france/textes-et-declarations/366695-a-propos-du-spectacle-de-romeo-castellucci-sur-le-concept-du-visage-du-fils-de-dieu/ (consulté le 16 juin 2022).

56 Julie Gayot, « Changement de décor : Romeo Castellucci / Emmanuel Demarcy-Motta », *France culture*, 30 octobre 2011, en ligne : https://www.radiofrance.fr/franceculture/sur-le-concept-du-visage-du-fils-de-dieu-par-romeo-castellucci-4678527 (consulté le 16 juin 2022).

57 Communiqué de presse du directeur du Théâtre de la Ville du 22 octobre 2011, en ligne sur plusieurs blogs, notamment : https://www.webtheatre.fr/A-propos-du-spectacle-de-Romeo-3002 (consulté le 16 juin 2022).

58 V. *infra*, p. 129.

59 Jean-Louis Schlegel, « Positions : Des catholiques pas très catholiques », *op. cit.*

60 Communiqué de presse du ministre de la Culture et de la Communication du 22 octobre 2011, en ligne : https://www.arts-spectacles.com/Sur-le-concept-du-visage-du-fils-de-Dieu-au-Theatre-de-la-Ville-representations-fortement-perturbees_a6549.html (consulté le 16 juin 2022).

Surtout, un comité de soutien à la liberté de représentation du spectacle de Romeo Castellucci au Théâtre de la Ville s'est constitué en bonne et due forme et a lancé, *via* une tribune dans *Le Monde* au titre non équivoque, une pétition de soutien « contre un nouveau fanatisme[61] », qui a attiré de nombreuses et prestigieuses signatures individuelles (parmi lesquelles Patrice Chéreau, Stéphane Hessel, Michel Piccoli, Georges Banu…) et collectives : « ces comportements relèvent à l'évidence du fanatisme, cet ennemi des Lumières et de la liberté contre lequel, à de glorieuses époques, la France a su si bien lutter. Le théâtre a d'ailleurs très souvent été pour ces luttes, un lieu décisif. On ne peut en rester là. De tels agissements sont graves, ils prennent une tournure nouvelle, nettement fascisante. Ces groupes d'individus s'empressent en outre de décréter blasphématoire, de façon automatique, des spectacles qui ne sont dirigés ni contre les croyants ni contre le christianisme […] Nous n'entendons pas céder à ces menaces odieuses, et ce spectacle sera maintenu malgré toutes les tentatives d'intimidation. Nous invitons le public à y assister, en toute liberté ». Le comité entendait en outre « défendre au-delà même du spectacle de Romeo Castellucci, la liberté d'expression, la liberté des artistes et la liberté de pensée, contre ce nouveau fanatisme[62] ».

La CGT a ainsi expliqué s'associer à la pétition de soutien pour s'élever « contre ces tentatives d'intimidation » estimant que « L'Art est, a été, et restera subversif[63] ».

Romeo Castellucci a répondu de son côté, à distance, à ces violences – y compris personnelles, le conduisant à ne se déplacer qu'accompagné d'un garde du corps – et au « scandale[64] » – terme qu'il ne récuse pas – par une « adresse aux agresseurs » (publiée sur le blog de la critique théâtre du *Figaro*, Armelle Héliot), qui prend volontairement le contrepied de la violence et utilise avec cynisme le registre lexical chrétien, en pardonnant d'emblée à « ceux qui ne savent pas ce qu'ils font[65] » quelques mois

---

61 Comité de soutien à la liberté de représentation du spectacle de Romeo Castellucci au Théâtre de la Ville, « Le Théâtre contre le Fanatisme », *Le Monde*, 26 octobre 2011.

62 *Ibid.*

63 CGT, Communiqué du 2 novembre 2011.

64 Fabienne Pascaud, « Romeo Castellucci : Au théâtre, l'interdit c'est la réalité », *Télérama*, 6 juillet 2012.

65 Armelle Héliot, « Romeo Castellucci : adresse aux agresseurs », Blog *Le Figaro*, Le grand théâtre du monde, 24 octobre 2011.

après que préventivement l'artiste ait prévenu : « ce que je fais requiert une lecture patiente, du temps et de la réflexion. Ce que je fais est un appel à l'intelligence et à la sensibilité de chacun des spectateurs[66] ».

À l'évidence, la majorité des spectateurs et les critiques l'ont suivi dans sa longue tournée, saluant pour nombre d'entre eux « un spectacle qui laisse sans voix, terrasse et bouleverse[67] ».

### *La polémique suite à la censure partielle au Mans résultant de l'arrêté préfectoral de la Sarthe motivé par la protection des mineurs (2018)*

Le scandale ne s'est pas arrêté à Paris. Parallèlement à une tournée sans heurts dans d'autres villes européennes (Rennes, Brest)[68], de nouvelles manifestations organisées par les mêmes contestataires intégristes catholiques à Paris, ont eu lieu lors de presque toutes les représentations dans les villes françaises. Des protections policières ont été nécessaires dans certaines d'entre elles (Poitiers par exemple en 2012) pour permettre aux représentations d'avoir lieu, avec une particularité remarquable au Mans en avril 2018.

Le Théâtre des Quinconces (Scène nationale du Mans avec le Théâtre L'Espal) a été tagué (« Ad Deum, non nobis ») et des appels à manifestations sur les réseaux sociaux ont été relayés par le Front national local. Pourtant, le préfet de la Sarthe avait accédé partiellement aux demandes des protestataires en adoptant un arrêté préfectoral refusant l'autorisation d'emploi pour les enfants[69] jouant la scène finale avec les grenades (v. *supra*) sur avis défavorable de plusieurs membres de la commission départementale dite « des enfants du spectacle[70] », ce qui

66 Dossier de presse du spectacle *Sur le concept du visage du fils de Dieu* pour le Festival d'Avignon 2011.

67 Alexandre Demidoff, « L'homme blessé selon Romeo Castellucci bouleverse à Vidy », *Le Temps*, 12 novembre 2015.

68 Les dates exactes de la tournée à partir de 2011 sont disponibles sur le site de la compagnie Societas.

69 La demande d'autorisation d'emploi est obligatoire pour les mineurs auprès du préfet du siège de l'entreprise, suivant l'article R. 7124-1 du Code du travail. La commission des enfants du spectacle est une émanation départementale du Comité de protection de l'enfance, compétent en matière d'autorisations de travail des mineurs.

70 La composition de la commission est fixée par le Code du travail (article R-7124-19) : 1° Un magistrat chargé des fonctions de juge des enfants et désigné par le premier président de la cour d'appel, président ; 2° Le directeur académique des services de l'éducation

revenait à faire supprimer cette scène ou à conduire à l'annulation du spectacle. La motivation du refus d'autorisation reposait principalement sur ce motif de la protection des mineurs : « *Considérant que l'action de jeter des bombes* [...] *apparaît possiblement traumatique pour des mineurs*[71]... ».

Cette intervention de l'État, sous la pression d'une organisation privée, est assez insolite. Elle a logiquement été interprétée comme un acte officiel de censure[72], même si Romeo Castellucci n'a pas voulu utiliser lui-même le terme dans un message qu'il a adressé aux spectateurs manceaux[73] le premier soir de représentation, préférant expliquer le contenu et le sens de la scène ne pouvant être jouée car il ne souhaitait pas s'opposer à un « acte légal[74] » ; solution qu'il a en outre préférée à l'annulation du spectacle, « parce que jouer avec une scène amputée, c'est aussi une forme de dénonciation[75] ». Il a également rappelé l'accompagnement pédagogique organisé dans chaque ville pour mieux récuser l'interdiction préfectorale et sa motivation dans un passage qui mérite d'être cité dans son intégralité : « Je ne partage donc pas du tout les raisons invoquées par la Direction départementale, raisons qui parlent de défense de la moralité et mise en danger de la santé des enfants. La moralité ici évoquée est un mot vidé de son sens, un stéréotype douloureux et déplacé, qui ne surgit pas de la conscience profonde de l'individu mais plutôt d'une anesthésie de la conscience individuelle. La moralité évoquée ici est ce qu'on appelle le sens commun : une caricature de la véritable éthique, une offense à l'intelligence critique des adultes et des enfants. L'art est une éthique contenue dans une esthétique et cela n'a rien à voir avec le moralisme. La Préfecture a certes le devoir d'œuvrer pour le bien de la société et de la préserver des dangers mais, dans le cas présent, ce type de réponse me semble mieux convenir à un régime théocratique qu'à une République fondée sur la liberté d'expression ».

---

nationale agissant sur délégation du recteur d'académie ou son représentant ; 3° Le directeur régional des entreprises, de la concurrence, de la consommation, du travail et de l'emploi ou son représentant ; 4° Le directeur départemental interministériel en charge de la cohésion sociale ou son représentant ; 5° Un médecin inspecteur de la santé ; 6° Le directeur régional des affaires culturelles ou son représentant.

71 Citation fournie par F. Nyssen *in* : Brigitte Salino et Sandrine Blanchard, « Françoise Nyssen : "Le travail de Romeo Castellucci éclaire ma politique" », *Le Monde*, 25 avril 2018.

72 Sandrine Blanchard, « Une pièce de Romeo Castellucci censurée au Mans », *Le Monde*, 18 avril 2018 ; Gilles Renaud, « Romeo Castellucci censuré au Mans », *Libération*, *op. cit.*

73 Déclaration publiée sur différents sites et blogs consacrés au théâtre.

74 Romeo Castellucci *in* : Brigitte Salino et Sandrine Blanchard, « Françoise Nyssen : "Le travail de Romeo Castellucci éclaire ma politique" », *op. cit.*

75 *Ibid.*

En revanche, le directeur littéraire des *Solitaires intempestifs*, éditeur de Romeo Castellucci, a interpellé de manière plus polémique la ministre de la Culture Françoise Nyssen, dans un communiqué : « Est-ce une nouvelle forme de censure républicaine ? Ce préfet a-t-il appliqué les consignes de la présidence ? Peut-être souhaitez-vous aussi relire les écrits de Romeo Castellucci pour vérifier s'ils ne menacent pas notre jeunesse[76] ? ». La ministre n'a répondu que le 14 avril, et par un simple message sur le réseau social Twitter, se contentant de rappeler son « attachement profond à la liberté de création » et de « saluer le travail de l'artiste ainsi que les programmateurs qui ont permis la diffusion de son œuvre et le travail de pédagogie théâtrale réalisé auprès des enfants et familles ». Ce laconisme et cette prudence terminologique ne lassent pas d'étonner et tranche avec les réactions de ces prédécesseurs sur les trois spectacles ayant fait l'objet de querelles.

La Société des auteurs et compositeurs dramatiques (SACD) s'est également insurgée contre la grave méconnaissance du « principe de liberté de création, gravée dans le marbre de la loi » en se livrant « à un acte de censure au nom du prétexte fallacieux de la protection des mineurs et de la jeunesse ».

Tous les commentateurs ont également insisté sur cet acte de censure par « l'État français », en la personne du préfet, craignant que « d'autres préfets » suivent[77].

Une autre polémique est alors née, passant de celle concernant le spectacle lui-même à celle de l'acte de censure. L'émotion suscitée par cette atteinte à la liberté de création a permis de revenir sur la régularité de la procédure suivie. Il semble de l'aveu même de la ministre de la Culture, que de « graves dysfonctionnements[78] » aient entaché la prise de décision puisque le Préfet aurait dû *in fine* prévenir la ministre, mais surtout la Direction régionale des affaires culturelles (DRAC) aurait dû participer à la commission départementale des enfants du spectacle précitée.

---

76 Communiqué de François Berreur, directeur littéraire des éditions *Solitaires intempestifs* reproduit *in* : Gilles Renault, « Romeo Castellucci censuré au Mans », *Libération*, 13 avril 2018.

77 Jean-Pierre Thibaudat, « Romeo Castellucci censuré par l'État français », *Mediapart*, 13 avril 2018.

78 Brigitte Salino et Sandrine Blanchard, « Françoise Nyssen : "Le travail de Romeo Castellucci éclaire ma politique" », *op. cit.*

Le résultat est que la pièce fut jouée sans la scène censurée d'une dizaine de minutes, l'équipe de Castellucci préférant cette solution à l'annulation et indiquant ne pas avoir eu le temps de former un recours contre l'arrêté préfectoral, notifié au théâtre le 3 avril pour les représentations des 10 et 11 avril.

## LES PROBLÉMATIQUES IDÉOLOGICO-RELIGIEUSES DE LA QUERELLE

L'accusation de blasphème contre le spectacle de Romeo Castellucci était juridiquement vouée à l'échec, tout comme celle de christianophobie était vaine. Mais elles ont en commun d'avoir revendiqué la suprématie du droit au respect de la croyance sur la liberté d'expression.

### L'ACCUSATION DE « BLASPHÈME FAIT À LA RELIGION CATHOLIQUE »

Le blasphème, généralement considéré comme « une parole ou discours qui outrage la divinité, la religion ou ce qui est considéré comme respectable ou sacré[79] », est un délit dans certains pays[80] qui peut entraîner une condamnation du blasphémateur pour atteinte ou « menace à la préservation de la paix religieuse », sans que le juge européen la considère comme une violation de la Convention[81], laissant en cette matière une certaine marge d'appréciation aux États. Toutefois, la question ne se pose pas s'agissant du droit français, le délit n'existe pas.

79 *Dictionnaire Larousse.*

80 V. l'étude de législation comparée réalisée par le Sénat consacrée à l'Iran, l'Irlande, l'Italie, le Portugal, la Turquie : *La répression du blasphème*, 2016, LC 262, 98 p.

81 Par exemple en Autriche. V. aussi le cas d'Elisabeth Sabaditsch-Wolff qui a qualifié Mahomet de pédophile lors d'une conférence du FPÖ en 2009. Son recours devant la Cour européenne des droits de l'homme a été rejeté (25 octobre 2018), la Cour EDH n'estimant pas la condamnation contraire à l'article 10 de la Convention, et a retenu la « menace à la préservation de la paix religieuse », conformément à sa jurisprudence depuis son arrêt *Otto-Preminger-Institut c. Autriche* (20 septembre 1994, n° 13470/87) confirmant l'interdiction du film *Das Liebeskonzil* (*Le Concile d'amour*) du cinéaste américain d'origine autrichienne en 1985, tiré d'un livre pour lequel l'écrivain avait déjà été poursuivi pour blasphème.

Tant la Déclaration des droits de l'homme de 1789 (articles 10 et 11) que la loi du 21 juillet 1881 sur la liberté de la presse, ont rejeté l'incrimination du blasphème[82] et consacré la liberté d'expression de manière aussi large que possible, n'acceptant que des exceptions devant être encadrées par le législateur.

L'accusation de « blasphème fait à leur religion » pour ce spectacle comme pour tout autre en France était donc vouée à l'échec car elle est juridiquement inopérante. Toutefois, force est de constater que les « provocations blasphématoires » évoquées oralement par certains contestataires et rapportées par la presse, tout comme l'évocation même *a contrario* par les avocats les plus spécialisés sur ces questions, telle Maître Agnès Tricoire qui répondant à une interview indiquait que « le spectacle de Castellucci [n'était] absolument pas blasphématoire[83] », ont pu semer la confusion, car même niée, l'incrimination est erronée puisque juridiquement inexistante. D'ailleurs, dans un autre contexte de revendication et d'exercice de la liberté d'expression, l'idée d'un « droit au blasphème » a été ravivée par ceux-là même qui ont été accusés d'utiliser leur liberté d'expression, à savoir les caricaturistes de Charlie Hebdo. Bien que le juge ait pourtant rappelé à l'occasion d'un premier procès que « le respect de toutes les croyances va de pair avec la liberté de critiquer les religions quelles qu'elles soient[84] », l'attentat de janvier 2015 contre le journal « a relancé les débats sur la liberté d'expression, notamment sur le "droit au blasphème" revendiqué par les caricaturistes[85] ».

De fait, on peut concevoir que le terme soit utilisé dans un objectif provocateur car comme l'a écrit Arnaud Esquerre, « une affaire de blasphème n'est jamais seulement religieuse mais aussi politique, ébranlant immanquablement la démocratie dans son principe fondateur », sachant qu'« une affaire de blasphème met en rapport deux messages » avec deux énoncés dont l'un au moins est « accusateur » et « porte toujours

---

82 L'exception concernant l'Alsace-Moselle (ex article 166 de son code pénal local applicable aux départements du Bas-Rhin, Haut-Rhin et Moselle) a été abrogée par la loi de 2017 relative à l'égalité et la citoyenneté.

83 Alter mondes, « Lilian Thuram et Agnès Tricoire soutiennent Exhibit B », 27 novembre 2014, en ligne : https://www.youtube.com/watch?v=SHc5eUoYmK4&feature=youtu.be (consulté le 16 juin 2022).

84 TGI Paris, 22 mars 2007, n° 0621308076.

85 Emmanuel Decaux, Géraldine Muhlmann, Elisabeth Zoller, *La liberté d'expression*, Dalloz, 2015, 160 p.

aussi par conséquent atteinte à la liberté d'expression[86] ». Comme l'explique le même auteur, le « blasphémateur » est un « destinataire » et « l'énonciateur » « qui rend possible le surgissement d'une "affaire" de "blasphème" est un « dénonciateur[87] ».

En droit, il existe pourtant une alternative à l'impossibilité d'invocation du blasphème. En effet, la loi dite Pleven de 1972[88] a modifié la loi de 1881 en créant les nouveaux délits d'injure, de diffamation et de provocation à la haine, à la violence ou à la discrimination en raison de l'appartenance ou de la non-appartenance à une race, une ethnie, une nation ou une religion, qui permettent toutes de contourner l'impossibilité d'utiliser la notion de blasphème pour contester une atteinte notamment à la religion et qui de fait fournit une base juridique fiable dans un cadre contentieux. Cette base juridique n'a pourtant pas été utilisée par les requérants sur ce spectacle de Romeo Castellucci, à la différence de leurs recours contre le spectacle *Golgota picnic*, comme on le verra *infra*.

N'utilisant à raison ni le blasphème, ni le délit de provocation à la haine, les requérants ont placé plus largement leur recours sur le terrain du droit au respect de la croyance et du droit à la dignité.

### LA DÉNONCIATION DE « CHRISTIANOPHOBIE », QUI VIOLERAIT LE DROIT AU RESPECT DE LA CROYANCE ET LE PRINCIPE DE DIGNITÉ

Lors de leurs manifestations et actions, les contestataires se sont insurgés contre la « christianophobie » supposée de l'artiste qui se considère pourtant proche de cette religion bien que non pratiquant, préférant se définir parfois comme « christique[89] » plutôt que « chrétien ». Ils ont principalement considéré, sans le formuler ainsi, que le parti pris de la trivialité, en particulier la présence envahissante de la matière fécale – y compris sur le plan de l'odorat[90] –, venait insulter la religion chrétienne,

86 Arnaud Esquerre, « Le blasphème, saveur de la modernité », *in* : Laurence Kaufman, Marine Kneubühler (dir.), dossier « Affecter, être affecté. Autour des travaux de Jeanne Favret-Saada », *SociologieS*, 24 juin 2014, § 3, en ligne : https://doi.org/10.4000/sociologies.4780 (consulté le 16 juin 2022).

87 *Idem*, § 6.

88 Loi n° 72-546 du 1er juillet 1972 *relative à la lutte contre le racisme*, JORF du 2 juillet 1972.

89 Fabienne Pascaud, « Romeo Castellucci : Au théâtre, l'interdit c'est la réalité », *Télérama*, 6 juillet 2012.

90 Des produits chimiques ont été utilisés pour produire une odeur nauséabonde dans la salle.

accusation qui vient extrapoler des images mises bout à bout par des contestataires n'ayant pour la plupart pas vu le spectacle. Ils se sont offusqués de l'attaque gratuite à « ce qu'il y a de plus sacré pour les Chrétiens », c'est-à-dire l'image du Christ.

Il convient d'examiner le geste esthétique, pour mieux s'interroger *infra* sur l'atteinte supposée au droit au respect de la croyance et au principe de dignité.

Romeo Castellucci n'est pas le premier à utiliser la matière fécale dans sa pratique artistique et à en faire un objet ou un geste esthétique. En littérature (Sade[91]), au cinéma (Pasolini[92]), en arts plastiques (performances d'actionnistes viennois des années 1960[93]), nombreux sont les artistes à l'avoir expérimentée. Dès lors, il est difficile, voire « impossible » d'y voir une « transgression[94] », terme et démarche que récuse de toutes façons l'artiste[95], même si l'on peut convenir que le réalisme sur scène ne permet pas de bénéficier de la distance permise par l'image ou le texte. En tout état de cause, Romeo Castellucci a peut-être raison de penser que ce ne sont pas les « excréments » utilisés de manière métaphorique qui ont choqué, mais sans doute davantage le regard du Christ dans sa représentation par de Messina. Mais aussi parce que l' « abject de la situation (celle d'un homme en fin de vie ne contrôlant plus ses fonctions corporelles) est certes sensible, mais tout de même pas une chose réelle[96] ».

Les Chrétiens ne furent toutefois pas unanimes dans la dénonciation ; des représentants de l'Église ayant eux-mêmes nié l'accusation de certains de leurs fidèles : « il est clair qu'il n'y a pas de christianophobie dans cette pièce de théâtre ». C'est ainsi que Monseigneur d'Ornellas, archevêque de Rennes a débuté un écrit du 3 novembre 2011[97] en

---

91 La scatologie est très présente dans les ouvrages de Sade (*Les Cent Vingt Journées de Sodome*, *Histoire de Juliette*).

92 Le film *Salò ou les 120 journées de Sodome* de Pasolini, tiré en 1975 de l'ouvrage de Sade précité, a été interdit pendant plusieurs mois ou années selon les pays.

93 Par exemple Günter Brus, qui, entièrement nu, s'était barbouillé le corps de ses propres excréments dans l'amphithéâtre de l'université de Vienne, lors d'une action collective (Art et Révolution) en 1968.

94 Dossier de presse pour le Festival d'Avignon 2011.

95 Fabienne Pascaud, « Romeo Castellucci : Au théâtre, l'interdit c'est la réalité », *Télérama*, 6 juillet 2012.

96 Patrice Pavis, « Abject, abjection » *in* : *Dictionnaire de la performance et du théâtre contemporain*, 2ᵉ éd., Paris, Armand Colin, 2018, p. 14.

97 Reproduit dans le dossier de presse du spectacle lors de ses représentations au Théâtre de Vidy, p. 12, en ligne : https://vidy.ch/sites/default/files/field_spectacle_file/

défense du spectacle ou de nombreux autres prêtres témoignant des confusions et malentendus sur un spectacle que l'on « peut aimer ou pas », « critiquer la mise en scène » mais ne pouvoir y voir d'intention blasphématoire ou christianophobe[98].

Dès lors, il ne s'agit certainement pas pour Romeo Castellucci d'attaquer la religion chrétienne ou de « friser le sacrilège[99] », et peut-être même pas pour lui de mener « une recherche sur la question religieuse[100] », mais certainement davantage de proposer une quête sur l'homme, l'être humain dans son cycle de vie, le « care » qui se retourne, s'inverse entre ascendants et descendants, la dignité de la personne humaine face à la vieillesse et la maladie et la déchéance qu'elles entraînent, la capacité à dépasser l'insupportable et l'inadmissible, l'acceptation et la révolte contre la souffrance, l'attirance et la croyance vaine en le secours du divin, pour non croyants comme croyants, désireux de voir inverser le destin. C'est cela que réussit Castellucci, « appréhender l'indicible, l'irreprésentable, [...] se perdre dans le mystère de la vie, des êtres et des choses[101] » en mettant un homme à nu devant d'autres hommes, eux-mêmes se sentant mis à nu par un regard omniprésent.

L'on ne peut toutefois réduire cette pièce à une parabole de la déchéance de l'être humain comme l'a fait Lars Norén par exemple dans *Poussière*[102], en raison du lien indiscutable avec une dimension mystique. Ainsi, le philosophe Pietro d'Oriano estime que « la dysenterie du Père rappelle la kénose du Fils » et qu'elle « est la sensibilisation concrète, au sens kantien, de ce pur concept qu'est l'Incarnation » et jugeant que le tableau final (la double inscription inspirée du psaume 23) visait à rassembler croyants, agnostiques, païens et athées et ainsi à faire du spectacle « une cérémonie démocratique » et plus largement « une grande cérémonie de théâtre[103] ».

---

dpresentationcastellucci_0.pdf (consulté le 16 juin 2022).

98 Abbé Pierre-Hervé Grosjean et une recension d'autres nombreux témoignages du même type, en ligne : https://www.hommenouveau.fr/317/religion/pretres-et-laics-reagissent-a-l-affaire-castellucci.htm (consulté le 16 juin 2022).

99 Fabienne Pascaud, « Le Père, le Fils et Castellucci transforment la merde en or au Festival d'Avignon », *Télérama*, 1er juillet 2011.

100 Alter mondes, « Lilian Thuram et Agnès Tricoire soutiennent Exhibit B », *op. cit.*

101 Didier Méreuze, « Une invitation à changer son regard sur le monde », *La Croix*, 15 septembre 2015.

102 *Poussière* de Lars Norén a été créé à la Comédie française en 2018.

103 Pietro d'Oriano, « Le concept du visage du fils de Dieu, de Romeo Castellucci », *La Règle du jeu*, 21 novembre 2011, en ligne : https://laregledujeu.org/2011/11/21/7839/le-concept-du-visage-du-fils-de-dieu-de-romeo-castellucci/ (consulté le 16 juin 2022).

De là à considérer que « de la déchéance, Castellucci fait naître le sublime[104] » est une conclusion ou perception à laquelle chacun ne peut pas se résoudre, mais il est impossible de ne pas admettre que le choc émotionnel provoqué par les choix esthétiques de l'artiste, en particulier de la confrontation entre la figure du père, archétype des corps-malades chers à Castellucci[105], et la figure du Christ, permet de vivre une expérience théâtrale féconde.

L'affaire *Sur le concept du visage du fils de Dieu* a été presque concomitante avec une autre querelle présentant des sujets de polémique et de contestations proches, issue du spectacle *Golgota picnic* programmé à la même période, un « temps des malentendus » qui « font conspuer par les chrétiens ultras » deux metteurs en scène « fascinés par le Christ[106] ».

104 Fabienne Pascaud, « Le Père, le Fils et Castellucci transforment la merde en or au Festival d'Avignon », *Télérama*, 1er juillet 2011.

105 Manuèle Debrinay-Rizos parle « des corps souffrants, déformés, mutilés, mal formés dont la réalité nous terrifie » (« Romeo Castellucci », *La pensée de midi*, 2000, 2, p. 94).

106 Gilles Costaz, « Un sacré malentendu », *Politis*, 15 décembre 2011.

# LA QUERELLE DE *GOLGOTA PICNIC* DE RODRIGO GARCÍA

La contextualisation de l'œuvre *Golgota picnic*[1] est nécessaire avant d'inventorier les problématiques politico-religieuses qui la traversent.

## LA CONTEXTUALISATION DE L'ŒUVRE *GOLGOTA PICNIC*

*Golgota picnic* pourrait être qualifié de spectacle sans histoire puisqu'à l'instar des autres spectacles de l'auteur hispano-argentin Rodrigo García, il n'en raconte pas. Et pourtant la polémique qui va se construire sur un terrain autoalimentant la querelle, va faire curieusement oublier tant l'auteur, « l'incroyable García[2] », que son œuvre.

### RODRIGO GARCÍA, UN « AUTEUR EN SCÈNE[3] » HISPANO-ARGENTIN

L'auteur et metteur en scène hispano-argentin Rodrigo García, né en 1964 à Buenos Aires et arrivé à Madrid à 22 ans, a créé sa compagnie, *La Carnicería Teatro* (La Boucherie Théâtre) trois ans plus tard (1989) tout en travaillant dans la publicité (après des études en communication

1 Le terme « Golgota » peut s'écrire ou non avec un « h ». Le titre du spectacle n'en comporte pas, mais celui de l'ouvrage publié en français en inclut un. Selon qu'il s'agit de la pièce ou du livre, les choix orthographiques respectifs ont été respectés dans le présent ouvrage.

2 V. la très belle démonstration de Mathilde Barraband, « Incroyable García. Golgotha picnic ou le vacillement référentiel », *in* : Anna Arzoumanov et Mathilde Barraband (dir.), *Polémique autour d'un « blasphème ». Regards croisés sur l'affaire Golgotha picnic, op. cit.*

3 Julie Sermon, Jean-Pierre Ryngaert, *Théâtres du XXIe siècle : commencements*, Paris, Armand Colin, 2012, p. 52 et p. 71.

publicitaire) pour gagner sa vie, ce qui lui permet de prendre des cours de théâtre et de dramaturgie, qu'il arrêtera cependant rapidement.

Il a été à jamais marqué par une représentation dans sa ville natale de *Yerma* de García Lorca, première pièce de théâtre à laquelle il assiste à l'âge de 7 ans emmené par ses parents (père boucher et mère « marchande des quatre saisons[4] »). La mise en scène déconstruite de Victor García a provoqué chez lui, alors jeune enfant, un choc esthétique[5] qui lui a donné la « révélation du théâtre[6] ». Puis, il a été influencé par des auteurs comme Beckett, Céline, Ionesco, Pinter, Bernhard, et par l'« esthétique de la déconstruction[7] » de Kantor et Müller qu'il a tous mis en scène, voire plagiés[8], et des plasticiens comme Bruce Nauman, avant de créer ses propres spectacles. Avec Carlos Marquerie, il aborde au Teatro Pradrillo de Madrid, un travail pluridisciplinaire mêlant le théâtre aux autres arts scéniques (danse, musique) et aux arts plastiques, un théâtre qui a ensuite été qualifié d' « expérimental ».

Sa notoriété a été tardive en Espagne. Elle a en réalité commencé en France, à compter de la création au Théâtre national de Bretagne en 1999 de son premier spectacle (*Connaître des gens, bouffer de la merde*), puis de manière internationale avec *After Sun* (après Avignon en 2002). En 2009, il reçoit le prix Europe. Il devient en 2014 le directeur du Centre dramatique national de Montpellier, mandat qu'il ne veut pas voir renouvelé en raison de l'insuffisance des moyens alloués.

« Rodrigo n'écrit pas du théâtre, Rodrigo fait des spectacles de théâtre », dit de lui l'un des comédiens avec lequel il a travaillé[9], spectacles qui ressemblent « à un ring de boxe qui n'épargne rien ni

4 Ces précisions sont données par Rodrigo García lui-même dans *Borges* (Les Solitaires intempestifs, 2002) et qui ont de l'importance pour comprendre le sens du nom de sa compagnie et la place de la viande dans son œuvre qui comporte des aspects autobiographiques extrêmement nombreux comme le souligne bien Bernadette Bost (« Le théâtre de Rodrigo Garcia : un autoportrait à la dynamite », *Recherches & Travaux*, 2009, 75, p. 103-110).

5 Entretien d'Espinaredo (janvier 2005) avec Rodrigo García *in* : Bruno Tackels, *Rodrigo García*, *op. cit.*, p. 73-74.

6 Michel Corvin, *Dictionnaire encyclopédique du théâtre à travers le monde*, *op. cit.*, entrée GARCÍA Rodrigo, p. 599.

7 Bruno Tackels, *Rodrigo García*, *op. cit.*, p. 31.

8 Il avoue avoir plagié Müller avec *Macbeth imágenes*, son premier texte, qui lui a permis d'avoir un prix d'écriture et de continuer à écrire ses propres textes *in* : Entretien d'Espinaredo (janvier 2005), Bruno Tackels, *Rodrigo García*, *op. cit.*, p. 80.

9 Marcial di Fonzo Bo, « Le scandale c'est l'état du monde », *Théâtre/Public*, n° 220, 2016, p. 109.

personne et pas même lui-même[10] », qui dit vouloir surtout créer de « la confusion chez le public[11] ». Ses pièces traduites en français et publiées aux Solitaires intempestifs et jouées dans le monde entier, s'appuient sur des « modes de représentation issus des arts scéniques » qui mêlent « narration et pratiques corporelles[12] », et qui poursuivent un « mode d'adresse parodique[13] », à commencer par leurs titres (tels *Vous êtes tous des fils de putes* – 2001, *J'ai acheté une pelle chez Ikea pour creuser ma tombe* – 2002, *Fallait rester chez vous, têtes de nœuds* – 2002, *Et dispersez mes cendres sur Mickey* – 2006) qui expliquent qu'il soit considéré comme « provocateur[14] ». Mais ces publications sont presque un paradoxe car Rodrigo García revendique justement le fait de ne plus commencer par l'écriture textuelle, mais par des idées qu'il travaille avec des acteurs. Il assume une vraie écriture de plateau et la revendique pour se concentrer sur les personnes, et non les personnages, et le mouvement de leurs corps[15].

Tous ses spectacles ont en commun d'activer « une violente critique du capitalisme et des modes d'êtres qu'il induit, et proposent un panel de solutions, auxquelles d'autres endroits du discours contemporain font écho[16] ». Dès lors, il fait du théâtre politique mais le plus souvent sans directement ou apparemment traiter de thèmes politiques, en étant conscient d'avoir basculé « dans un travail explicitement politique » pour « une prise de conscience politique » placée à « un niveau quasiment pamphlétaire[17] ». Son mode opératoire est de créer le « malaise »

10 Bruno Tackels, *Rodrigo García*, *op. cit.*, p. 28.

11 Rodrigo García dans le dossier de presse du Festival d'Automne à Paris en 2010.

12 Sylvie Roques, « Subversion et théâtralité : une écriture performative du corps », *Jeu*, 135/2010, p. 125.

13 Diane Scott, « Double pince et raclée : notes sur Rodrigo García », *Théâtre/Public*, n° 194, 2009, p. 43.

14 Michel Corvin, *Dictionnaire encyclopédique du théâtre à travers le monde*, *op. cit.*, entrée GARCÍA Rodrigo, p. 599.

15 Entretien de Barcelone (mars 2002) avec Rodrigo García *in* : Bruno Tackels, *Rodrigo García*, *op. cit.*, p. 64.

16 Diane Scott, « Double pince et raclée : notes sur Rodrigo García », *op. cit.*, p. 39. Cette charge contre le capitalisme est martelée par « la récurrence du produit industriel et des marques dans ses performances » (p. 43). Mais aussi parfois par un discours politico-juridique, comme dans *Approche de l'idée de méfiance* (2006) : « on ne peut pas faire confiance à une démocratie qui doit mettre fin (car elle a les moyens de le faire) à la souffrance du reste du monde si les leaders politiques qui devraient s'acquitter de cette tâche sont des gens aisés, issus de familles aisées et qu'ils ont moins de soixante-dix ans ».

17 Entretien d'Espinaredo (janvier 2005) avec Rodrigo García *in* : Bruno Tackels, *Rodrigo García*, *op. cit.*, p. 88.

chez le spectateur pour lui permettre, dans l'inconfort, « de prendre conscience de la misère de notre monde[18] ». Il serait dès lors « l'un des derniers moralistes[19] », avec la volonté d'éviter l'écueil de « la bonne parole morale » quitte à porter un discours d'apparence fasciste[20]. Et il est assurément un modernisateur du théâtre populaire.

Bruno Tackels a bien résumé l'essence de son théâtre : « Amoureux des images, donc iconoclaste, critique, transgressif, drôle et volontiers régressif, ouvert aux vents mauvais de l'histoire humaine, violent et généreux à la fois, le théâtre de Rodrigo García est tendu entre ces extrêmes pour mettre en scène les tabous de notre temps : la dégradation de ce qui nous fonde et devrait être notre bien le plus précieux : l'enfant, l'animal, le corps, la nourriture[21] ». Tabous auxquels il faut aussi ajouter le référentiel religieux et particulièrement catholique.

## *GOLGOTA PICNIC*, UN SPECTACLE SANS HISTOIRE OBJET DE DISPUTES

Si *Golgota picnic* est, à l'image des autres œuvres de l'auteur argentin, une création de plateau qui évolue donc au fil des répétitions et n'est attachée ni à un texte définitif – bien que tout de même publié[22] – ni à des personnages[23], ce spectacle performatif qui ne raconte pas d'histoire peut-il être pour autant qualifié de scandaleux en lui-même ou parce qu'il a fait l'objet d'une contestation croissante ?

### *Un spectacle-performatif intrinsèquement scandaleux ?*

La dimension scandaleuse de l'œuvre de Rodrigo García est controversée. Pour Bruno Tackels, « le scandale est une catégorie qui ne convient pas à Rodrigo García », tout en reconnaissant que c'est ainsi

18 Michel Corvin, *Dictionnaire encyclopédique du théâtre à travers le monde*, *op. cit.*, p. 600.

19 Pierre Macasdar cité par Bruno Tackels (*Rodrigo García*, *op. cit.*, p. 45).

20 Entretien d'Espinaredo (janvier 2005) avec Rodrigo García *in* : Bruno Tackels, *Rodrigo García*, *op. cit.*, p. 88.

21 Bruno Tackels, *Rodrigo García*, *op. cit.*, p. 28.

22 Rodrigo García, *Golgotha picnic*, traduit de l'espagnol par Christilla Vasserot, Besançon, Les Solitaires intempestifs, 2011, 78 p. Le texte écrit ne correspond par définition pas totalement aux représentations qui l'ont fait évoluer.

23 « Décrire un espace, créer des personnages, remplir le texte d'indications scéniques : quelque chose qu'on ne devrait jamais faire » : Rodrigo García, *Notes de cuisine*, Besançon, Les Solitaires intempestifs, 2002, p. 7.

que l'on réagit généralement à son travail[24]. Pour Marcial di Fonzo Bo, « Rodrigo cherche le scandale, bien sûr [...] Mais il faut se mettre d'accord sur la définition de scandale [...] Il met exactement le doigt sur les endroits de la société les plus scandaleux, qui nous aveuglent sans même que l'on s'en aperçoive[25] ». S'agissant de *Golgota picnic* en particulier, une critique parisienne a finalement bien résumé les hésitations et les difficultés sur la dimension scandaleuse de la création : « Golgota Picnic ne vaut pas un scandale[26] »...

Comme dans des pièces précédentes du même auteur, il n'y a pas à proprement parler d'histoire ni de personnage dans *Golgota picnic*, mais plutôt un « récit » que l'on « traverse » et « donne à entendre[27] » par une succession, un peu plus de deux heures durant, de scènes et d'idées, sans dialogues, rythmée par quelques monologues, et des longs passages sans texte, avec ou sans musique (réalisée par les comédiens ou en bande son).

Ainsi que l'intitulé de la pièce peut l'indiquer, un pique-nique est au cœur de la mise en situation scénique qui prend matériellement la forme des attributs classiques de ce type de repas en extérieur (glacière...) avec les symboles contemporains de la « malbouffe » à savoir principalement des centaines de pains à hamburgers qui recouvrent, tel un tapis, le plateau. Saisi par l'odeur du pain dès son arrivée dans la salle, le spectateur est d'emblée sollicité par une expérience plurisensorielle. Ce n'est pas la première fois que l'auteur-metteur en scène utilise avec surabondance la nourriture comme un outil esthétique et de dénonciation de l'hyper consommation. Il l'avait déjà fait à Avignon en 2004 avec *L'histoire de Ronald, le clown de Mc Donald's*, et en 2007 avec *Bleue, saignante, à point, carbonisée*, spectacle qui avait déjà révulsé nombre de spectateurs et attiré la critique.

Les acteurs arrivent sur le plateau et se réunissent comme pour un banal pique-nique, assis sur des pliants ou par terre sur la moquette de hamburgers. Ils s'affublent de légumes, de perruques, de masques, dansent, chantent, jouent de la musique, habillés au début, nus pour finir, après s'être défaits de leurs vêtements au fil du temps. De longs

---

24 Bruno Tackels, *Rodrigo García*, *op. cit.*, p. 43.

25 Marcial di Fonzo Bo, « Le scandale c'est l'état du monde », *op. cit.*, p. 109. Le comédien franco-argentin ajoute que García « ne s'occupe pas du tout du texte en tant que tel. Son but c'est la mise en relation du texte dans un espace, dans une action » (p. 108).

26 Armelle Héliot, « Golgota Picnic ne vaut pas un scandale », *Le Figaro*, 7 décembre 2011.

27 Marcial di Fonzo Bo, « Le scandale c'est l'état du monde », *op. cit.*, p. 109.

monologues dits par chaque comédien tour à tour se succèdent et rythment le spectacle en formant une succession de scènes. Ils se parlent (en espagnol, surtitré) entre eux, au public ou encore face à la petite caméra de plateau dont l'image se projette sur le grand écran en fond de scène. Il est question de tout et de rien : de religion, de politique, d'art, en particulier pictural (comprenant une critique de la violence intrinsèque des œuvres majeures et classiques). Les propos, parfois vulgaires ou triviaux, souvent comiques, qui font franchement rire le public, sont toujours provoquants[28]. Le grand écran illustre ou appuie parallèlement le verbe par la projection d'images hétéroclites : des toiles appartenant à l'iconographie sacrée auxquelles succèdent une chute en parachute et autres projections, sans hiérarchie…

La nourriture, et dans une moindre mesure la boisson, sont partout. Les hamburgers sont manipulés, piétinés, farcis de vers vivants filmés en gros plan par la caméra, de la viande est hachée et sa chute filmée en gros plan avec les sons correspondants. L'« acte de manger et le fantôme de la mort[29] » sont omniprésents.

Les corps des comédiens sont particulièrement sollicités, dans leurs transformations vestimentaires, dans leurs appréhensions de la nudité, dans leur association à des matières diverses, principalement de nourriture (comme la viande hachée versée et tassée sur le crâne de l'un des comédiens, allongé, nu à plat ventre en avant-scène) ou de la peinture aspergée sur les performeurs, y compris en train de parler ou de manger. Les corps sont manipulés, bousculés, triturés, se chevauchent enduits de matière(s), semblent s'accoupler, mais en évitant tout érotisme. La gestuelle est animale ou tout du moins par moments déshumanisée. Le travail « chorégraphique » présente parfois une parenté avec celui de Jan Favre, bien que l'esthétique recherchée ne soit pas la même[30]. La nudité

28 Par exemple à environ 3/4 d'heure du début du spectacle, le comédien dit : « Ils furent peu à le suivre : douze hommes seulement parmi les millions qui l'avaient écouté. Douze paumés parmi des millions : le genre de statistique qui t'oblige à te retirer de la politique, cet art douteux ; mais lui non, il est resté sur le pied de guerre jusqu'à la fin. Il a fini sur la croix qu'il méritait, car tout tyran mérite un châtiment […] Et pour le faire taire une bonne fois pour toutes, ils lui clouèrent les mains et les pieds […] ».

29 Georges P. Pefanis, « Scènes et repas. La performance du repas et de la mort chez Rodrigo García et Vassilis Ziogas », *Cahiers balkaniques*, Hors-série, Manger en Grèce, 2016, en ligne : https://doi.org/10.4000/ceb.6123 (consulté le 16 juin 2022).

30 On pense à *Mont Olympus* de Jan Fabre, mais aussi à *Je suis sang* et à *Histoire des larmes* qui avait créé le scandale à Avignon en 2005.

est également proposée de manière décalée par rapport à l'action ou la situation en jeu, tel le comédien Marino Formenti se déshabillant entièrement (feignant d'être) gêné avant de s'asseoir devant un piano à queue noir brillant de propreté dans ce qui est devenu une fange constituée de pain piétiné, sueur, viande hachée, peinture, et d'interpréter *Les Sept dernières paroles du Christ en croix* de Haydn, moment de grâce auditive dans cette laideur visuelle, dont les contestataires n'ont retenu que la scène trash d'un comédien en Christ crucifié, les lectures provocantes des Évangiles et une peinture du Christ en « putain du diable ».

### *La contestation sur le terrain des représentations de* Golgota picnic

Créée à Madrid au Centro Dramático Nacional le 7 janvier 2011 (et jouée jusqu'au 6 février), la pièce *Golgota picnic* fut contestée par le parti Alternativa Española[31] la considérant blasphématoire[32].

La programmation au Théâtre Garonne de Toulouse en novembre 2011 suscite en amont les premières mobilisations de chrétiens radicaux *via* internet, notamment par des représentants de l'Institut Civitas, déjà mobilisés comme vu *supra* contre le spectacle de Romeo Castellucci – ce qui ne manquera pas de créer des confusions sur le contenu de chaque spectacle dans des interventions dans les médias de ses membres – et au courant dès janvier de la programmation en France *via* l'AGRIF[33]. Les deux structures ont alors utilisé « l'aubaine[34] » des deux spectacles pour se répartir l'occupation – et le bénéfice – médiatique : à l'AGRIF, les actions contentieuses, à Civitas la « campagne de pression publique ».

---

31 Le parti Alternativa Española (AES) est considéré comme très conservateur et classé à l'extrême droite. Il a, selon sa propre présentation, notamment pour objectif la défense des valeurs chrétiennes.

32 En dépit de l'abrogation en 1988 d'un article du Code pénal espagnol condamnant sévèrement le délit de blasphème, deux articles du même code permettent encore de l'incriminer, notamment l'article 208 qui dispose que : « Celui qui oralement ou par écrit se moquerait d'une confession religieuse ou qui outragerait publiquement ses dogmes, rites ou cérémonies sera puni d'une peine de prison [...] ».

33 La nouvelle a été diffusée par la vice-présidente de l'époque de l'Alliance appelant à la mobilisation, puis par le secrétaire général de l'Institut *via* leurs réseaux respectifs. Les informations ont été relayées par les circuits officiels des deux structures (*Riposte catholique* ; *Présent ; La Griffe*...).

34 Jean-Louis Schlegel, « Positions : Des catholiques pas très catholiques », *op. cit.*

L'AGRIF demande, le 24 octobre, au maire de Toulouse et au préfet de Haute-Garonne d'interdire les représentations. Le premier rejette le 27 octobre au nom de la liberté d'expression, le second le 28 octobre estime que les conditions ne sont pas réunies.

La programmation au Théâtre du Rond-Point du 8 au 17 décembre 2011 dans le cadre du Festival d'automne, anticipée par l'AGRIF et Civitas, a d'abord suscité une réaction officielle de l'Alliance générale contre le racisme et pour le respect de l'identité française et chrétienne, qui a demandé son interdiction à la Mairie de Paris, laquelle n'a pas répondu. L'association s'est ensuite très rapidement tournée devant le juge, parallèlement à des actions sur le terrain. Une tentative de sabotage – sur le système d'alarme – a été désamorcée au sein du théâtre quelques jours avant le début des représentations. Le théâtre avait quant à lui déposé sur son site internet permettant d'accéder aux réservations, un avertissement, à la manière des mentions faites en matière cinématographique, mais qui sont peu courantes et nullement obligatoires en matière théâtrale : « Nous attirons votre attention sur le fait que ce spectacle comporte des propos qui pourraient heurter certaines sensibilité ».

Les devants avaient été pris en conséquence par la préfecture de police de Paris qui a organisé, dès la première, un filtrage à l'extérieur du théâtre, mobilisant 800 policiers et de nombreux véhicules. Il avait été conseillé aux spectateurs d'arriver une heure avant le début des représentations « afin d'assurer la tranquillité et la fluidité de l'entrée en salle des spectacles[35] ». Des sociétés de surveillance privées ont par ailleurs été prévues à l'intérieur du théâtre pour assurer la sécurité[36] des comédiens et des spectateurs, fouillés et leurs affaires passées aux détecteurs de métaux. Autant de mesures préventives qui ont été mal supportées par l'artiste qui a fait projeter sur l'écran en fond de scène : « J'ai honte de présenter une œuvre d'art protégée par des mesures de sécurité ».

Le 8 décembre, soir de première, un défilé silencieux réunissait plus de 150 manifestants catholiques traditionnalistes (principalement de

---

35 *Golgota picnic* était représenté dans la plus grande salle (Renaud-Barrault) du Théâtre du Rond-Point qui programme généralement plusieurs spectacles le même soir, en particulier durant la période du Festival d'Automne. En l'occurrence un autre spectacle (*El tiempo todo entero* de Romina Paula) était programmé dans la salle Tardieu.

36 La sécurité du directeur lui-même du théâtre était également en jeu dans la mesure où il a indiqué avoir « reçu des menaces de mort, ainsi qu'un cutter » (Marion Cocquet, « "Golgota picnic" : le théâtre en état de siège », *Le Point*, décembre 2011).

l'Église Saint-Nicolas-du-Chardonnet et de l'association Civitas) devant le Théâtre du Rond-Point, certains déroulant des banderoles (« Culture et foi et si on se respectait ? »), d'autres entonnant des chants liturgiques, ou encore déposant des roses blanches. Plusieurs milliers de personnes s'étaient en outre rassemblés pour une veillée à Notre-Dame. Le spectacle n'a pas été empêché, mais a débuté avec une demi-heure de retard.

S'il existe une parenté avec *Sur le concept du visage du fils de Dieu* puisque ce sont des groupements communs[37] qui sont venus contester les représentations de *Golgota picnic* suivant le même processus que le premier, c'est-à-dire en particulier en se référant à des compte-rendus, photos et extraits, sans avoir vu le spectacle, les échos et les réactions des représentants catholiques, politiques et même des médias face à cette levée contestataire n'ont curieusement pas été identiques à celles concomitantes au spectacle de Romeo Castellucci.

À la différence de ce dernier, la Conférence des évêques de France n'a nullement cherché à temporiser, elle a au contraire considéré qu'il s'agissait d'un spectacle « blessant » et « caricatural ». Sur le plan politique, certains élus sont même venus relayer le discours associatif, tel le sénateur et élu de Paris (Nouveau Centre) Yves Pozzo di Borgo qui a demandé à la Mairie de Paris de réduire ses subventions au théâtre au nom de la laïcité. Le maire de Paris, Bertrand Delanoë, a toutefois défendu le spectacle sur le fondement de la valeur fondamentale du principe de liberté d'expression, en témoignant de son indignation devant les menaces proférées. Enfin, les médias ont joué leur rôle habituel dans l'exposition de la querelle, même si comparativement aux deux autres affaires étudiées, la couverture a été numériquement inférieure[38] ; une majorité des publications ayant été favorable au spectacle si l'on ne prend en compte que les médias traditionnels[39].

---

37 Suivant les constats établis dans la presse et relevés en doctrine, se sont mobilisés lors des actions de terrain contre les représentations de *Golgota picnic* : des membres des Jeunesses catholiques de St-Nicolas, du Mouvement de la jeunesse catholique de France, du Renouveau français, des militants de L'œuvre française, des Jeunesses nationalistes, du GUD, de Forsane Alizza.

38 L'on peut noter par exemple que le quotidien *Libération* ne consacre qu'un article très court aux événements (« 'Picnic' : les intégristes ne lâchent pas le morceau », 8 décembre 2011) mais aucun article de fond ou de critique véritable sur *Golgota picnic*.

39 V. l'analyse très complète de Anna Arzoumanov et Marie-Odile Richard, « Golgotha picnic "christianophobe" ? La polémique au regard de la presse » *in* : Anna Arzoumanov, Mathilde Barraband (dir.), *Polémique autour d'un « blasphème ». Regards croisés sur l'affaire Golgotha picnic*, *op. cit.* Les autrices dénombrent 27 articles favorables et 10 défavorables au spectacle.

Le spectacle est ensuite parti en tournée. Le festival polonais Malta a cependant annulé les représentations prévues à Poznan en juin 2014 pour « risque élevé d'émeutes ». Trois représentations eurent lieu à Montpellier au Théâtre de Grammont en octobre 2014[40]. Le spectacle n'a pas été rejoué depuis les dernières représentations qui se sont déroulées sans éclats au festival international de Buenos Aires et au festival international de théâtre Mercosur en septembre-octobre 2015.

## LES PROBLÉMATIQUES POLITICO-RELIGIEUSES DE LA QUERELLE DE *GOLGOTA PICNIC*

Ce sont les passages ayant trait à la religion et à la supposée anti-chrétienneté du spectacle qui ont focalisé l'attention des détracteurs spécialisés dans la dénonciation de toute attaque, critique de la religion chrétienne, sous la forme d'un « combat culturel[41] » plus général, qui soit « l'antichambre du combat politique ». Pourtant, il ne s'agit pas du cœur du propos de *Golgota picnic* dans lequel Rodrigo García entend en réalité proposer une démonstration de la désacralisation du monde libéral visant les puissances économiques comme d'ailleurs dans quasiment tous ses autres spectacles.

### UN SPECTACLE BLASPHÉMATOIRE ET ANTI-CHRÉTIEN ?

Il est certes difficile de rester indifférent aux spectacles de Rodrigo García et à *Golgota picnic* en particulier. Le spectateur ne peut être que dérangé par les chocs visuels créés par la succession de scènes d'aspect orgiaque ou masochistes, d'autant que « le mode de l'adresse paradoxale[42] » ne facilite pas d'emblée la réception par le public, en tout

40 Les représentations figuraient dans la programmation du Théâtre humain trop humain, alors dirigé par Rodrigo García, Centre Dramatique National, anciennement appelé Théâtre des Treize Vents et qui est à nouveau en activité comme CDN sous cette dénomination.

41 La *Revue catholique des questions politiques et sociales* de Civitas a consacré un dossier en juin 2011 à « l'importance du combat culturel » invitant à choisir avec « un grand discernement les œuvres culturelles [...] qui vont influencer notre façon de penser... ». Dans un autre numéro, c'est le « prétendu art contemporain » qui est stigmatisé (septembre 2014).

42 Sylvie Roques, « Subversion et théâtralité : une écriture performative du corps », *op. cit.*, p. 127.

cas non préparé ou accoutumé au théâtre post-moderne en général et de García en particulier.

L'impression visuelle d'une esthétique entre Bosch et une bacchanale contemporaine vise à heurter le regardeur, qui peut difficilement détourner le regard s'il ne décide pas de quitter la salle. Le choc qu'il reçoit est évidemment voulu, il vise à lui faire prendre conscience à la fois de manière individuelle mais aussi collective de ce dont il est lui-même responsable, mais qu'il va analyser selon ses propres valeurs, sensibilité, morale.

Les questions religieuses dans le spectacle *Golgota picnic* abordées de manière blasphématoire et anti-chrétienne selon ses détracteurs, ne sont pas exploitées de manière littérale mais comme allégories d'un « blasphème sacré[43] », « un nouvel évangile [...] d'une mélancolie méditative[44] ».

En l'occurrence, si un blasphème devait/pouvait être reconnu dans *Golgota picnic*, il correspondrait à la définition qu'en donne l'historien Francesco Taviani, à savoir qu'il permet « de voir le sacré qui se niche au fond du vulgaire[45] », s'appuyant notamment sur l'exemple de Pirandello qui, tout fervent catholique qu'il était, avait imaginé une scène où des porcs étaient « abattus devant un Christ sanguinolent placé en fond de scène[46] » dans son spectacle *La Sagra del Signore della nave* (*L'Offrande au seigneur du navire*).

Le directeur du Théâtre du Rond-Point a d'ailleurs dans cette lignée pris plus tard le contre-pied des accusations de blasphème en affirmant qu'il s'agissait au contraire d'une œuvre rendant « hommage à une religion d'amour et de paix[47] ». Une forme de sacralisation ou de sublimation du blasphème.

L'on peut évidemment douter d'une telle affirmation ou la considérer factice, mais elle doit en revanche fondamentalement interroger sur le sens que donne l'auteur-metteur en scène à ses spectacles.

---

43 Gabriele Sofia, « Blasphème, Sacré et Politique : quelques réflexions sur *Golgota Picnic* », *Revista Brasileira de Estudos da Presença*, Porto Alegre, v. 8, n. 2, avril/juin 2018, p. 349.

44 Denis Sanglard, « Critique de Golgota Picnic », *Un fauteuil pour l'orchestre*, blog, 12 décembre 2011.

45 Ferdinando Taviani (*Uomini di Scena Uomini di Libro. La scena sulla* coscilenza, Roma : Officina Edizioni, 2010, p. 87) cité et traduit par Gabriele Sofia, « Blasphème, Sacré et Politique : quelques réflexions sur *Golgota Picnic* », *op. cit.*, p. 354.

46 *Ibidem.*

47 Sylvain Peuchmaurd, « Golgota Picnic : Jean-Michel Ribes défend une pièce "hommage à une religion d'amour" », *Le Point*, 30 octobre 2015.

## UNE DÉSACRALISATION VISANT LES PUISSANCES ÉCONOMIQUES

Gabriele Sofia rappelle que « l'esthétique complexe créée par le metteur en scène s'inscrit dans une dynamique de provocation et de désacralisation qui ne vise pas les questions religieuses en particulier mais prend implicitement pour cibles une série de puissances économiques qui envahissent notre quotidien » et que c'est en réalité un « spectacle profondément politique[48] ». De fait, cette provocation dépassant « les vieux modèles contestataires des années 1960, centrés sur la remise en cause des interdits et de l'autorité » s'ajoute à une véritable « subversion » qui s'attache à « stigmatiser une société de consommation annihilant les individus par une culture du "plus" qui ne devient rien d'autre qu'une culture du "vide" [...] une déconstruction obstinée du "trop[49]" ». Le trop des pains à hamburgers qui tapissent entièrement le plateau, le trop de la parole de chaque monologue qui s'apparente à une vraie diarrhée verbale, le trop des corps-martyrs.

48 Gabriele Sofia, « Blasphème, Sacré et Politique : quelques réflexions sur *Golgota Picnic* », *op. cit.*, p. 349.

49 Sylvie Roques, « Subversion et théâtralité : une écriture performative du corps », *op. cit.*, p. 127.

# LA QUERELLE D'*EXHIBIT B* DE BRETT BAILEY

L'œuvre *Exhibit B* de Brett Bailey nécessite d'être replacée dans le contexte de l'œuvre et du parcours de son auteur, avant d'examiner les problématiques idéologiques et politiques que sa querelle a soulevées.

## LA CONTEXTUALISATION DE L'ŒUVRE *EXHIBIT B*

La querelle d'*Exhibit B* ne peut être discutée qu'au terme d'une exposition des données factuelles relatives tant à son auteur, qu'à l'œuvre elle-même.

### BRETT BAILEY, UN ARTISTE SUD-AFRICAIN BLANC RÉSILIENT

Brett Bailey est un plasticien, auteur et metteur en scène sud-africain. Né en 1967 dans une famille d'origine anglaise établie en Afrique du Sud depuis le XVII^e^ siècle, il a grandi sous l'apartheid à la manière des enfants blancs de la classe moyenne, ne côtoyant les Sud-Africains noirs que parmi les domestiques et baignant dans un contexte familial raciste, cautionnant un régime ségrégationniste. Ce n'est qu'à partir de ses années au lycée qu'il a été en contact avec des Sud-Africains blancs favorables à l'abolition de l'apartheid. Ce contexte familial et social est important pour comprendre à la fois les thématiques privilégiées par l'artiste dans sa carrière à partir des années 1990 et le fait qu'il soit systématiquement revenu (ou ramené) à ses origines dans ses entretiens, comme pour témoigner d'une certaine résilience, voire de la contrition, en particulier dans le contexte de la polémique d'*Exhibit B*. Il affirme d'ailleurs n'être « vraiment devenu un artiste » qu'à « cette époque » du début des années 1990 où on « a réussi à en finir avec l'apartheid[1] ».

Il a créé la compagnie *Third World Bunfight* en 1996 pour accompagner ses créations qui relèvent le plus souvent de la forme de l'installation et de la performance de manière « innovante et expérimentale[2] » et qui ne sont pas représentées pour la plupart « dans des espaces de théâtre traditionnels[3] ». Le monde colonial et post colonial a beaucoup inspiré Brett Bailey, y compris dans ses adaptations d'œuvres classiques comme l'opéra de Verdi *Macbeth* inspiré de Shakespeare, transposé en République démocratique du Congo en 2014 (au Festival d'Automne à Paris). Dans son spectacle *Big Dada* en 2001, il retraçait le parcours du dictateur Amin Dada ; dans *Terminal* (d'abord appelé *Blood Diamonds*) en 2009, il interrogeait les origines des inégalités raciales en Afrique du Sud ; dans *House of the Holy Afro* en 2013 (au Festival d'Automne à Paris) ; dans *Sanctuary* en 2017 (à la Friche de la Belle de Mai à Marseille), il traite de la crise migratoire à travers des tableaux assurés par des performeurs (comme dans *Exhibit B*) ; dans *Samson* en 2019 (et présenté à Avignon en 2021), il fait citer par un prédicateur toutes les formes d'asservissement qui ont succédé au colonialisme, à travers les discours populistes, racistes et sécuritaires dans le contexte contemporain de terrorisme et de crise migratoire.

L'artiste se définit lui-même davantage comme un « reporter » qu'un « activiste » quand il est interrogé sur la dimension politique de son travail[4].

1 Entretien *in* : dossier de presse du Festival d'Automne à Paris pour le spectacle *House of the Holy Afro* présenté au Centquatre en novembre 2013.

2 Rina Arya, « Whose history is it anyway ? The case of Exhibit B », *Journal for Cultural Research*, 2018, vol. 22, n° 1, p. 27.

3 Katrin Sieg, « Towards a Civic Contract of Performance : Pitfalls of Decolonizing the Exhibitionary Complex at Brett Bailey's *Exhibit B* », *Theatre Research International*, Vol. 40, Issue 3, October 2015, p. 252.

4 Fanny Robles, « Brett Bailey : Ritualizing creative energy », interview, *e-Rea* (*Revue électronique d'études sur le monde anglophone*), 2021, 19.1, § 15.

## *EXHIBIT B*, UNE PERFORMANCE-EXHIBITION DÉNONÇANT LE COLONIALISME ET LE NÉO-COLONIALISME

*Exhibit B* emprunte à plusieurs genres artistiques pour créer une « œuvre artistique » singulière, « d'une force et d'une clarté incontestable[5] », d'une puissante dimension dramaturgique par son dispositif centré sur des tableaux vivants, et une scénographie mettant en scène des corps-mémoires.

### *Une œuvre politique singulière appartenant à plusieurs genres artistiques*

L'œuvre *Exhibit* conçue comme une série (A, B, ...) déploie un côté « performatif, participatif, déambulatoire peut-être, mais théâtre tout de même[6] ». Elle ne se prétend pourtant pas être « un spectacle théâtral » bien qu'elle en retienne certains codes (décor, accessoires, scène...), comme le précise le programme, mais une « exposition » (utilisant la photographie, la peinture, ...), une performance-exhibition ou encore « une installation-performance[7] », qui a souvent été programmée dans des lieux non théâtraux (musées, Églises) mais qui comporte toutefois une dimension dramaturgique et justifie son inclusion dans ce corpus.

Il a été soutenu qu'*Exhibit B* pouvait correspondre à la définition donnée par John Cage, à savoir que « le théâtre est quelque chose qui engage à la fois l'œil et l'oreille[8] », même si « contrairement au théâtre [...] le corps est en inaction[9] », alors que le théâtre a été fait pour mettre le corps en état d'action si l'on suit notamment la vision d'Artaud.

Comme on le verra en effet les corps immobiles des comédiens peuvent correspondre à cette caractéristique d'inaction, à l'exception essentielle des regards sur lesquels on reviendra également.

---

5 « Exhibit B : une lettre des directeurs du TGP et du 104 », blog d'Armelle Héliot, *Le Figaro*, 18 novembre 2014.

6 Sylvie Chalaye, « Exhibit B de Brett Bailey au TGP : les contes de la crypte du Musée Grévin », *Africultures*, 3 décembre 2014.

7 Selon Isabelle Danto (« Exhibit B : de la performance au spectacle », *Esprit*, 2015, *op. cit.*) qui note que « les codes de l'exposition muséale sont là (cimaises, cartels, gardiens d'exposition), opérant des passages avec ceux de la performance et inversement ».

8 *Interview* de John Cage par Marcel Alocco, trad. par Ben Vautier et Marcel Alocco, « L'évènement Happening », *Identités*, 1966, p. 13-14 cité *in* : Marc Maire, « La Passion, noire et animiste, selon Brett Bailey. Une expérience et une re-connaissance critique d'Exhibit B », *Cahiers d'Études africaines*, 2016, n° 22, p. 615.

9 *Ibidem.*

Le caractère singulier de l'œuvre est également dû à sa source d'inspiration originelle. Brett Bailey aurait été marqué par la lecture de *Africans on Stage* de Bernth Lindfors[10], et autres travaux sur les zoos humains. Les contestataires d'*Exhibit B* l'ont tous présenté comme une reproduction de ces « zoos humains[11] », dont la forme consistait en la mise en scène de personnes noires jouant le rôle de « sauvages », scènes d'exhibition pratiquées depuis la fin du XVe siècle et surtout pendant l'époque coloniale, dans un objectif à la fois de divertissement pour les Blancs, mais aussi de propagande[12], voire d'observation dite scientifique, qui se tenaient aussi bien lors d'expositions universelles que coloniales, dans des foires, des cirques et des théâtres[13].

Or, cela est moins qu'évident, même si la parenté avec les zoos humains est attestée par l'intérêt de l'auteur et par une caractéristique commune qui est la mise en situation de personnes vivantes dans une mise en scène reconstituant leur cadre de vie ; l'assimilation est surtout totalement contradictoire avec l'intention de l'auteur, car Brett Bailey a présenté sa création comme une œuvre voulant combattre le racisme et dénoncer la colonisation, même si sa position n'est pas absente de toute ambiguïté comme on le verra *infra*.

Il a été souligné par des opposants que la diffusion de la performance en France a bénéficié du soutien financier des sociétés Areva et Total, dont on sait qu'elles ont participé à la colonisation économique de l'Afrique[14]. Aboutir à la conclusion d'un plan machiavélique racialiste à partir de cette donnée factuelle est un raccourci et un présupposé hasardeux.

---

10 Bernth Lindfors (ed.), *Africans on Stage : Studies in Ethnological Show Business*, Bloomington-Indianapolis, Indiana University Press, 1999, 302 p.

11 V. Charles Forsdick, « Postface. Situer les zoos humains » *in* : Pascal Blanchard, Gilles Boetsch et Nanette Jacomijn Snoep (dir.), *Exhibitions. L'invention du sauvage*, Arles, Actes Sud, Musée du Quai Branly, 2011, 382 p., p. 527-542.

12 Sandrine Lemaire, « Chapitre 14. Le "sauvage" domestiqué par la propagande coloniale » *in* : Pascal Blanchard, Gilles Boetsch et Nanette Jacomijn Snoep (dir.), *Exhibitions. L'invention du sauvage*, *op. cit.*, p. 193 s.

13 Sylvie Chalaye, « Cirques, scènes et café-théâtre ou le mélange des genres (1850-1930) » *in* : Pascal Blanchard, Gilles Boetsch et Nanette Jacomijn Snoep (dir.), *Exhibitions. L'invention du sauvage*, *op. cit.*, p. 236-266.

14 Le spectacle *Elf, France Afrique* de Nicolas Lambert, première pièce de la trilogie *L'A-démocratie*, traite dans la veine du théâtre politique de Peter Weiss, de certains aspects de cette exploitation du pétrole et de la corruption avec les élites politiques françaises. V. Emmanuelle Saulnier-Cassia, « L'A-démocratie de Nicolas Lambert : du théâtre documentaire dénonçant les maux de la Ve République », chronique Du droit dans les arts, *Petites affiches*, 29 novembre-1er décembre 2019, p. 13.

Enfin, il convient d'indiquer que les comédiens ont été recrutés à proximité de chaque lieu de représentation où Brett Bailey a auditionné préalablement quarante personnes (selon les lieux, il s'agit de comédiens professionnels ou non) en leur expliquant le projet, l'engagement physique[15] et psychologique qu'il implique et le fait « que l'œuvre est sujette à controverse[16] ».

La question de la participation des comédiens au projet est importante car certains détracteurs[17] ont invoqué leur absence de libre arbitre, déduite du fait qu'ils n'auraient été consentants que parce que rémunérés, ce qui leur a permis d'invoquer l'application du principe de dignité à leur endroit. C'est un argument fallacieux qui pourrait être invoqué pour nombre de spectacles impliquant un investissement corporel (notamment la nudité) ou psychologique particulier, tout comme dans le cadre d'autres professions non artistiques. Néanmoins, cet argument ne doit pas être négligé car il est actionné en référence indirecte à la notion de dignité de la personne humaine dans la lignée de l'affaire « Commune de Morsang-sur-Orge » précitée, à l'occasion de laquelle le Conseil d'État a jugé que le respect de la dignité humaine peut entraîner l'interdiction d'une activité qui y porterait atteinte, quand bien même la personne concernée y consentirait[18].

La participation des comédiens au spectacle *Exhibit B* n'est donc pas assimilable à cette affaire dite du lancer de nain.

### *Le dispositif du spectacle : douze tableaux vivants joués par des afro-descendants immobiles et muets*

Le dispositif du spectacle consiste d'abord en une sorte de conditionnement des spectateurs. Chacun est invité à entrer dans la pénombre sur le lieu de la représentation, à s'asseoir sur une chaise dans une salle d'attente avec une vingtaine d'autres, affublé d'un numéro, en attendant d'être appelé (par tirage au sort afin de séparer les visiteurs venus ensemble pour les contraindre à une « expérience individuelle[19] »)

15 À chaque représentation, chaque comédien doit jouer son tableau immobile pendant deux sessions de 100 minutes interrompues par une pause de 40 minutes.

16 Déclaration du 5 septembre 2014, *in* : dossier de presse TGP, *op. cit.*

17 D'autres reconnaissent que les comédiens ont participé « de manière consentante et adulte » au projet : Amandine Gay, « "Exhibit B" : Oui un spectacle qui se veut antiraciste peut être raciste », *Slate*, 29 novembre 2014.

18 CE, 27 octobre 1995, *Commune de Morsang-sur-Orge et Ville d'Aix-en-Provence*, *op. cit.* V. *supra* en introduction, p. 20 et *infra* en Partie 2, p. 116 et 186.

19 Selon les propos de Brett Bailey proférés lors de différentes représentations.

et de se voir précisé que le silence est de rigueur, qu'il est possible de rester tout le temps souhaité dans chaque pièce, mais qu'il est interdit de revenir en arrière.

L'exhibition elle-même est itérativement composée de douze tableaux vivants, « genre artistique intermédial[20] » – dans une esthétique rapprochant le théâtre de la peinture, imaginée par le « dramaturge peintre[21] » – ayant en commun d'être « joués » par des comédiens afrodescendants, ne bougeant ni ne parlant, ne s'exprimant que par le regard, établissant un contact quand leur position le rend possible, avec les spectateurs placés dans une curieuse position d'observateur-voyeur-observé, pouvant contempler, scruter chaque détail de la scène le temps souhaité, sans jamais pouvoir rebrousser chemin, après ou non avoir lu la notice détaillée précédant chaque tableau vivant, car chaque tableau est identifié par un cartel – titré de manière cynique comme précisé *infra* en note de bas de page pour chaque œuvre.

En fin de parcours, dans une salle dédiée, qui peut être vue comme « un espace de réconciliation[22] » ou un sas de décompression au sein duquel les spectateurs-visiteurs peuvent lire les témoignages des acteurs sur leur expérience du racisme et peuvent écrire leurs réactions, renvoyant ainsi à « une phase de processus psychanalytique[23] ».

Chaque tableau de ce « chemin de croix » est une mise en situation d'un ou plusieurs personnages noirs·figés qui racontent une histoire, pour une part méconnue du grand public – ce qui peut être contradictoire avec l'usage habituel du tableau vivant[24] –, par la reproduction de scènes concrètes, voire historiques sur la colonisation,

20 Jean Max Colard, « Pratique contemporaines du tableau vivant / Nouveau festival », 10 mars 2012, Centre Pompidou, en ligne : https://www.centrepompidou.fr/fr/ressources/media/ODOLjiL (consulté le 16 juin 2022).

21 Jean-Pierre Sarrazac, « L'auteur de théâtre et le devenir scénique de son œuvre : Diderot, Ibsen, O'Neill, Brecht », *Registres/4*, 1999, p. 168, cité par Catherine Naugrette, *L'esthétique théâtrale*, *op. cit.*, p. 198.

22 Marc Maire, « La Passion, noire et animiste, selon Brett Bailey. Une expérience et une re-connaissance critique d'Exhibit B », *op. cit.*, p. 620.

23 *Ibidem.*

24 Ainsi que le rappelle Carole Halimi (« L'artifice du "tableau" au théâtre : du texte à la photographie » *in* : Jean-Marc Larrue, Giusy Pisano (dir.), *Les archives de la mise en scène. Hypermédialités du théâtre*, Villeneuve d'Ascq, Presses universitaires du Septentrion, Centre culturel international de Cerisy-la-Salle, 2014) : « Dans le tableau vivant, la figure est d'autant plus fétichisée, qu'elle se réfère à une image que le spectateur est censé reconnaître, retrouver » (p. 131).

l'Apartheid (sans qu'il y ait de référence explicite) ou les discriminations contemporaines consécutives aux migrations de l'Afrique vers l'Europe, avec pour fil conducteur ou élément de continuité, le regard direct imposé à chaque visiteur par chaque performeur des douze tableaux : un homme et une femme parmi des têtes d'animaux empaillés ; la Vénus hottentote qui tourne sur un podium[25] ; une odalisque de dos, le haut nu, chaîne au cou, assise sur un lit qui se regarde dans un miroir[26] ; un personnage (femme ou homme selon les lieux de représentation) qui porte un panier contenant des mains coupées[27] ; un homme le visage entravé par une structure en métal, le haut dévêtu avec en arrière-plan un tableau appartenant au genre de la nature morte[28] ; un corps couché sur un catafalque surmonté d'un lit blanc, richement vêtu, le visage blanchi[29] ; une vieille femme nettoyant un crâne humain[30] ; quatre têtes reposant sur des piédestaux chantant des complaintes[31] surplombés par trois portraits photographiques en noir et blanc de têtes coupées ; le diorama d'un couple de pygmées[32] ; un homme assis sur une chaise ou une femme derrière un grillage

---

25 Saartjie Baartman, dite aussi la Vénus noire ou Vénus hottentote, a été embarquée en Europe au début du XIX^e^ siècle où son corps, en particulier son postérieur proéminent et ses organes génitaux et seins volumineux ont été exhibés. Elle a joué le rôle d'une bête sauvage dans un spectacle de foire, notamment à Piccadilly en 1810. Son corps a été moulé, puis disséqué à sa mort et conservé au Musée de l'homme de Paris. Sa dépouille a finalement été inhumée au Cap en 2002. Une adaptation cinématographique de sa vie a été proposée par Abdellatif Kéchiche dans son film *La Vénus noire* en 2010.

26 Ce tableau intitulé « A place in the Sun » représente la chambre d'un officier français qui enchaînait des femmes noires à son lit et les violait.

27 La mutilation concernait des esclaves qui ne récoltaient pas assez de caoutchouc.

28 Ce tableau ironiquement intitulé « L'âge d'or hollandais » représente le casque/masque en métal qui était imposé à certains esclaves afin qu'ils ne se mutilent pas ou ne se suicident pas en avalant du sable.

29 Ce personnage représente l'esclave nigérian Angelo Soliman (1721-1796), éduqué par ses maîtres européens et qui devint précepteur à la cour d'Autriche au XVIII^e^ siècle, savant dans plusieurs disciplines et franc-maçon. À sa mort, il a été empaillé et exposé à Vienne.

30 « Civilizing the Natives » fait référence aux veuves de Hereros qui s'étaient vues obligées de nettoyer les crânes des défunts dans des camps allemands en Afrique de l'Ouest, pour permettre leur étude « scientifique ».

31 Cette représentation de têtes décapitées est assurée par un chœur namibien dirigé par le compositeur Marcellinus Swartbooi qui a réuni des chants de lamentation traditionnels en nama, otjihéréro, oshiwambo, tswana et isixhosa.

32 Le tableau est situé dans la forêt Ituri. Il est également une allusion à l'histoire personnelle du pygmée congolais Ota Benga qui avait été placé au milieu d'animaux dans le zoo du Bronx au début du XX^e^ siècle.

tenant des produits ménagers[33] avec une pancarte qui indique « The blacks have been fed » ; un passager sur une rangée de sièges d'avion les pieds et mains entravés et la bouche scotchée[34] ; un homme et une femme debouts sur des palettes dans des habits contemporains[35].

Enfin, il faut revenir au titre de l'œuvre. De fait, on peut penser que le titre lui-même fait référence aux exhibitions organisées à l'occasion d'expositions universelles et coloniales sur plus d'un siècle[36]. Mais il s'agit d'un faux-ami, car « exhibition » n'a pas ce caractère péjoratif en anglais, mais celui plus simplement d'exposition. En outre, « exhibit » relève de la terminologie juridique. Il signifie pièce à conviction, c'est-à-dire une pièce matérielle servant de preuve dans une affaire judiciaire : pièce nº 1, pièce nº 2 ... en français ; exhibit 1, exhibit B... en anglais. Le programme lui-même rappelle l'origine du terme : « dans une poursuite pénale ou un procès civil, un *exhibit* (une pièce à conviction) est une preuve matérielle ou documentaire portée devant le jury. L'artefact, ou le document lui-même, est présenté pour être examiné par le jury. Dans une affaire de droit, ces pièces à conviction sont souvent étiquetées Exhibit (pièce) A, Exhibit (pièce) B, Exhibit (pièce) C, etc., pour les distinguer ». Chaque scène exposée offre ainsi une preuve d'une période ou d'un fait historique avéré. Cette « ambivalence sémantique[37] » du titre est donc très signifiante.

33 Il s'agit de Céleste Beryl Pieterson, mulâtresse, dont le mariage a été annulé lors de l'installation de l'apartheid.

34 Ce tableau intitulé « Survival of the Fittest » ou « la loi du plus fort » fait référence au décès médiatisé de Semira Adamu, dans le charter qui l'expulsait vers le Lagos en 1998, suite à son étouffement par un coussin appliqué par des policiers pour l'empêcher de crier et pleurer, comportement qui avait par deux fois empêché son éloignement forcé.

35 « Objet trouvé nº 1 » et « Objet trouvé nº 2 » désignent deux demandeurs d'asile, avec par exemple en sous-titre pour le second « Immigrant Erythréen ».

36 V. le catalogue de l'exposition « Exhibitions. L'invention du sauvage » présentée au musée du quai Branly en 2011, dirigé par Pascal Blanchard, Gilles Boëtsch, Nanette Jacomijn Snoep, publié par Actes Sud/Musée du quai Branly, 2011, qui répertorie plus d'1,5 milliard de visiteurs entre 1810 et 1940.

37 Marc Maire, « La Passion, noire et animiste, selon Brett Bailey. Une expérience et une re-connaissance critique d'Exhibit B », *op. cit.*, p. 630.

## *La chronologie des réactions à la programmation d'*Exhibit *entre 2010 et 2014*

Brett Bailey a conçu son projet comme une série, qui aurait dû être une trilogie, commencée avec *Exhibit A* entre 2010 et 2013 qui a tourné sans controverse majeure, puis *Exhibit B*, qui a vu enfler la polémique de Edinburgh à Paris en passant par Londres, et enfin *Exhibit C* qui avait été programmé pour 2015, mais n'a finalement pas été représenté, Exhibit B continuant finalement sa tournée en 2015 (Santiago, Gwanju, Galway) et 2016 (Athènes puis Tallin). Programmé pour une longue tournée, *Exhibit B* n'a suscité de polémique qu'au bout de quatre années et uniquement à Paris.

– La première tournée mondiale d'*Exhibit A* et *B* sans controverse majeure pendant quatre ans

La série *Exhibit* a été programmée entre 2010 et 2014 dans une quinzaine de villes européennes. La première série sous le nom d'*Exhibit A* qui avait été initialement commandée par le *Wiener Festwochen* en Autriche, un festival annuel de musique et arts du spectacle à Vienne, portait sur le colonialisme allemand. Elle est partie ensuite en tournée au *Theaterformen Festival* en Allemagne, à Helsinki en Finlande avant de rejoindre le pays d'origine du metteur en scène lors du festival de théâtre de Grahamstown. Elle n'a suscité aucune réaction lors de cette première tournée[38].

La programmation du second volet, *Exhibit B*, qui a ajouté des tableaux sur les colonialismes belge, français et britannique, a débuté à Bruxelles (dans l'Église de Gesù[39] lors du Kunstenfestivaldesarts) en mai 2012. À l'exception de petites contestations à l'occasion du Berliner Festspiele[40], aucune remise en cause n'est apparue lors des

38 Un éditorialiste américain très critique (mais n'ayant pas vu le spectacle) a affirmé que s'il n'y avait pas eu de contestation en Afrique du Sud, c'est parce que le spectacle avait eu lieu dans un festival d'art trop couteux pour être accessible aux Sud-Africains noirs de la classe moyenne : T. O. Molefe, « Racism and the Barbican's 'Exhibit B' », *The New York Times*, 27 octobre 2014.

39 Ce lieu, situé dans la commune la plus pauvre de Belgique, a été choisi délibérément par le créateur du spectacle car il accueillait alors des personnes sans abri et sans papiers.

40 Une tribune collective intitulée « Notre position par rapport au projet *Exhibit B* de Brett Bailey au Berliner Festpsele 2012 » a été publiée le 29 septembre 2012 sur le blog de la plateforme antiraciste Bühnenwatch.

représentations au Holland Festival d'Amsterdam, non plus qu'au Centquatre-Paris (ci-après le Centquatre), au Vooruit Centre de Gand, à l'Église des Célestins au Festival d'Avignon en juillet 2013[41], au Maillon à Strasbourg en décembre 2013), au Musée d'Art Moderne de Moscou du 10 au 14 octobre 2014, ou encore au Musée Sainte-Croix de Poitiers du 14 au 16 novembre 2014.

– Les premières contestations d'*Exhibit B* consécutives au Festival d'Édimbourg conduisant à l'annulation au Barbican de Londres

À la suite d'un « article à sensation[42] » du *Guardian*[43] lors du festival d'Édimbourg en août 2014[44] assimilant dans son titre le spectacle à la reproduction d'un zoo humain et alors que le même quotidien britannique publiait le lendemain une critique affublée du nombre maximum (et rare) de cinq étoiles[45], des contestations devant *The Vaults*, lieu des représentations prévues du 23 au 27 septembre 2014 à Londres et une pétition sur le site Change.org[46], ont entraîné leur annulation par le Barbican Centre accusé de « racisme complice[47] ». Ses responsables estimaient ne pouvoir « garantir la sécurité des performeurs, des spectateurs et du

41 Une erreur de date (2014 au lieu de 2013) est à noter dans : Alain Mabanckou, Dominic Thomas, « Chapitre 7. Crispations : La question noire ou le débat autour d'*Exhibit B* » *in* : Pascal Blanchard et al., *Vers la guerre des identités ?*, Paris, La Découverte, Hors collection Sciences humaines, 2016, 296 p., ici p. 110-119.

42 Selon les termes de Brett Bailey dans sa « déclaration » du 5 septembre 2014 reproduite dans le dossier de presse du Théâtre Gérard-Philippe de novembre 2014, qui considère que l'article comporte de « nombreuses exagérations et inexactitudes » et qu'il a été suivi « par l'hystérie » « sur les réseaux sociaux ».

43 John O'Mahony, « Edinburgh's most controversial show Exhibit B, a human zoo », *Guardian*, 11 August 2014.

44 L'article a suscité une réponse des performeurs dans les mêmes colonnes : « Exhibit B : is the 'human zoo' racist ? The performers respond », *Guardian*, 5 September 2014.

45 Lyn Gardner, « Edinburgh festival 2014 review : Exhibit B – facing the appalling reality of Europe's colonial past », *Guardian*, 12 August 2014. La critique théâtrale souligne combien l'installation est « insupportable et essentielle » en raison de « la souffrance qu'elle dépeint » et en ce qu'elle « nous confronte avec les réalités épouvantables du passé colonial de l'Europe » non enseignées à l'école.

46 Publiée le 18 août 2014 par l'activiste Sara Myers (qui a par ailleurs lancé le #boycottthehumanzoo), sur le site change.org, la pétition a rassemblé 22 842 signatures.

47 Expression originelle de « complicit racism » employée au début de la pétition *op. cit.* de S. Myers et reprise en titre d'un article du *Guardian* : Lester Holloway, « Barbican accused of 'complicit racism' over installation with live black models », *Guardian*, 28 August 2014.

personnel ». Les détracteurs ont donc eu raison de ce qu'ils ont qualifié sur leurs affiches dans une « campagne[48] » d'une grande violence verbale, de « spectacle le plus raciste sur terre[49] » sans que la justice ne soit saisie.

– Le déferlement polémique pour la programmation parisienne d'*Exhibit B* en 2014 : pétition, manifestations, demande d'annulation

La programmation d'*Exhibit B* au Théâtre Gérard-Philippe (TGP) à Saint-Denis du 27 au 30 novembre 2014 et au Centquatre à Paris du 7 au 14 décembre 2014, a soulevé immédiatement un vent de contestation.

Une pétition demandant l'annulation des représentations a été mise en ligne en octobre 2014[50], au motif de son racisme résultant de l'exhibition humiliante de corps d'ethnies africaines, de la reproduction de rapports de domination par un artiste blanc dans le cadre de sociétés européennes, et de l'utilisation de subventions publiques aux visées esthétiques et politiques incertaines. Quelques semaines après, Jean Bellorini et José-Manuel Goncalvès, les directeurs des deux institutions culturelles, ont indiqué qu'il était « temps que la polémique cesse[51] ».

Une protestation fut en outre organisée devant le TGP le premier soir obligeant finalement son directeur à annuler la représentation. Les initiateurs[52] de la pétition, qui n'avaient pas vu le spectacle[53], ont ensuite

48 Rina Arya, « Whose history is it anyway ? The case of Exhibit B », *op. cit.*, p. 37, note 2.

49 Le texte de l'affiche est reproduit dans la note 2, *op. cit. in* : Rina Arya : « Barbican & Bailey present/A work of unparalleled prejudice masquerading as art/Exhibit B/The most racist show on earth !/Roll up ! Roll up !/ See Black people chained in cages for only £20/It's savage ! It's inhuman ! It's barbaric !/#BoycottBarbican#Stopthehumanzoo/ This show must not go on !/Good old-fashioned European clownialism ».

50 La pétition « Déprogrammer le zoo humain ! » lancée sur change.org par John Mullen a rassemblé 20 636 signatures. Beaucoup de signataires n'ont jamais vu le spectacle, comme l'historienne Françoise Vergès.

51 « Exhibit B : une lettre des directeurs du TGP et du 104 », *op. cit.*, 18 novembre 2014.

52 John Mullen, maître de conférences en histoire à l'Université de Paris-Est Créteil qui se présente comme un militant anticapitaliste et la chanteuse Bams. V. aussi l'appel au boycott du spectacle par l'activiste B. K. Lomani, relayé par la presse : Éric Loret, « "Exhibit B" est une exhibition du privilège blanc, qui le confirme, le renforce », *Libération*, 1er décembre 2014.

53 « Non, je ne l'ai pas vue. C'est étrange parce qu'un petit nombre de personnes dit qu'il faut être Noir pour avoir un avis sur cette exposition. Je ne suis pas d'accord. Un autre groupe dit qu'il faut avoir été spectateur pour avoir un avis. Je ne suis pas d'accord non plus. J'ai parlé avec beaucoup de gens qui l'ont vu, Brett Bailey a fait une conférence d'une heure pour l'expliquer – trois membres du collectif était présents – donc s'il fait une

saisi la Mairie de Paris et la Préfecture de police de Paris pour demander son annulation en raison du racisme résultant d'une présentation dégradante des personnes noires et en se référant au risque de trouble à l'ordre public. Aucune suite n'a été donnée à leur demande.

Le collectif « Contre Exhibit B » qui s'est constitué autour de différents artistes (les chanteuses Baams et Joëlle Esso, les metteurs en scène Paulin Foualem, Myriam Tadessé), et intellectuels (l'historien Dieudonné Gnammanko) de la communauté noire, ainsi que la Brigade anti-négrophobie (comme l'activiste Franco Lollia) et une partie du Conseil représentatif des associations noires (CRAN), se sont mobilisés la veille du début des représentations au Centquatre qui se sont déroulées sous protection policière, avec l'application de mesures de sécurité particulières afin que les représentations puissent avoir lieu[54].

La violence physique et verbale des réactions contestataires dans la presse comme sur les lieux de la représentation doivent être particulièrement soulignées. Les détracteurs ont d'ailleurs bénéficié d'une large couverture médiatique et de manière générale, la médiatisation de l'affaire a été particulièrement notable, avec 41 articles ne serait-ce que dans la presse française et un déploiement de la polémique plutôt dans la presse classée à gauche[55].

Ce sont finalement plusieurs associations qui ont décidé d'agir en justice pour demander l'annulation des représentations à venir d'*Exhibit B*.

---

conférence sur le sujet c'est bien qu'il y a des choses qu'on peut comprendre sans l'avoir vue » : propos rapportés *in* : Claire Diao, « Exhibit B : bien plus qu'une polémique », *Africultures*, 25 novembre 2014. V. aussi la question posée par Christophe Kantcheff (auquel J. Mullen a répondu « Bien sûr que non, car c'est raciste. Mais j'ai parlé à beaucoup de Noirs et Blancs qui l'ont vu » : *Politis.fr*, 20 novembre 2014) qui conclut son article : « La nature du censeur se reconnaît à cette aptitude à penser Sade, Pasolini ou Exhibit B en en ayant une connaissance de concierge ».

54 Les spectateurs étaient escortés de la grille d'entrée au lieu de l'installation, situé en sous-sol du théâtre, avec une obligation de dépôt de leurs affaires personnelles au vestiaire et un passage au détecteur de métaux.

55 « Exposer le racisme. Exhibit B et le public oppositionnel », *op. cit.*, p. 40.

## LES PROBLÉMATIQUES IDÉOLOGICO-POLITIQUES DE LA QUERELLE : PARTI PRIS RACIALISTE ET NÉOCOLONIALISTE OU CHOIX ESTHÉTIQUE ?

Si une partie des contestataires a sincèrement été heurtée par la violence psychologique provoquée par l'émotion suscitée par le dispositif de la performance, il n'est pas certain que les choix esthétiques de Brett Bailey aient constitué un « enjeu[56] » en tant que tel pour des contestataires refusant ou négligeant de voir le spectacle pour fonder leur lecture critique sur ce plan esthétique. Il fait donc peu de doute que la querelle a pu prospérer par une instrumentalisation de certaines parties prenantes ayant des objectifs idéologico-politiques, même s'il existe un incontestable « problème d'invisibilité des Africains et Afro-Caribéens dans la culture française[57] ».

Néanmoins, à l'accusation de racialisme et de néocolonialisme portée par les contestataires d'*Exhibit B*, doivent être opposés les choix esthétiques de Brett Bailey qui peuvent permettre de penser une inversion du rapport de domination.

### UN POSITIONNEMENT RACIALISTE ET DE NÉOCOLONIALISTE ?

Même si Sylvie Chalaye a reconnu que la « reconstitution vivante des exhibitions anthropologiques [...] part de l'intention sans doute louable de bousculer les spectateurs [...] de mieux les sensibiliser à ce que représentait la violence coloniale[58] », elle estime que l'installation « ne déconstruit pas le regard, mais reproduit au contraire le syndrome du soldat de Baltimore et continue d'enfermer l'Afrodescendant dans son apparaître », jugeant aussi que « ce parti pris, finalement plus racialiste

56 La « réaction violente de la communauté artistique afrodescendante à l'égard de l'exposition *Exhibit B* » était pour Sylvie Chalaye « liée à deux enjeux majeurs. L'un touche au choix esthétique de reconstituer un dispositif qui donne à voir des corps noirs, l'autre à une question de politique culturelle » : *Race et théâtre. Un impensé politique*, Arles, Actes Sud-Papiers, 2020, p. 117.

57 Fanny Robles, « From Reverse Ethnography to Cultural Performance : Reenacting Colonial Shows in Contemporary France », *Interventions : International Journal of Postcolonial Studies*, 20:7, 2018, p. 1037-1052.

58 *Ibidem*.

qu'esthétique, omet également de prendre en compte la pluralité des origines du public français[59] ».

La compréhension de l'expression de « parti pris racialiste » ne va pas nécessairement de soi car le racialisme fait référence à la théorie des races qui a émergé à la fin du XIX^e^ et au début du XX^e^ siècle en utilisant des critères pseudo-scientifiques (mesure des cranes, comparaison des groupes sanguins, des couleurs de peau...) pour expliquer des phénomènes sociaux et a été utilisé ou instrumentalisé par des individus ou groupes racistes. Un temps oubliée, la notion a été réactivée depuis le début des années 2000 par les sujets concernés, se qualifiant eux-mêmes de « racisés » pour signifier les discriminations dont ils font l'objet dans le domaine professionnel notamment.

L'accusation de racialisme en ce qui concerne Brett Bailey et sa performance n'est donc ni anodine ni innocente. Elle pose un présupposé sur les intentions de l'auteur. S'il est délicat de prêter à un créateur une intention, quelle qu'elle soit, il est impensable de ne pas tenir compte de son intentionnalité au moins officielle, du placement du spectacle dans l'intégralité de son œuvre et de la participation et du ressenti de ses équipes.

Pourtant, alors que le metteur en scène revendiquait le fait de dénoncer des exactions commises dans des systèmes coloniaux, le silence et l'immobilisme imposés aux comédiens a également été interprété comme « une reproduction symbolique d'une situation néocoloniale », principalement parce qu'un artiste blanc est à l'origine du projet et de sa mise en œuvre. La militante Amandine Gay écrit ainsi que : « La démarche de Brett Bailey ne subvertit pas le continuum colonial, au contraire, sa position d'homme blanc, qu'il refuse de considérer comme signifiante est à l'origine de la controverse », car il refuse de « s'interroger sur sa qualité de dominant », c'est-à-dire celle de « l'homme blanc » qui « continue à parler et montrer des Noir-e-s dans des situations d'oppression et de servitude... mutique ! » produisant une « confiscation de la parole » et « une réappropriation de l'histoire traumatique des Noir-e-s par des Blanc-he-s[60].

En outre, Brett Bailey a dû faire face aux accusations d'une partie des détracteurs et en particulier de ceux appartenant à la communauté noire lui niant le droit de s'approprier leur culture et qui l'auraient accusé

59 *Ibid.*, p. 118.
60 *Ibidem.*

d'être « un boer néo-nazi d'extrême droite[61] ». Un afrikaan serait donc par définition non crédible, en raison de sa « whiteness », c'est-à-dire « blanchitude » ou « blanchité[62] » pour parler de racisme et de colonisation, parce que n'ayant pas éprouvé dans sa chair la souffrance des esclaves et autres victimes de discrimination.

Face à ce que ses soutiens voient comme du racisme inversé, Brett Bailey a tenu une ligne de défense qui présente toutefois certaines ambiguïtés, voire des variations et des inexactitudes. De fait, il faut reconnaître qu'une fois la polémique apparue, il était devenu impossible à l'artiste de participer à un « échange équilibré[63] », uniquement incité à se justifier, et principalement sur la supposée « appropriation culturelle[64] » d'un Blanc perpétuant des idéologies racistes en n'ayant jamais eu l'expérience de la racialisation et en prétendant représenter des groupes minoritaires opprimés. L'origine empêcherait-elle par principe l'expression ? La question de la légitimité d'un Blanc « pour représenter la souffrance noire » n'est pas inédite dans le geste artistique en dehors du spectacle vivant[65].

Une fois que la polémique a éclaté, l'auteur aurait ainsi lui-même reconnu ne plus pouvoir défendre son travail de la même manière qu'avant et avoué que dans dix ans il se rendrait peut-être compte d'avoir fait exactement ce dont il était accusé, acceptant néanmoins de prendre ce risque[66]. Plus tard, il a affirmé que « Exhibit B n'est pas essentiellement

---

61 Selon son propre rapport *in* : déclaration reproduite dans le dossier de presse du TGP, *op. cit.*

62 Maxime Cervulle (*Dans le blanc des yeux. Diversité, Racisme et médias*, Éditions Amsterdam, 2013, 188 p.) explique que c'est Judith Ezekiel qui a proposé de traduire « whiteness » par « blanchité » plutôt que « blanchitude » (p. 48). V. aussi Horia Kebabza, « L'universel lave-t-il plus blanc ? » : « Race », racisme et système de privilèges, *Les cahiers du CEDREF*, 2006, 14, p. 145-172.

63 Rina Arya, « Whose history is it anyway ? The case of Exhibit B », *op. cit.* : « The stir created by Exhibit B work increased the publicity and infamy of Bailey » (p. 30).

64 Cette expression d'appropriation culturelle renvoie au concept encore récent faisant référence à l'utilisation ou aux emprunts faits à une autre culture, en particulier africaine (notamment des symboles religieux, des documents, des styles artistiques...) quand est reproduit un rapport de domination historique. L'idée est qu'il existe dans la création contemporaine un pillage culturel par les artistes blancs faisant suite à la colonisation qui ne s'est pas contentée d'annexer des territoires et des ressources naturelles.

65 Carole Talon-Hugon (*L'art sous contrôle*, *op. cit.*) cite l'exemple de la peintre Dana Schutz en 1996 (p. 42).

66 Traduction résumée de propos rapportés dans le *Guardian*, *op. cit.*

un travail qui traite de la violence de l'ère coloniale » pour préciser ensuite de manière peu acceptable que : « Son sujet principal est le racisme actuel et les mesures politiques xénophobes de l'Union Européenne, et comment celles-ci ont évolué depuis le racisme légitimé par la science et autorisé par les états à la fin du 19e siècle[67] ». Il est regrettable que soient confondues les politiques de certains États de l'Union européenne avec l'Union européenne elle-même et d'autre part décevant qu'un tel mélange des genres soit opéré pour tenter de justifier son spectacle. Il aurait été plus convaincant, en particulier dans ce contexte polémique, de développer une explication sur le terrain esthétique.

En effet, pour contrer l'opprobre un temps jetée sur l'artiste par la polémique provoquée autour du spectacle recevant ainsi une publicité inattendue, les discussions sur le procédé esthétique dont la particularité offre en elle-même du sens sont certainement plus pertinentes afin d'évaluer la portée politique de la performance et surtout son apport et son intérêt en tant qu'outil artistique permettant de renverser les débats sur le néocolonialisme.

## DES CHOIX ESTHÉTIQUES PROVOQUANT UN CHOC CATHARTIQUE ET UNE INVERSION DU RAPPORT DE DOMINATION ?

Alors que les détracteurs du spectacle ont dénoncé la reproduction d'un rapport de domination ancestral, l'analyse purement esthétique du spectacle le rend moins qu'évident. En effet comme le soutient Marc Maire : « Avec *Exhibit B*, le regard soutenu du performeur traduit sa position de domination, renforcée par sa situation le plus souvent en surplomb, et garantit l'inversion des rôles[68] ». Ce choix dramaturgique impose de fait une « relation strictement visuelle [...] par l'artiste entre ses performeurs-sujets et un spectateur-objet[69] ». Les acteurs existent en effet sur scène et ne sont pas du tout passifs. On peut voir au contraire ces regards vivants et le silence pesant comme « profondément politiques », venant questionner « la responsabilité, non seulement individuelle, mais également collective et étatique[70] ».

67 Extrait du dossier de presse du TGP, *op. cit.* Les erreurs de majuscules n'ont pas été corrigées.

68 *Ibid.*, p. 617.

69 *Ibid.*, p. 620.

70 Alice Carré, « Exhibit B. : l'impensé colonial. L'installation de Brett Bailey taxée de racisme », *Agôn*, saison 2014-2015, Reviews, § 2, en ligne : https://doi.org/10.4000/

Les émotions éprouvées lors du spectacle sont-elles alors le produit d'un effet cathartique volontaire ou involontaire, direct ou indirect du spectacle ? On peut estimer que Brett Bailey est « le maître d'une cérémonie rituelle devant conduire à la catharsis[71] ». En tout état de cause, la catharsis d'*Exhibit B* est provoquée par l'exacerbation pour au moins une partie du public de « sentiments naturels de honte et de culpabilité » qui ont été directement ou indirectement recherchés, un mélange d'effroi et de compassion, qui participe au mécanisme cathartique tel que traditionnellement décrit depuis Aristote. Cela renvoie également aux réflexions antiques sur la *mimésis* et son rejet par Platon estimant dangereux que des citoyens trouvent plaisir dans la souffrance exprimée sur scène[72]. La souffrance provoquée par la participation à *Exhibit B* chez certains spectateurs est-elle un des buts recherchés dans un rapprochement implicite avec les émotions qu'éprouvaient les visiteurs des zoos humains, éprouvant si l'on en croit les commentaires d'époque autant de fascination que de répulsion devant la scénographie et une forme de dramaturgie qui leur étaient offerts, mais à la grande différence près que ce n'était ni par des artistes, ni dans une démarche artistique et que les personnes présentes, exposées, ne l'étaient pas de leur plein gré.

Avec *Exhibit B*, on peut renverser le supposé rapport de domination en considérant que les acteurs sont « pleinement conscients et agissants » et que « l'immobilité, le silence et le regard fixe de ces corps deviennent "gestus social" dénonçant ce rapport d'aliénation passé et présent, et actant de sa prise en compte par le spectateur[73] ». De fait, tout repose sur l'interaction entre le comédien et le spectateur, selon que ce dernier « ose » ou non notamment regarder le premier dans les yeux, et se sente le cas échéant lui-même observé et jugé. Brett Bailey a envisagé d'ailleurs ce retournement dans le travail avec ses équipes, indiquant aux acteurs que « ce sont eux les spectateurs, eux qui regardent les réactions du public[74] » et ces réactions relèvent incontestablement d'un

agon.3125 (consulté le 16 juin 2022).

71 Marc Maire *in* : « La Passion, noire et animiste, selon Brett Bailey. Une expérience et une re-connaissance critique d'Exhibit B », *op. cit.*, p. 620.

72 Sur l'opposition entre Platon et Aristote, v. Catherine Naugrette, *L'esthétique théâtrale*, *op. cit.*, p. 67-151.

73 Alice Carré, « Exhibit B. : l'impensé colonial. L'installation de Brett Bailey taxée de racisme », *op. cit.*, § 6.

74 Entretien pour la revue *Altermondes*, septembre 2014, *in* : dossier de presse du TGP, *op. cit.*, p. 8.

processus cathartique, certains spectateurs choqués, intimidés, gênés allant jusqu'à pleurer[75], ont ressenti jusqu'à une « mise en abîme[76] ».

D'autres défenseurs, parmi lesquels les comédiens eux-mêmes, ont parlé de « méprise[77] » assurant qu'ils menaient le même combat que les détracteurs du spectacle, c'est-à-dire celui du racisme, l'accusation contre le spectacle relevant alors du « paradoxe[78] » et ses opposants se trompant d'adversaires[79]. De la même manière, pour Maître Tricoire, la controverse qu'elle a qualifiée « d'absurde » est à l'origine selon elle d'un « véritable contresens », qu'elle compare aux « erreurs d'interprétation » fréquentes dans d'autres spectacles comme celui de Castellucci[80].

En tout état de cause, le spectacle visait ou aboutissait à s'interroger sur ce que c'est que le racisme, à faire éprouver intimement le rapport à l'altérité, sans leçon didactique, mais en provoquant des émotions, en permettant au spectateur d'être « horrifié » et en même temps de « s'extasier[81] », en « intérioris[ant] le regard de l'autre[82] ». C'est justement parce que l'art parle autrement que ne le font les livres d'histoire, de sociologie, de science politique ou de droit, en faisant ressentir les évènements par d'autres moyens, sans discours, ou rhétorique, que l'œuvre est d'autant plus puissante et potentiellement polémique.

75 *Ibidem*. V. aussi le témoignage d'Alexandre Fandard, l'un des comédiens du Cent-quatre en 2013 et en 2014 *in* : Bruno Rieth, « "Exhibit B" : "Les manifestants se trompent clairement d'adversaire" », *Marianne*, 6 décembre 2014.

76 *Ibidem*.

77 L'Autre JT, « Exibit B : Le malaise », 11 décembre 2014, en ligne : https://www.youtube.com/watch?v=9uxPSvTHeOI (consulté le 16 juin 2022).

78 Bruno Rieth, « "Exhibit B" : "Les manifestants se trompent clairement d'adversaire" », *Marianne*, 6 décembre 2014.

79 *Ibidem*.

80 *Alter mondes*, « Lilian Thuram et Agnès Tricoire soutiennent Exhibit B », *op. cit.*

81 Suivant les termes de Claire Ruffin à propos du spectacle *Rwanda 94* : « *Rwanda 94*. Le théâtre face au génocide », *Alternatives théâtrales*, n° 67-68, avril 2011.

82 Catherine Bouko, Karel Vanhaesebrouck, « De Carl Hagenbeck à Brett Bailey. Mettre en scène la problématique des zoos humains aujourd'hui », *Ligeia*, 2016/1, n° 145-148, p. 37.

DEUXIÈME PARTIE

# ANALYSE JURIDICO-ESTHÉTIQUE DE TROIS QUERELLES THÉÂTRALES CONTEMPORAINES

La place et l'apport potentiels de l'intervention juridictionnelle en matière artistique et plus spécifiquement s'agissant de contentieux en matière théâtrale doivent être interrogés afin de mieux mesurer les enjeux qui se posent dans les trois querelles objets de la recherche, aussi bien dans leur genèse que dans leurs effets. Les associations qui ont créé les querelles médiatiques autour des trois spectacles du corpus ont été jusqu'à la contestation juridictionnelle afin, principalement, de voir les spectacles interdits, ayant échoué à imposer une autocensure devenue fréquente chez les créateurs de spectacles polémiques ou provocateurs et les directeurs d'établissements les accueillant craignant des débordements, ou à faire adopter une interdiction par les autorités locales compétentes. Les décisions juridictionnelles nombreuses – au nombre de 15 au total pour trois spectacles – sont venues mettre un terme à toutes les contestations et constituent de véritables épilogues à chacune des querelles.

# LA PLACE ET L'APPORT DU JUGE EN MATIÈRE THÉÂTRALE

La place et l'apport du juge en matière théâtrale posent la question de sa légitimité à intervenir en matière artistique, préalable utile à la compréhension de son rôle d'arbitre le plaçant en protecteur du principe de liberté d'expression. Si la question de la légitimité du juge est loin d'être nouvelle, elle se pose de manière originale dans ce domaine, non seulement parce que le juge y est numériquement peu sollicité par rapport à son intervention croissante dans les autres champs économiques et sociaux, mais aussi parce que c'est un domaine dans lequel une spécificité a pu être évoquée. Même si une exception artistique qui donnerait une immunité absolue aux artistes dans leurs libertés d'expression et de création n'a jamais été retenue, sa seule revendication est l'occasion de réfléchir justement posément au fait que « sous le regard du public, le juge retrouve une place inédite qui l'assigne à des responsabilités nouvelles[1] ».

## LA LÉGITIMITÉ DU JUGE À INTERVENIR EN MATIÈRE ARTISTIQUE

Les juges judiciaires et administratifs sont compétents pour régler des contentieux qui se situent dans le domaine artistique, comme dans tout autre domaine. La particularité de la matière artistique est qu'elle se caractérise par une multiplicité de cas de figure dans lesquels les juges sont amenés à se prononcer, tout comme d'ailleurs en matière spécifiquement théâtrale.

1 Denis Salas, « Le juge aujourd'hui », *Droits*, 2002/2, n° 34, p. 69.

## LA PARTICULARITÉ DE LA MATIÈRE ARTISTIQUE DANS L'OFFICE DU JUGE ?

Les juges sont tout autant légitimes à intervenir en matière artistique, qu'en tout autre domaine, par exemple médical, commercial ou de l'urbanisme. La multiplicité des interventions potentielles du juge en matière artistique est par ailleurs très étendue. Mais suivant le domaine artistique considéré, l'encadrement juridique est plus ou moins technique et l'ordre de juridiction strictement défini.

Par exemple, en matière de droit d'auteur et de propriété intellectuelle et plus particulièrement de propriété littéraire et artistique, seule l'intervention du juge judiciaire est possible, y compris dans les cas de responsabilité délictuelle ou contractuelle des personnes morales de droit public.

En matière de protection du droit moral de l'auteur – droit qui a été totalement créé par la jurisprudence judiciaire – le juge doit généralement arbitrer avec le principe de liberté de création du metteur en scène comme dans l'affaire *Dialogue des carmélites*[2] afin de juger s'il y a eu dans l'œuvre secondaire une dénaturation de l'œuvre originelle, qui est un exercice subtil pour le juge car il lui impose de se placer sur le plan à la fois matériel et de l'esprit de l'œuvre, afin de respecter son intégrité.

À la technicité des litiges, par exemple de nature fiscale, vient parfois s'ajouter la nécessité pour le juge de procéder à des analyses de nature artistique, ne serait-ce que pour pouvoir qualifier une œuvre : l'*Oiseau dans l'espace* de Brancusi est-il un objet ou une œuvre d'art par exemple[3] ? ; le droit à l'image est-il applicable à des personnes photographiées à leur insu et vendues comme œuvres d'art ? Intérêt artistique, originalité de la démarche, valeur ornementale[4] sont autant de critères manipulés par les juges qui font dépendre au final leur jugement de cette dimension esthétique qu'ils contribuent à dresser avec plus ou moins de précision et pertinence, ce qui peut susciter la critique[5].

---

2 V. *supra*, p. 35-36.

3 Il s'agit du cas célèbre jugé par la Cour des douanes new-yorkaise le 26 novembre 1928. De la qualification dépendait le régime fiscal applicable à l'objet. V. Margit Rowell (préface), *Brancusi contre États-Unis. Un procès historique 1928*, Adam Biro, 2003 ; v. aussi Céline Delavaux, Marie-Hélène Vignes, « Un oiseau pour litige. L'art moderne en procès », *in : Les procès de l'art. Petites histoires de l'art et grandes affaires de droit*, *op. cit.*, p. 13.

4 V. les exemples les plus connus cités par : Marie-Hélène Vignes, « Juger l'art. Petites histoires de l'art et grandes affaires de droit », *Les Cahiers de la Justice*, 2015/1, p. 59-67.

5 Agnès Tricoire dans son *Petit traité de la liberté de création* (Paris, La découverte, coll. Cahiers libres, 2011) dénie au juge la possibilité de se prononcer sur la valeur artistique

## LA SPÉCIFICITÉ DE L'INTERVENTION DU JUGE DANS LE DOMAINE THÉÂTRAL ?

La particularité du domaine théâtral ou plus généralement du spectacle vivant est d'entraîner la compétence potentielle, parfois concomitante des deux ordres de juridictions, à savoir l'ordre administratif et l'ordre judiciaire, dont les juges sont principalement sollicités par des opposants souhaitant faire interdire les spectacles. Le juge administratif est plus particulièrement chargé d'assurer la préservation de l'ordre public, tandis que le rôle du juge judiciaire se situe davantage sur le terrain de l'existence de troubles manifestement illicites consécutifs notamment à des provocations à la haine ou autres actes délictueux.

### *Une participation classique du juge administratif à sa mission d'assurer la préservation de l'ordre public*

Une partie des actions, en l'occurrence près de la moitié des décisions juridictionnelles rendues pour les trois affaires cumulées du corpus, s'est déroulée devant les juridictions administratives, en référé, en vue d'obtenir l'annulation du refus des autorités de police administrative (maire ou préfet) légalement compétentes à l'échelon local, d'interdire des représentations à venir ou d'ordonner la suspension d'une programmation. Ces autorités locales de police sont en charge d'assurer sur leurs territoires respectifs le respect de l'ordre public. Dans l'hypothèse où il existerait un risque avéré pour cet ordre public, lesdites autorités sont tenues, en opérant un bilan coûts-avantages des intérêts en présence, de tout mettre en œuvre pour assurer la protection de l'ordre public, soit en interdisant l'évènement posant difficulté, soit en lui permettant de se tenir, en prévoyant des mesures de sécurité suffisantes pour protéger[6],

d'une œuvre quand elle ne dépend pas de sa seule objectivité et elle distingue pour cela le « jugement de goût » et le « jugement de droit » (p. 106 s.).

6 Le maire de Chambéry dans l'affaire citée *supra* (p. 30) a finalement préféré renoncer à faire appel aux forces de police pour assurer les représentations de *Roberto Zucco* de Koltès considérant que la menace de troubles à l'ordre public était trop importante et qu'il tenait à faire « respecter le droit à la douleur » des familles des victimes. En l'occurrence, la polémique avait duré plusieurs semaines entre les soutiens à la Maison de la culture et ceux des opposants, dont le point culminant et décisif a été l'annonce par l'épouse du brigadier assassiné d'un déplacement avec ses orphelines devant le théâtre si les représentations étaient maintenues. Les « graves menaces pesant sur l'ordre public » constatées par le Préfet de Savoie et la « situation locale unique et exceptionnelle » relevée par la

dans l'espace public, l'accès au théâtre des spectateurs, comme des acteurs, sans danger pour leur intégrité physique. L'idée est toutefois toujours que « la liberté est la règle et la restriction de police l'exception[7] ». Dès lors, les autorités de police doivent concilier l'exercice de leurs pouvoirs avec le respect des libertés[8], ce que le juge doit contrôler en examinant le degré éventuel de gravité des troubles pour apprécier la nécessité et la proportionnalité des mesures de police le cas échéant adoptées.

Ce n'est donc pas une expertise esthétique, encore moins un « jugement de goût[9] » qui est attendu des juges – pas plus que des autorités de police locales – même s'ils s'y essayent parfois ou y sont obligés pour pouvoir faire prévaloir le principe de la liberté d'expression – v. *infra* –, sans se rendre peut-être toujours compte du glissement qu'ils opèrent, mais un pur contrôle, que l'on qualifie d'entier en droit administratif, de l'éventuel excès de pouvoir des autorités de police.

Néanmoins, que ce soit devant l'ordre judiciaire ou devant l'ordre administratif, le raisonnement juridique classique gagnerait parfois à être nourri de connaissances plus poussées, mais surtout d'une expérience individuelle de l'œuvre qui fait l'objet du contentieux.

### *Une adaptation nécessaire de l'examen au fond des dossiers en matière théâtrale*

Le juge dispose-t-il de compétences pour porter une appréciation esthétique permettant ou participant nécessairement au règlement du litige ? Car « savoir juger », ce n'est pas simplement « connaître le droit », mais c'est aussi « comprendre la société » puisque « le jugement est finalement l'articulation d'un pouvoir démocratique et de l'exigence d'un consensus social », comme l'a très bien écrit Guy Canivet[10]. Une

---

direction de la Maison de la culture ont renforcé la décision de déprogrammation, malgré les déclarations de Michel Piccoli, Ariane Mnouchkine et Patrice Chéreau favorables au maintien, dans une « lettre de solidarité » aux responsables de la programmation.

7 Formule du commissaire du gouvernement Corneille dans ses conclusions sur un arrêt célèbre du Conseil d'État (CE, 10 août 1917, *Sieur Baldy*, Lebon, p. 637) en matière de manifestations extérieures du culte (processions, cortèges…) interdites par un maire.

8 Comme le Conseil d'État l'a jugé dans un autre arrêt célèbre en matière de liberté de réunion (CE, 19 mai 1933, *Benjamin*, Lebon, p. 541).

9 Agnès Tricoire, *Petit traité de la liberté de création*, *op. cit.*

10 Guy Canivet, « Au nom de qui, au nom de quoi jugent les juges ? De la gouvernance démocratique de la Justice », *Après-demain*, 2010/3, n° 15, p. 7.

telle préoccupation est importante en matière culturelle, et notamment théâtrale, afin de bien saisir et suivre le cheminement artistique.

Les magistrats ne reçoivent évidemment au cours de leurs études pas plus que de leur carrière une quelconque formation en études théâtrales. Ils ne sont dès lors pas mis en mesure d'apprécier par eux-mêmes, avant de juger pour la société, au nom du peuple, les contestations qui leur sont présentées avec leur propre sensibilité d'êtres humains.

En théorie, la neutralité est de mise et la subjectivité est une question taboue. Or le juge « est traversé par des déterminismes sociaux dont il n'a pas conscience mais qui orientent son jugement. Celui qui juge n'est jamais vierge de tout préjugé[11] ». Même si elle doit avoir le moins de place possible dans le jugement, la neutralité pourrait au contraire justement supposer une connaissance plus précise de l'œuvre passant tout simplement par l'expérience personnelle de la représentation, afin d'éliminer un maximum de ses éventuels préjugés et biais interprétatifs. Il est en effet assez consternant de savoir qu'à l'image de la plupart des requérants des trois affaires du corpus, les juges n'ont généralement pas assisté à la représentation des pièces sur lesquelles il leur était demandé de statuer.

L'on voit ici une grande différence avec le contrôle exercé par le juge administratif en matière de publications destinées à la jeunesse[12] et surtout de police cinématographique. Dans l'un comme dans l'autre cas, les juges, comme auparavant les commissions qui sont chargées des demandes d'autorisation, sont pleinement informés de toutes les données de l'objet du recours à travers les supports papier des publications et par le visionnage des films qui font l'objet des demandes d'interdiction – ou de modification du classement pour les films. À la différence de ces exemples, et à l'instar de la plupart des situations dans lesquelles il est amené à statuer, le « jugement intervient rarement au terme d'un débat complet et bien argumenté[13] » en matière théâtrale.

Alors que le volume numérique des affaires théâtrales est extrêmement bas et sans commune mesure avec le domaine littéraire, il serait d'autant plus appréciable qu'en matière artistique de manière générale et pour le théâtre en particulier, les juges soient à même de vérifier, le

11 Antoine Garapon, Julie Allard, Frédéric Gros, *Les vertus du juge*, Paris, Dalloz, 2008, p. 7.

12 Emmanuelle Saulnier-Cassia, commentaire sur CE, 27 juin 2005, *M. Genka* : « Contrôle du juge sur les mesures concernant les publications destinées à la jeunesse », *Droit administratif*, décembre 2005, n° 175.

13 Antoine Garapon, Julie Allard, Frédéric Gros, *Les vertus du juge*, *op. cit.*, p. 6.

cas échéant sur pièce et sur place, la substance factuelle de leurs dossiers ou tout du moins par le visionnage des captations qui pourraient être ordonnées pour les spectacles qui font l'objet d'un contentieux. Cette vérification est déterminante au niveau des juges de première instance puisque les questions factuelles ne peuvent ensuite être rediscutées en appel ou en cassation, sauf erreur manifeste d'appréciation.

Alors que dans beaucoup de domaines, on s'interroge à raison sur « l'expertise triomphante[14] » et sur les dangers que « l'expert ne prenne la place du juge[15] » tant son recours est devenu grandissant, voire indispensable dans certains domaines techniques et en particulier scientifiques, l'on pourrait imaginer qu'en matière théâtrale, le recours à des experts, par exemple des professeurs en études théâtrales qui pourraient se voir attribuer une fonction de rapporteur sur les spectacles faisant l'objet d'un recours, serait particulièrement justifié. Leur appréciation esthétique pourrait en effet utilement servir de base au raisonnement juridique, sans empiéter sur ce dernier et contribuer à faire constater le respect ou la violation des règles de droit. Le recours à l'expertise n'aurait pour fonction et de « raison d'être que d'éclairer le juge[16] », comme dans d'autres domaines qui présupposent des connaissances techniques ou des formations spécifiques.

## LE JUGE-JANUS : ULTIME CENSEUR ET GARANT DU RESPECT DU PRINCIPE DE LIBERTÉ D'EXPRESSION (ARTISTIQUE)

La réponse juridictionnelle qui intervient nécessairement *a posteriori*, à la différence des systèmes préalables d'autorisation des représentations qui permettaient des censures *a priori* empêchant les représentations et donc supprimant par définition tout germe de querelle, permet *in fine* un arbitrage définitif entre le principe de liberté d'expression et le respect d'autres droits

14 Benoît Garnot, *Histoire de la justice. France, XVe-XXIe siècle*, Paris, Gallimard, folio histoire, 2009.

15 Emmanuel Jeuland, « Expertise » *in* : Loïc Cadiet (dir.), *Dictionnaire de la Justice*, Paris, PUF, 2004, p. 503.

16 Marie-Anne Frison-Roche, Denis Mazeaud, *L'expertise*, Paris, Dalloz, 1995, p. 101.

qui garantissent en l'état actuel de la jurisprudence, les représentations des œuvres contre les tentatives souvent idéologiques de censure.

## LA RÉPONSE JURIDICTIONNELLE : POSSIBILITÉ DE CENSURE A POSTERIORI DE L'ŒUVRE THÉÂTRALE

Pour que réponse juridictionnelle soit donnée, il faut nécessairement une saisine par des requérants ayant un intérêt à agir qui constitue le préalable querelleur de l'affaire, et qui permet de marquer une opposition radicale entre des opposants et des défenseurs d'une œuvre, ce qui peut contribuer à la formation d'une opinion publique.

### *Le préalable querelleur : une contestation par des représentants non représentatifs de l'intégralité de la société civile*

Aux XVII^e et XXIII^e siècles et même au XIX^e, l'on pouvait trouver légitime, et certains auteurs n'ont pas manqué de le rappeler avec force, que le public ne puisse qu'être l'ultime arbitre et seul légitime à apprécier une pièce sur le plan esthétique, ce qui faisait du public le « seul juge des pièces[17] ». Le « peuple-juge[18] » des procès politiques au temps d'Aristote est devenu le public-juge des dramaturgies au temps de Molière et de Hugo[19].

Dans les querelles contemporaines, ce n'est pas le public en tant que tel qui influe sur le succès ou le scandale, mais des éléments extérieurs qui ont même revendiqué leur droit à ne pas voir lesdits spectacles pour pouvoir néanmoins s'y opposer. Il est donc normal de poser la question de la légitimité de l'intervention de ces « acteurs [...] incompétents en matière de jugement esthétique et excessifs sur le plan politique[20] ».

La question est d'autant plus pertinente s'agissant de détracteurs n'ayant pas « réceptionné[21] » les spectacles qu'ils contestent. De fait, la caractéristique commune aux trois exemples du corpus est que les

17 Edmond de Goncourt, *La censure sous Napoléon III*, Paris, Albert Savine, 1892, p. XXXIX.

18 Pierre Rosanvallon, *La contre-démocratie. La politique à l'âge de la défiance*, Seuil, 2006, p. 193. Il est amusant de constater combien l'auteur utilise des métaphores théâtrales (« le spectateur actif », « le fait de la théâtralité »...).

19 V. Odile Krakovitch, *Hugo censuré. La liberté au théâtre au XIX^e siècle*, Paris, Calmann-Lévy, 1985, 308 p.

20 Maxime Cervulle, « Exposer le racisme. Exhibit B et le public oppositionnel », *op. cit.*, p. 41.

21 Au sens de Hans Robert Jauss, *Pour une esthétique de la réception*, Paris, Gallimard, coll. Tel, 1978.

querelles respectives ont été provoquées par les revendications d'une infime partie de la société, qui en outre n'était pas représentative des spectateurs puisque la plupart des requérants n'ont pas assisté aux spectacles qu'ils ont contestés.

Ainsi, à la différence des querelles dramaturgiques du XVII^e^ siècle, aucun censeur officiel, élite désignée ou autre auteur jaloux n'a pris les devants pour contester les pièces, sur le terrain d'une idéologie politique, sur le terrain moral ou à partir d'une critique de fond esthétique. À chaque fois, ce sont des groupes constitués – principalement sous forme associative – qui se sont opposés par principe à la tenue des spectacles, et non en réaction à leur vision.

Or, cela provoque une sorte de renversement, puisque leurs oppositions viennent non seulement empêcher l'exercice de la liberté de création, mais également la jouissance de sa production. Cette faculté d'empêcher vient donc nuire à la liberté individuelle des potentiels spectateurs. Comme Jack Lang le notait déjà à la fin des années 1960 : les associations « semblent s'inspirer d'un idéal démocratique très affirmé. Elles oublient uniquement que la démocratie consiste à permettre au spectateur, par la variété des théâtres existant de choisir ce qui lui plait le plus, y compris des pièces qui scandaliseraient la majorité de la population ».

La recherche d'une censure officielle provoquée par l'initiative privée, parfois dite « populaire » conduit nécessairement à s'interroger sur la place laissée à la censure officielle, notamment quand elle n'existe plus qu'*a posteriori* c'est-à-dire après que le spectacle ait eu lieu et non avant par l'observation d'un régime d'autorisation. Dans un tel cas, comme on le verra, le juge est le dernier rempart ou le seul et dernier stade possible pour fonder une censure officielle qui ne peut souffrir d'une contestation supplémentaire. Et alors que le juge peut donc opérer une censure *a posteriori*, il est paradoxalement dans les faits devenu un acteur de contre-censure.

Il est toutefois important de garder le principe d'une intervention *ex post* du juge en matière d'expression artistique pour ne pas aboutir au rétablissement d'un système et d'une procédure administrative de censure *ex ante* telle qu'elle existait au temps d'Hugo !

D'autant que les groupes d'activistes se croient investis d'une mission de censure de substitution, censure privée préalable, imprévisible et suspecte d'agir sur des motifs autres qu'artistiques. Dans une réponse au *Guardian*, Brett Bailey a fait part de ses craintes que la censure dont il a fait l'objet à Londres créé un précédent[22]. En tout état de cause, les « gestions populistes de l'art et de la culture » sont illégitimes quand elles conduisent à « la censure par le populaire », car « toute forme de mainmise est une censure qui ne dit pas son nom[23] ».

### *La création d'une opinion publique révélée par la possibilité de saisine du juge pour (faire) censurer ou critiquer ?*

Les contestataires d'une œuvre artistique et particulièrement théâtrale essayent toujours de capter l'opinion publique. Mais à la différence du siècle de Molière, ce n'est plus seulement le public qui fait ou pas le succès d'une pièce, qui assure ou pas sa viabilité – en fonction notamment du taux de remplissage de la salle les premiers soirs –, qui entraîne ou pas son maintien à l'affiche. Le théâtre contribuait alors à former l'opinion publique. Le public de théâtre était l'incarnation de l'opinion publique.

À l'époque contemporaine, la création d'une opinion publique ne naît pas de la fréquentation des théâtres, principalement parce qu'elle ne se rend pas nécessairement au théâtre. Les contestataires-requérants revendiquent même non pas la possibilité mais le droit d'avoir une opinion sur un spectacle et de l'exposer devant un juge sans avoir fait partie du public…

La formation d'une opinion publique semble en revanche facilitée par la perspective de saisines juridictionnelles inhérentes à toute querelle, ce qui entraîne une certaine radicalité qui a pour effet de cristalliser les oppositions. Devant le juge, est attaquée une décision ou le plus souvent une absence ou un refus de décision – celle d'interdire le spectacle. Les parties prenantes, tout comme les tiers intéressés ne peuvent qu'être pour ou contre, ce qui empêche tout effacement ou abstention. En l'occurrence, dans les trois affaires du corpus se sont opposées des associations catholiques communément qualifiées d'intégristes ou des associations défendant les droits des personnes non blanches aux artistes, soutenus par des directeurs d'établissements de spectacle vivant, des universitaires, des intellectuels, des médias, parfois même des personnalités politiques.

---

22 Brett Bailey, « Yes, Exhibit B is challenging – but I never sought to alienate or offend », *Guardian*, 24 September 2014.

23 Barbara Métais-Chastanier, « La censure par le populaire. Gestions populistes de l'art et de la culture », *Agôn*, 2014, Points of view, Tribune, en ligne : https://journals.openedition.org/agon/3127?lang=en (consulté le 16 juin 2022).

Les positions équilibrées sont en tout état de cause, par définition, difficiles à tenir dans ce type de polémiques mettant en jeu la liberté d'expression artistique, y compris dans la phase pré-contentieuse. La revue *Africultures* fait partie des rares parties prenantes dans la querelle d'*Exhibit B* à avoir défendu une position critique sans pour autant demander l'annulation du spectacle, soucieuse de défendre « avant tout l'art et la création comme réponse, comme espace de dépassement et non de cristallisation des dualités, oppositions et hiérarchies », mais consciente d'un « ras-le-bol légitime, celui d'une invisibilité, d'une mise de côté, d'une absence de prise en compte de la richesse de la diversité ». Dès lors, le directeur d'*Africultures* a affirmé ne pouvoir « soutenir un dispositif artistique qui fait de la douleur un spectacle, fusse-t-il accusateur » en raison de « l'ambiguïté [...] qui génère l'indignation et la blessure chez les personnes concernées, et la stérile auto-flagellation chez les autres ». « Il ne s'agit pas pour autant d'interdire un tel spectacle, mais, dans le respect de l'intelligence du spectateur, de le critiquer, et ainsi de lui opposer les expressions artistiques qui illuminent le monde[24] ». Même Sylvie Chalaye, qui avait considéré que l'« on ne peut pas faire spectacle de tout » et que « traiter des exhibitions au théâtre suppose justement de ne pas donner dans l'exhibition à nouveau », qualifiant ce spectacle de « Musée Grévin des horreurs », a finalement reconnu que « dire non ce n'est pas interdire[25] ».

Les positions de cette revue et de ses auteurs sont à l'image de la conciliation juridique qui est notamment la démarche et l'objectif recherché en cas de conflits entre des droits et libertés et dont le juge est l'ultime garant.

## LE JUGE COMME ULTIME GARANT DE LA LIBERTÉ D'EXPRESSION ET DE LA CRÉATION THÉÂTRALE

La propre légitimité de l'intervention du juge en matière artistique, et notamment théâtrale, se pose après que la même question se soit posée s'agissant des requérants-non spectateurs. Car le juge doit remplir sa fonction pour conduire à la résolution du litige, mais il n'en est pas moins un être humain, avec sa propre personnalité et sa propre sensibilité. Ainsi, comme l'a très bien exprimé Danièle Lochak, « n'échappe-t-on

24 Olivier Barlet, « Exhibit B : un spectacle à critiquer », *Africultures*, 2 décembre 2014.

25 Sylvie Chalaye, « Exhibit B de Brett Bailey au TGP : les contes de la crypte du Musée Grévin », *op. cit.*

jamais à la subjectivité du juge : qu'il prétende se référer à une Morale objective, fondée sur des valeurs universellement valables, ou sur le constat de ce qui, à un moment donné et en un lieu donné, est considéré comme normal par l'opinion moyenne, c'est toujours lui, en définitive, qui détermine souverainement le contenu des bonnes mœurs[26] ».

Que ce soit devant les juridictions administratives ou judiciaires, le principe de liberté d'expression va néanmoins s'imposer dans les prétoires et être mis en balance avec d'autres droits et libertés que le juge est également chargé de protéger. Au final, l'on peut soutenir que le juge est devenu à l'époque contemporaine en matière théâtrale l'arbitre suprême – même si c'est plutôt la catégorie de « juge-entraîneur » qui lui correspondrait le mieux dans la typologie de François Ost[27] – de ce qui fait et est théâtre, et notamment au regard du critère fictionnel d'une œuvre artistique, en l'occurrence théâtrale.

### *La conciliation entre le principe de liberté d'expression artistique et d'autres droits et libertés*

La liberté d'expression est, comme cela a été indiqué en introduction, un principe protégé en droits français, international et européen que le juge – administratif, judiciaire et européen – a pour mission de contrôler et de faire respecter, en le faisant prévaloir sur d'autres droits ou le cas échéant en les conciliant.

De fait, la portée qui lui a été donnée notamment dans la jurisprudence européenne, en fait un principe incontournable. La Cour européenne des droits de l'homme a retenu au milieu des années 70 dans une affaire de droit de la presse – relative à la catégorie des publications obscènes –, une expression très forte, qui a constamment été reprise depuis, de « fondement essentiel d'une société démocratique[28] ». Ce caractère essentiel est par ailleurs corroboré par l'étendue explicitement affirmée de son champ d'application, puisque la Cour a précisé qu' « elle

26 Danièle Lochak, « Le droit à l'épreuve des bonnes mœurs. Puissance et impuissance de la norme juridique » *op. cit.*, p. 47.

27 François Ost, « Juge-pacificateur, juge-arbitre, juge-entraîneur. Trois modèles de justice » *in* : Philippe Gérard, François Ost, Michel Van de Kerchove, *Fonction de juger et pouvoir judiciaire. Transformations et déplacements*, Bruxelles, Presses de l'Université Saint-Louis, 1983, 584 p., p. 1.

28 Cour EDH, 7 décembre 1976, *Handyside c/ Royaume-Uni*, req. 5493/72.

vaut non seulement pour les informations ou les idées accueillies avec faveur, ou considérées comme inoffensives ou indifférentes, mais aussi pour celles qui heurtent, choquent ou inquiètent l'État ou une fraction quelconque de la population. Ainsi le veulent le pluralisme, la tolérance et l'esprit d'ouverture sans lesquels il n'y a pas de société démocratique ». Elle l'a confirmé en matière artistique, s'agissant de « ceux qui créent, interprètent, diffusent ou exposent une œuvre d'art[29] » et spécifiquement s'agissant d'une représentation théâtrale[30].

Dès lors, les juges nationaux qui doivent donner effet à la jurisprudence de la Cour européenne, sont placés dans cette obligation de faire prévaloir la liberté d'expression non pas *in abstracto*, mais dans des situations qui peuvent être particulièrement conflictuelles où l'on peut constater des oppositions flagrantes au sein d'une même population, appelant les réfractaires aux idées qui choquent, à être tolérants et ouverts d'esprit…

Pour autant, le principe de liberté d'expression n'est pas considéré comme un principe absolu, c'est-à-dire qu'il n'est pas un droit inaliénable comme peut l'être le droit à la vie. L'exercice de la liberté d'expression peut ainsi être encadré législativement par « des formalités, conditions, restrictions ou sanctions qui constituent des mesures nécessaires, dans une société démocratique, à la sécurité nationale, à l'intégrité territoriale ou à la sûreté publique, à la défense de l'ordre et à la prévention du crime, à la protection de la santé ou de la morale, à la protection de la réputation ou des droits d'autrui […][31] ». La Cour européenne des droits de l'homme l'a expressément reconnu en matière artistique[32]. Et c'est bien le « tracé des limites de la liberté d'expression [qui] en conditionne l'effectivité[33] ».

29 Cour EDH, 24 mai 1998, *Müller et autres c. Suisse*, req. 10737/84 ; Cour EDH, 25 janvier 2007, *Vereinigung Biedender Künstler c. Autriche*, req. 68354/01.

30 Cour EDH, 3 mai 2007, *Ulusoy et autres c. Turquie*, req. 34797/03. La Cour a jugé que le refus du préfet d'Ankara d'autoriser l'interprétation d'une pièce en kurde dans les locaux de la municipalité ne pouvait être, en raison de son ingérence, considérée comme « nécessaire dans une société démocratique » (§ 54).

31 Suivant l'article 10, § 2 de la CEDH.

32 La Cour EDH a reconnu cette possibilité de restriction en matière cinématographique et d'arts plastiques : Cour EDH, 20 septembre 1994, *Otto-Preminger-Institut c. Autriche*, *op. cit.* ; 24 mai 1998, *Müller*, *op. cit.*

33 Patrick Wachsmann, « Liberté d'expression » *in* : Joël Andriantsimbazovina *et al.* (éd.), *Dictionnaire des Droits de l'homme*, Paris, PUF, 2008, p. 628.

C'est ainsi que dans toutes les décisions juridictionnelles qui seront ci-après individuellement étudiées, le juge administratif comme le juge judiciaire français ont fait prévaloir la liberté d'expression sur d'autres droits garantis y compris constitutionnellement, tel celui du respect de toutes les croyances (prévu à l'article 1er de la Constitution) dans leurs refus d'interdire les spectacles. Cette priorité accordée à la liberté d'expression dans ces trois affaires n'allait pas nécessairement de soi car quelques années auparavant la plus haute juridiction administrative française s'était adonnée à un arbitrage difficile dans un contentieux encore plus médiatisé que ceux du corpus, celui dudit humoriste Dieudonné relativement à son spectacle *Le Mur*. Dans le cadre d'une procédure contentieuse d'urgence, le Conseil d'État a confirmé dans plusieurs ordonnances l'interdiction des représentations prononcées par arrêtés préfectoraux et municipaux, faisant ainsi prévaloir l'ordre public sur la liberté d'expression, concluant à l'absence d' « atteinte grave et manifestement illégale à une liberté fondamentale » (c'est-à-dire à la liberté d'expression) dans les interdictions de représentations prononcées par les autorités compétentes en matière de police administrative, fondées notamment sur les risques d'atteinte au principe de dignité de la personne humaine[34].

Si les juges doivent toujours préserver autant que possible l'exercice de la liberté d'expression tout en garantissant la préservation de l'ordre public, l'on voit ainsi qu'il n'en est, ou ne peut en être de manière exceptionnelle[35], pas toujours le cas, ce qui permettra d'apprécier plus encore les motivations et les dispositifs rédigés par les différents juges dans les contentieux sur les spectacles des trois dramaturges contemporains.

Il faut indiquer enfin qu'il existe une base légale qui permet de condamner des personnes qui seraient reconnues coupables « d'entrave concertée avec violences ou voies de fait à la liberté d'expression[36] » laquelle est entendue très largement par le juge pénal comme on le

---

34 CE, ord., 9 janvier 2014, *Sté Les Productions de la Plume et M. D.*, req. n° 374508 ; CE, ord., 10 janvier 2014, *Sté Les Productions de la Plume et M. D.*, req. n° 374528.

35 Comme le démontre bien, à contre-courant de la majorité de la doctrine sur ces affaires, Thomas Hochmann (« Ordonnances Dieudonné : un dos-d'âne sur la pente glissante », *Grief*, 2015, n° 2, p. 97).

36 Article 431-1 du Code pénal. La sanction peut aller jusqu'à un an d'emprisonnement et 15 000 euros d'amende en cas de menace ou trois ans et 45 000 euros en cas de coups, violences, voies de fait, destructions ou dégradations.

verra s'agissant des perturbations qui ont particulièrement dérangé le spectacle *Sur le concept du visage du fils de Dieu.*

### *Le juge, arbitre suprême de ce qui fait et ce qui est théâtre*

Dans les affaires théâtrales du corpus, les juges se sont unanimement accordés, probablement sans le vouloir vraiment, sur une forme d'essentialité ou de consubstantialité de la reconnaissance de la prévalence de la liberté d'expression dans la création et l'expression théâtrales. C'est bien parce qu'un spectacle est « une œuvre de fiction à prétention artistique[37] », qui « comporte un texte dit par des acteurs », avec des « décors », « une chorégraphie », « l'interprétation d'une œuvre musicale[38] », que son auteur ou son metteur en scène dans leur(s) liberté(s) créatrices peuvent « ne se conformer à aucune opinion, foi, esthétique ou morale déterminée ».

Ce qui est dit dans le spectacle ne reflète pas nécessairement la pensée de l'auteur, mais pousse au contraire le spectateur qui ne peut en douter, à s'interroger sur ce qu'il voit et entend à partir de personnages inventés. Le ton éventuellement parodique confirme souvent l'absence de volonté de reproduire une quelconque vérité historique et/ou idéologique et au contraire de participer à « l'échange des idées et opinions indispensable à toute société démocratique[39] ».

Il doit donc être procédé à une « identification » et une « distanciation dans les procès de fiction[40] ». Mais à la différence des procès littéraires où l'argument de la fiction divise écrivains, lecteurs, éditeurs et tiers, le débat sur le caractère fictionnel des œuvres dramaturgiques semble surtout intéresser les juges[41].

La mise en perspective de ce raisonnement juridictionnel contemporain avec la querelle des réguliers et des irréguliers ou la Querelle du *Cid*

---

37 TGI de Paris, ord., 18 octobre 2011, n° 11/59621, s'agissant de *Sur le concept du visage du fils de Dieu*. V. *infra* p. 126.

38 TGI de Paris, ord., 7 décembre 2011 s'agissant de *Golgota picnic*. V. *infra* p. 133.

39 CA Paris, 22 juin 2016 s'agissant de *Golgota picnic*. V. *infra* p. 137.

40 Anna Arzoumanov, « Les catégories de l'identification et de la distanciation dans les procès de fiction » *in* : Anna Arzoumanov, Arnaud Latil, Judith Sarfati Lanter (dir.), *Le démon de la catégorie. Retour sur la qualification en droit et littérature*, Paris, Mare & Martin, 2017, p. 197.

41 Anna Arzoumanov, Mathilde Barraband, Marty Laforest, « Mais c'est une fiction ! Mobilisation et démobilisation d'une notion controversée dans l'affaire Golgotha picnic », *in* : Anna Arzoumanov et Mathilde Barraband (dir.), *Polémique autour d'un « blasphème ». Regards croisés sur l'affaire Golgotha picnic*, *op. cit.* V. aussi *infra* p. 128, 133-139, 149-150.

en 1637[42] par exemple dont la raison centrale était de savoir ce qui était du bon théâtre, peut être éclairante. Aujourd'hui, il ne s'agit pas pour le juge de savoir si le spectacle qui a conduit à une querelle est conforme aux principes d'Aristote considérés un temps comme incontournables – notamment la règle de la vraisemblance – permettant de mesurer la valeur d'une pièce et de conclure à ce qui est du bon ou du mauvais théâtre, mais simplement ce qui fait théâtre, quitte même à admettre que « le mauvais goût n'est pas interdit[43] » !

La vocation moralisatrice du théâtre depuis bien longtemps abandonnée par les auteurs, comme les metteurs en scène et les observateurs, n'est plus recherchée que par des contestataires procéduriers ne revenant à l'*Art poétique* de Boileau[44] – à la manière de M. Jourdain – qu'en l'instrumentalisant, tout comme ils instrumentalisent le recours au juge, devenu l'arbitre ultime des querelles qu'ils sont les seuls à vouloir alimenter.

42 V. *supra*, p. 28.

43 TGI de Paris, ord., 7 décembre 2011, *op. cit.*

44 Nicolas Boileau est à l'origine de la fameuse règle des trois unités dans son poème didactique paru en 1674 : « Il faut qu'en un lieu, en un jour, un seul fait accompli tienne jusqu'à la fin le théâtre rempli ».

# LES CONTESTATIONS CONTENTIEUSES D'ASSOCIATIONS REQUÉRANT L'INTERDICTION DES REPRÉSENTATIONS THÉÂTRALES

Le contentieux relatif au spectacle *Sur le concept du visage du fils de Dieu* s'est démultiplié devant tous les ordres et degrés de juridictions, alors que les recours ont été parcimonieux et davantage ciblés sur une partie du texte et de la mise en scène pour *Golgota picnic* et enfin uniquement tournés vers le juge administratif pour *Exhibit B*. Toutes les actions contentieuses ont été déposées par des associations qui se sont systématiquement vues reconnaître un intérêt à agir en raison de l'adéquation de leur objet social aux demandes formulées. Mais si les recours ont tous été admis au titre de la recevabilité, ils ont tous échoué au fond.

## *SUR LE CONCEPT DU VISAGE DU FILS DE DIEU*, UN CONTENTIEUX PLÉTHORIQUE DEVANT LES JURIDICTIONS CIVILES, ADMINISTRATIVES ET PÉNALES

Les contestataires ont rassemblé des arguments multiples en vue de voir prononcée l'interdiction à venir des représentations du spectacle de Romeo Castellucci. Le dramaturge, ainsi que le Théâtre de la Ville ont répliqué tant en revenant aux fondements de la liberté de création artistique, qu'en attaquant les premiers pour obtenir une réparation résultant des actions saccageuses des contestataires.

### LES MOYENS IDENTIQUES DES ASSOCIATIONS REQUÉRANTES DEVANT LES DEUX ORDRES DE JURIDICTION RECHERCHANT L'INTERDICTION DES REPRÉSENTATIONS PARISIENNES SUR LE FONDEMENT DU RESPECT DE LA CROYANCE ET DU PRINCIPE DE DIGNITÉ

L'AGRIF a formé des recours demandant l'interdiction des représentations à Paris tant devant le TGI pour ce qui concerne le Théâtre de la Ville, que devant le Tribunal administratif de Paris s'agissant des représentations au Centquatre en invoquant les mêmes moyens.

#### *Le recours de l'AGRIF devant le TGI de Paris demandant l'interdiction des représentations au Théâtre de la Ville*

Avant même qu'elle ne soit représentée à Paris, la pièce faisait l'objet d'une demande d'interdiction. L'AGRIF a ainsi saisi le Tribunal de Grande instance de Paris, en référé, d'une assignation le 7 octobre 2011 afin que soit prononcée l'interdiction du spectacle programmé du 20 au 30 octobre 2011 au Théâtre de la Ville, au motif qu'il constituerait « un trouble manifestement illicite » et pour « prévenir un dommage imminent », sur le fondement de l'article 809 du Code de procédure civile.

Aucun membre de l'association n'ayant vu le spectacle, l'association se référait uniquement à des critiques parues dans les médias, en particulier dans le magazine *Télérama*, le quotidien *Le Monde* et sur la chaîne de radio *France culture*, analysant le spectacle après ses représentations à Avignon. Elle en a déduit qu'il s'agissait d'un « spectacle constituant un trouble manifestement illicite » et a demandé son interdiction en vue de « prévenir un dommage imminent ». Elle s'est également appuyée devant le tribunal sur des vidéos diffusées sur internet en produisant des copies d'écran.

Les moyens de la requérante ont été articulés dans la présentation qui en a été faite dans la décision juridictionnelle, autour de deux axes : le droit au respect de la croyance et le principe de dignité.

Sur la question du droit au respect de la croyance, la requérante se plaignait de l'attaque gratuite à ce qu'il y a « de plus sacré pour les Chrétiens » qui « vénèrent le Christ comme Fils de Dieu », et de la violation du « droit au respect de la foi chrétienne » qu'elle estimait contraire au principe de laïcité d'une part et au principe de neutralité du service public d'autre part, d'autant plus que le Théâtre de la Ville où avaient lieu les représentations est « sous la tutelle » de la Mairie de Paris et touche des subventions publiques. La requérante n'a pas utilisé à raison le terme de blasphème. Curieusement, c'est le Théâtre de la Ville qui a indiqué dans sa défense que « la demande trouverait en réalité son fondement dans ce que l'association ressent comme un blasphème, délit inexistant en droit français » avant de dénier « l'existence de toute provocation à la haine ou à la violence à l'égard des chrétiens », c'est-à-dire en faisant une référence implicite à la loi Pleven de 1972 permettant comme déjà indiqué de contourner la non reconnaissance du blasphème en droit français[1].

Les requérants ne se sont pas référé explicitement à la jurisprudence de la Cour européenne des droits de l'homme en matière de respect des croyances, alors qu'ils auraient pu exploiter ses ambiguïtés ou tiraillements entre le rappel d'une nécessaire tolérance des croyants (« les croyants doivent tolérer et accepter le rejet par autrui de leurs croyances religieuses et même la propagation par autrui de doctrines hostiles à leur foi[2] »), et la reconnaissance par la Cour de la nécessité d'une action protectrice de l'État pour assurer aux croyants la jouissance paisible de leur liberté de religion[3]. En l'occurrence, l'article 1er de la Constitution française énonce que la France « respecte toutes les croyances », base juridique à laquelle l'association a cru bon de se référer, ce qui relevait d'une belle fantaisie juridique, car elle ne peut évidemment pas avoir de conséquence sur la liberté d'expression de personnes privées dans leur activité artistique. Bien consciente certainement de l'inopérance d'un tel moyen, l'AGRIF a essayé de relier le moyen aux principes de neutralité et de laïcité au motif que le Théâtre de la Ville recevrait des subventions, argument qui était juridiquement plus sérieux.

S'agissant du principe de dignité humaine, après s'être référée à toutes les bases légales nationales (article 16 du Code civil, article 1er du Préambule de la Constitution de 1946, article 227-24 du Code pénal) et européennes (préambule du Pacte international relatif aux droits civils et politiques, article 1er de la Charte des droits fondamentaux de l'Union européenne) relatives au principe de dignité, l'association a contesté de manière très vague l'atteinte à la dignité des acteurs, des vieillards et des hommes en général ! Étonnamment, elle n'a renvoyé

1 *Supra*, p. 59.
2 Cour EDH, 20 septembre 1994, *Otto-Preminger-Institut*, *op. cit.*
3 Cour EDH, 30 janvier 2018, *Sekmadienis Ltd. c. Lituanie*, n° 69317/14.

qu'implicitement à l'affaire *Commune de Morsang-sur-Orge* précitée de 1995, alors que parallèlement, elle l'avait fait explicitement dans son recours contre *Golgota picnic* devant le Tribunal administratif de Toulouse qui a également rendu son jugement à l'automne 2011.

### *Le recours de l'AGRIF devant le Tribunal administratif de Paris demandant l'interdiction des représentations au Centquatre*

L'AGRIF a également déposé le 14 octobre 2011 un référé devant le Tribunal administratif de Paris demandant la suspension, en attendant la décision au fond, de la décision de programmation par le Centquatre du spectacle de Romeo Castellucci. La demande devait obligatoirement être présentée devant la juridiction administrative dans la mesure où la salle parisienne a le statut d'établissement public de coopération culturelle (EPCC). Elle devait également remplir les deux conditions fixées par l'article L. 521-1 du code de justice administrative, à savoir une urgence à statuer et un doute sérieux sur la légalité de la décision. L'association a justifié l'urgence par le fait que les représentations étaient prévues du 2 au 6 novembre 2011, soit une quinzaine de jours plus tard. Elle a utilisé les mêmes moyens que dans son action de la semaine précédente devant le TGI, arguant de la violation du principe de respect des croyances et des objets de vénération, ainsi que du principe de laïcité, comme « constitutive d'un grave trouble à l'ordre public », et de la violation du principe de dignité humaine.

### LA DÉFENSE DES REQUÉRANTS POURSUIVIS POUR ENTRAVES À LA LIBERTÉ D'EXPRESSION AU THÉÂTRE DE LA VILLE

Les requérants ont été poursuivis à leur tour par le Théâtre de la Ville pour voie de fait et entrave au sens de l'article 431-1 du Code pénal, qui suppose une « action concertée en vue d'empêcher totalement l'exercice de la liberté d'expression ».

Ils ont formé un pourvoi contre leur condamnation en première instance, confirmée en appel en prétendant que « le seul trouble momentané dans le déroulement d'un spectacle ne saurait constituer une entrave », que leur comportement relevait de leur liberté d'opinion et que « leur droit à leur liberté de conscience avait été bafoué par l'injure faite à un symbole sacré de leur religion ». Le fait que le spectacle ait pu à chaque fois reprendre et que les représentations n'aient jamais été annulées empêchaient selon eux que l'atteinte à la liberté d'expression des parties civiles puisse être considérée comme disproportionnée.

## *GOLGOTA PICNIC*, UN SPECTACLE-TEXTE TRÈS PARTIELLEMENT ET PARTIALEMENT CONTESTÉ

Le parti Alternativa Española a déposé une plainte devant le tribunal supérieur de justice de Madrid quelques semaines après la création de *Golgota picnic* au Centre dramatique national de Madrid.

Les contestations se sont ensuite présentées en France devant les deux ordres de juridictions. Tandis que les opposants français à *Golgota picnic* ont cherché à obtenir l'interdiction des représentations dans la commune de Toulouse devant le juge administratif des référés, ils ont choisi de soulever parallèlement devant les juridictions judiciaires des moyens concentrés sur la supposée discrimination envers les Chrétiens s'agissant des représentations programmées au Théâtre du Rond-Point.

### LA DEMANDE D'INTERDICTION DES REPRÉSENTATIONS AU THÉÂTRE GARONNE À TOULOUSE DEVANT LE JUGE ADMINISTRATIF DES RÉFÉRÉS

L'Alliance générale contre le racisme et le respect de l'identité française et chrétienne a saisi le 8 novembre 2011 le juge des référés du Tribunal administratif de Toulouse à l'occasion de la programmation de *Golgota picnic* au Théâtre Garonne de ladite commune du 16 au 20 novembre. Elle a attaqué tant la décision administrative du maire de ne pas faire usage de son pouvoir de police pour interdire les représentations, que celle du préfet de Haute-Garonne qui avait estimé que les conditions d'interdiction n'étaient pas réunies.

### LA DEMANDE D'INTERDICTION DES REPRÉSENTATIONS AU THÉÂTRE DU ROND-POINT DEVANT LES JURIDICTIONS JUDICIAIRES SUR LE TERRAIN DE LA DISCRIMINATION À L'ENCONTRE DES CHRÉTIENS

Ayant échoué à faire interdire le spectacle par les organisateurs eux-mêmes – comme ce fut finalement le cas sous la pression en Pologne[4] – et par la voie administrative, l'AGRIF a déposé le 31 octobre 2012 une plainte devant la 17e chambre (dite chambre de la presse) du TGI de Paris contre le Théâtre du Rond-Point avec constitution de partie civile, en poursuivant tant son directeur, Jean-Michel Ribes, que l'éditrice de l'auteur. L'on remarquera que l'auteur n'a quant à lui pas été poursuivi, devenant notablement un « figurant[5] » dans cet enchaînement contentieux.

L'association considérait la pièce blasphématoire, mais sachant pertinemment que le délit de blasphème n'existe pas en droit français, elle s'est fondée sur l'article 24, alinéa 8, de la loi du 29 juillet 1881 incriminant « la provocation à la discrimination, à la haine ou

4 Le spectacle programmé au festival de théâtre « Malta » à Poznan en Pologne a été contesté par des extrémistes catholiques (dont un groupe appelé « croisade des jeunes » qui a lancé une pétition réunissant rapidement plus de 40 000 signatures), ainsi que par les évêques catholiques polonais, les autorités locales et le ministère de la culture. Il a finalement été annulé par le directeur du festival, Michal Merczyński, qui avait pourtant rappelé l'application de l'article 73 de la Constitution garantissant la liberté d'expression culturelle, après l'annonce de l'organisation d'une manifestation devant réunir 50 000 opposants (dont des supporters de football) le soir de la première. Le chef de la police locale aurait indiqué être dans « l'impossibilité d'assurer la sécurité de la manifestation et d'empêcher la violence » (Ewa Majewska, « Art as counterpublics ? Modes of resistance in contemporary culture 1 », *Przeglad Kulturoznawczy*, n° 41 (2019), p. 217-286, § 24). Aurait également été proférée la menace qu'il soit mis feu au centre culturel dans lequel il devait être joué (Gabriele Sofia, « Blasphème, Sacré et Politique : quelques réflexions sur *Golgota Picnic* », *op. cit.*, p. 358). La réaction de passivité et de « censure » du directeur du festival a été très critiquée (Ewa Majewska, « Censorship as the Formative Mechanism of Neoliberal Culture ? : the Productive Function of Prohibition », *Polish Theatre Journal*, 01/2015, p. 4). De manière inédite, le quotidien le plus lu en Pologne a publié le texte de la pièce. En réaction, d'autres groupes de la société civile, des artistes et activistes culturels ont voulu défendre le texte et le spectacle en créant une action appelée « Golgota Picnic – do it yourself » qui a été déclinée dans les théâtres, musées, librairies d'une douzaine de villes polonaises, avec des lectures d'extraits notamment du texte (Ewa Majewska, « Art as counterpublics ? Modes of resistance in contemporary culture 1 », *op. cit.*) et des débats avec le public. Ce succès et cette mobilisation semble-t-il inédite expliquent que Golgota Picnic soit l'une des pièces contemporaines les plus connues, lue et étudiée en Pologne (Ewa Majewska, « A Bitter Victory ? Anti-fascist Cultures, Institutions of the Common, and Weak Resistance in Poland », *Third Text*, 2019, p. 412).

5 Mathilde Barraband, « Incroyable García. Golgotha picnic ou le vacillement référentiel », § 3 *in* : Anna Arzoumanov et Mathilde Barraband (dir.), *Polémique autour d'un « blasphème ». Regards croisés sur l'affaire Golgotha picnic*, *op. cit.*

à la violence à l'égard d'une personne ou d'un groupe de personnes à raison de leur origine ou de leur appartenance ou de leur non appartenance à une ethnie, une nation, une race ou une religion déterminée », qui peut servir de substitut tel que modifié par la loi Pleven comme expliqué précédemment. Elle s'est également appuyée sur la Convention européenne des droits de l'Homme qui dispose en son article 14 que « la jouissance des droits et libertés reconnus dans la présente Convention doit être assurée, sans distinction aucune, fondée notamment sur le sexe, la race, la couleur, la langue, la religion, les opinions politiques ou toutes autres opinions, l'origine nationale ou sociale, l'appartenance à une minorité nationale, la fortune, la naissance ou toute autre situation ».

Sur ce seul terrain possible de discrimination, certains passages de la pièce étaient plus particulièrement visés, que l'on peut identifier ainsi de manière chronologique dans le texte :

> Il [Jésus Christ] n'est d'accord avec personne, il n'aime aucune des illustrations qu'on a réalisées de lui, il est vaniteux. Il approuve, ça oui, la tonalité globale des tableaux et des fresques : une iconographie de la terreur qui part, ironiquement, du mot « amour ». Il a orchestré une parfaite iconographie de la terreur qui durant des siècles a produit des estampes diaboliques où il tient le haut de l'affiche (p. 17, l. 13 à 22)
>
> En tant qu'héritiers d'un tel legs graphique, il ne faut pas s'étonner de voir des gens en pousser d'autres par la fenêtre ou des gens baiser des gosses ou des gens qui ne se contentent pas de flanquer cinquante coups de couteau dans un même corps ou des gens qui aiment tourner des snuffmovies et des gens qui envoient des armées aux quatre coins de la planète et des gens qui engloutissent d'un coup six douzaines de BigMac et des litres de soda noir pour faire passer le tout. Le musée du Prado, le Louvre, le musée des Beaux-Arts de Bruxelles ou d'Anvers, la Galerie des Offices, la pinacothèque Albertina, l'Accademia, la Alte Pinakothek, le Historisches Museum de Vienne, tous ces beaux édifices doivent être livrés aux flammes (p. 18, l. 10 à 25)
>
> Personne ne devrait jamais avoir accès à ces épouvantables tableaux représentant des calvaires, des croix et des larmes, des plaies béantes et des doigts qui fouillent l'intérieur, de la propagande pour la perversion, le tourment et la cruauté, résultat de techniques raffinées (p. 18, l. 26 à p. 19, l. 2)
>
> il y a des visites réservées aux enfants pour que les enfants apprennent à faire le mal (p. 19, l. 12-13)

Se référant à ces quatre passages, le requérant a estimé qu' : « En qualifiant l'iconographie chrétienne d'"iconographie de la terreur" et de "propagande pour la perversion, le tourment et la cruauté", apprenant aux enfants "à faire le mal", en imputant aux "héritiers d'un tel legs graphique" la responsabilité des crimes les plus odieux qui se commettent à travers le monde (assassinats, viols d'enfants, tournages de *snuff movies*, guerres) et en affirmant que les évangiles sont des écrits "sur le dégout que l'on inspire", qui "ourdiront des milliers de mensonges" et qu'"on appellera péchés les actes les plus courants" et "péchés la vérité", les propos litigieux présentent les chrétiens d'hier et d'aujourd'hui comme des personnes pour le moins malfaisantes et dangereuses pour la paix sociale et sont susceptibles de provoquer à leur égard l'hostilité ou le rejet et que de tels propos entrent donc dans les prévisions de l'article 24, alinéa 8, de la loi du 29 juillet 1881 […] ». L'association, entendait en fait viser l'alinéa 7 de l'article 24 de la loi du 29 juillet 1881 (qui a remplacé l'ancien alinéa 8), afin de caractériser la discrimination envers les Chrétiens, c'est-à-dire, en raison de leur religion, dans le but de voir le directeur de théâtre et l'éditrice punis « d'un an d'emprisonnement et de 45 000 euros d'amende ou de l'une de ces deux peines seulement » comme le permet ledit texte.

Le 13 février 2014, le directeur du Rond-Point et l'éditrice des Solitaires intempestifs ont été entendus par la Brigade de répression de la Délinquance contre la personne et mis en examen, puis le réquisitoire et les prévenus ont été renvoyés devant le Tribunal correctionnel de Paris.

## *EXHIBIT B*, UN CONTENTIEUX ADMINISTRATIF EN URGENCE, OPPOSANT LE PRINCIPE DE DIGNITÉ DE LA PERSONNE HUMAINE À LA LIBERTÉ D'EXPRESSION

Le paradoxe de la querelle d'*Exhibit B* est d'avoir opposé des parties et soutiens ayant des objectifs communs, en particulier l'antiracisme, mais qui a pris « différentes formes, chacune porteuse d'une conception du racisme et des moyens de lutte appropriés à cette conception[6] ».

---

6 Maxime Cervulle, « Exposer le racisme. Exhibit B et le public oppositionnel », *op. cit.*, p. 40.

## LES MOYENS ET MOTIVATIONS DES ASSOCIATIONS REQUÉRANTES ET DE LEURS SOUTIENS

Trois associations (le Centre Dumas-Pouchkine des diasporas et cultures africaines (CDPDCA) l'association Alliance noire citoyenne et l'association L'Amozaïk), ainsi qu'un requérant individuel (Mme J. E-F) ont saisi le juge administratif, le 8 décembre 2014, d'un référé-liberté[7], sur le fondement de l'article L. 521-2 du code de justice administrative, pour demander la suspension des représentations de la « prestation » *Exhibit B* au Théâtre du Centquatre prévues du 7 au 14 décembre 2014.

Il faut préciser dans la mesure où cela n'a pas été clairement formulé dans les mémoires des requérants, que la décision administrative attaquée était constituée par la non-acceptation par la mairie de Paris et le préfet de police d'accéder à la demande d'interdiction du spectacle.

La liberté fondamentale en cause invoquée expressément est le principe de dignité de la personne humaine. Dans leur moyen principal, les requérants font un amalgame entre le fait que l'esclavage soit un crime contre l'humanité et ce qui pose selon eux problème dans « la prestation en cause », à savoir qu'elle mettrait « en représentation dans des cages des hommes et des femmes noirs, à l'instar des "zoos humains" de l'époque coloniale ».

S'il est indéniable que depuis la loi dite Taubira du 21 mai 2001, l'esclavage (ainsi que la traite) est reconnu comme un crime contre l'humanité, ce constat n'a aucune incidence dans l'affaire en cause, Brett Bailey n'organisant ni ne faisant la promotion de l'esclavage.

Lors de l'audience, Me Hosni Maati, avocat des associations requérantes est intervenu pour indiquer que le spectacle heurtait « profondément la sensibilité de certaines populations, dont les ancêtres ont été victimes de l'esclavage et du colonialisme ». Il aurait également affirmé selon la presse « ne pas être contre la liberté d'expression », et pour avancer que « des descendants d'un crime contre l'humanité sont heurtés qu'à nouveau on veuille les représenter dans une position d'animaux[8] ».

---

7 Le référé liberté est un recours qui peut être déposé devant le juge administratif à l'encontre d'une décision administrative, en cas d'urgence, à la condition qu'elle porte une atteinte manifestement illégale à une liberté fondamentale. Le juge des référés doit statuer dans les 48 heures, ce qui permet une très grande réactivité quand les libertés fondamentales sont en jeu. Mais il ne s'agit pas d'une décision définitive ; le juge ne statue que provisoirement en attendant de statuer sur le recours au fond.

8 L'Obs avec l'AFP, « "Exhibit B" : les associations déboutées, l'exposition continue », *L'Obs*, 10 décembre 2014.

Si elles sont exactes, l'une et l'autre précision ne manquent pas d'étonner voire de choquer. Il est étrange qu'un avocat ait besoin d'affirmer ne pas être contre la liberté d'expression. Comment pourrait-il affirmer le contraire, ce qui serait contradictoire avec la déontologie élémentaire de sa profession. Et paradoxalement, de fait le recours a pour effet d'exiger des limites à cette liberté d'expression. D'autre part, la seconde phrase révèle ou bien une méconnaissance totale du contenu de l'exposition ou bien une surinterprétation mensongère de l'allégation de reproduction d'un zoo humain car les Afro-descendants ne sont jamais représentés dans une position d'animaux. Rien dans le dossier ou ce qui a été relaté dans la presse ne permet de savoir si l'avocat, à l'image de ses clients, a pris ou non la peine d'assister à l'une des représentations d'*Exhibit B*. Du côté de la défense, la mairie de Paris a soutenu d'une part que la requête était mal dirigée puisqu'elle ne dispose d'aucune compétence à l'effet d'interdire une programmation prévue dans un établissement public de coopération culturelle, tel que le Centquatre et qu'elle n'est pas une autorité de police administrative, ce qui est inexact et d'autre part qu'il n'appartient pas au juge des référés d'interdire un spectacle sans atteinte à une liberté fondamentale. Sur le fond qui concerne la condition de « l'atteinte grave et manifestement illégale à une liberté fondamentale », le mémoire en défense rappelle qu'une conciliation doit être opérée entre les libertés fondamentales, c'est-à-dire en l'occurrence le principe de dignité de la personne humaine et la liberté d'expression, mais qu'en tout été de cause il ne peut y avoir d'atteinte au premier puisque le spectacle « a pour objet de dénoncer, sans ambigüité, le racisme » et que « la mise en scène renforce la dignité des acteurs ».

L'avocat du défenseur, Me Régis Froget, a par ailleurs insisté lors de l'audience sur le fait « qu'aucune "chosification" des personnages ou êtres humains n'est mise en œuvre[9] » et qu'« on ne peut pas réserver la dénonciation des souffrances à ceux qui en ont fait l'objet. Ils n'en ont pas le monopole[10] ». En outre et avec malice l'avocat a non pas suggéré mais estimé « qu'il appartient au juge des référés, s'il l'estime utile, d'assister au spectacle "Exhibit B[11]" ».

9 TA, ord., 9 décembre 2014, *op. cit.*

10 L'Obs avec l'AFP, « "Exhibit B" : les associations déboutées, l'exposition continue », *op. cit.*

11 TA, ord., 9 décembre 2014, *op. cit.*

Enfin, le représentant du préfet de police a indiqué lors de l'audience que ce dernier n'avait pas entendu interdire le spectacle au titre de ses pouvoirs de police, qu'il avait accepté les déclarations de manifestation et que « les troubles à l'ordre public susceptibles d'intervenir à nouveau aux abords du théâtre » pouvaient « être prévenus par des moyens adéquats ».

### UN SOUTIEN PLURIEL ACTIF AUTOUR DE L'ARTISTE BRETT BAILEY

Il convient d'indiquer que préalablement aux recours, et à la différence des précédents spectacles étudiés, différentes associations antiracistes et de défense des droits et libertés, telles la Ligue des droits de l'homme (*via* son Observatoire de la création), la Ligue internationale contre le racisme et l'antisémitisme (Licra) et le Mouvement contre le racisme et pour l'amitié entre les peuples (MRAP) sont intervenues en soutien de l'artiste. La première qui a d'ailleurs organisé une mission de médiation à l'occasion du spectacle, a dénoncé la « campagne d'intimidation » insistant sur le fait que : « Tout artiste doit pouvoir librement représenter une part de l'histoire humaine passée et présente, et chercher à ébranler les consciences, à interroger les préjugés » et qu'en tout état de cause « l'intimidation et le désir de censure sont illégitimes » puisque « c'est dans le débat critique que chacun doit pouvoir s'exprimer[12] ».

Peter Brook fait également partie des défenseurs de Brett Bailey lequel a relayé sur les réseaux sociaux sa lettre de soutien du 25 novembre 2014.

Enfin, du côté des responsables politiques, la maire de Paris Anne Hidalgo et la ministre de la Culture Fleur Pellerin ont également publiquement et fermement déclaré leur soutien à Brett Bailey. La première s'est déclarée « profondément choquée par ces appels à la censure et par les menaces qui les ont parfois accompagnés » considérant les attaques « parfaitement infondées » et considérant qu'Exhibit B « est une performance engagée[13] », que « l'art joue l'un de ses rôles les plus nobles lorsqu'il interroge notre esprit critique et nous confronte au monde dans lequel nous vivons » que « museler l'art constitue une privation dangereuse

---

12 « Contre les préjugés nous avons besoin d'art, de partage et de parole », communiqué de presse de l'Observatoire de la liberté de création, 25 novembre 2014, en ligne : https://www.ldh-france.org/contre-les-prejuges-avons-besoin-dart-partage-parole/ (consulté le 16 juin 2022).

13 Communiqué de presse de la mairie de Paris du 26 novembre 2014.

de la liberté de parole et de pensée » ; la seconde a réaffirmé « avec force les principes fondamentaux de liberté de création et de programmation qui sont la fierté de notre Nation », « des absolus de la République » et condamné « fermement ces tentatives d'intimidation ou de censure » qui « reposent sur des amalgames et des formes d'intolérance qui n'ont pas de droit de cité dans notre République[14] ». Même si ces déclarations sont en partie rhétorique, elles ont le mérite d'avoir été prononcées, ne laissant aucune ambiguïté sur la défense non conditionnelle de la liberté d'expression par les autorités publiques en charge de leur protection.

14 Communiqué de presse du 26 novembre 2014, en ligne : https://www.culture.gouv.fr/Presse/Archives-Presse/Archives-Communiques-de-presse-2012-2018/Annee-2014/Reaction-de-Fleur-Pellerin-aux-attaques-dont-a-fait-l-objet-l-aeuvre-Exhibit-B-de-Brett-Bailey (consulté le 16 juin 2022). La ministre saisit l'occasion pour souligner le « sens » et l' « urgence » du projet de loi sur la liberté de création, l'architecture et le patrimoine qu'elle s'apprêtait à défendre quelques mois plus tard (v. *supra* p. 15 la loi du 7 juillet 2016).

# LES DÉCISIONS JURIDICTIONNELLES : VÉRITABLES ÉPILOGUES DES TROIS QUERELLES DRAMATURGIQUES CONTEMPORAINES

Les contestataires d'aucun des trois spectacles du corpus n'ont obtenu satisfaction tant devant les juridictions judiciaires qu'administratives. Les opposants à *Sur le concept du visage du fils de Dieu* ont non seulement été déboutés de leurs demandes d'interdiction du spectacle, mais également condamnés pour les actes commis à l'occasion de leurs intrusions dans la salle de spectacle. Les contradicteurs de *Golgota picnic* qui avaient multiplié les recours devant les juridictions administratives et judiciaires ont également été systématiquement déboutés sur une longue période de six années. Enfin, le rejet expéditif par le juge administratif de l'urgence de la demande d'interruption de la performance *Exhibit B* fondée sur le principe de dignité renforce comme pour les deux autres contentieux les principes de liberté d'expression et de création.

## LES IMPLACABLES REJETS ET CONDAMNATION DES CONTESTATAIRES DE *SUR LE CONCEPT DU VISAGE DU FILS DE DIEU*

Non seulement les contestataires de *Sur le concept du visage du fils de Dieu* ont vu échouer leurs demandes d'interdiction des représentations du spectacle à Paris devant les juridictions des ordres administratif et judiciaire, mais ils ont en outre été condamnés pour voie de fait par les juridictions judiciaires, du tribunal correctionnel à la Cour de cassation.

## L'ÉCHEC DES DEMANDES D'INTERDICTION DU SPECTACLE *SUR LE CONCEPT DU VISAGE DU FILS DE DIEU* À PARIS

Tant devant les juridictions civiles qu'administratives, les tentatives de requérants de faire interdire les représentations du spectacle à Paris ont échoué.

### *La réponse négative en référé du TGI de Paris concernant la demande d'annulation des représentations au Théâtre de la Ville (ordonnance du 18 octobre 2011)*

Bien que statuant en référé, le Tribunal de Grande Instance de Paris, a longuement répondu à l'assignation délivrée par l'AGRIF, demandant en application de l'article 809 du code de procédure civile l'interdiction d'un « spectacle constituant un trouble manifestement illicite et de prévenir un dommage imminent ». Il a organisé son ordonnance du 18 octobre 2011[1] autour des deux points qui permettaient de réunir les arguments de la requérante.

S'agissant du droit au respect de la croyance, le tribunal a souligné que l'argumentation de l'association qui invoquait comme bases légales l'article 1er de la Constitution sur le respect de toutes les croyances, les articles 2 et 18 du Pacte relatif aux droits civils et politiques et l'article 10 de la CEDH sur la liberté d'expression, pour soutenir que le spectacle violait illégalement le droit au respect de la foi chrétienne, le principe de laïcité et le principe de neutralité du service public, n'était pas étayée d'éléments permettant de démontrer les faits reprochés.

Le tribunal se concentre d'abord sur les faits, comme une juridiction de première instance doit s'attacher à le faire précisément. Or, il constate que les requérants ne s'appuyaient que sur des articles de presse et des copies d'écran de vidéos d'extraits du spectacle qui ne permettaient pas de démontrer par exemple que des excréments ou des crachats auraient été versés sur le portrait du Christ.

Le tribunal revient ensuite sur le strict terrain du droit. S'agissant d'abord du « droit au respect de la croyance », il indique de manière liminaire, après le rappel des différents moyens, que l'incrimination de blasphème n'existe pas en France (« ne représente pas en droit français une incrimination sur

1 TGI de Paris, ord. réf., 18 octobre 2011, *Association générale contre le racisme et pour le respect de l'identité française et chrétienne c/ Association Théâtre de la ville*, n° 11/58240.

laquelle il pourrait s'appuyer pour justifier l'interdiction de ce spectacle ») et qu'il ne peut s'agir non plus d'une « injure à l'égard des chrétiens » au sens des dispositions de la loi du 29 juillet 1881. Ce passage est étonnant d'une part parce que la question du blasphème n'avait pas été directement abordée par l'association mais dans la défense (ce que le tribunal ne restitue pas fidèlement dans une curieuse formule[2]) et d'autre part, parce que la loi de 1881 n'était en tout état de cause pas visée par la requérante. Le tribunal procède donc à deux précisions surabondantes, voire inexactes.

Le tribunal précise enfin pour répondre aux arguments de la demanderesse relatifs au subventionnement du Théâtre de la Ville, que ce dernier ne peut être considéré comme un service public et donc que l'exigence du respect du principe de laïcité est contestable. Le raisonnement est sans doute par trop rapide. S'il ne fait aucun doute que le Théâtre de la Ville n'est pas un établissement public, puisqu'il est constitué en association, cette seule caractéristique ne suffit pas à rendre impossible la qualification de service public. En effet, le Conseil d'État n'est pas resté longtemps fermé sur la position qu'il avait retenue dans son célèbre arrêt *Astruc* semblant condamner les théâtres à ne pouvoir être qualifiés de services publics[3], en reconnaissant la qualification à l'Opéra-Comique quelques années plus tard[4], puis à des théâtres municipaux[5], ainsi qu'à des festivals de musique[6]. La qualification de service public pour une association comme le Théâtre de la Ville, dépend d'un faisceau d'indices, et la seule attribution d'un financement public n'est pas suffisante[7].

En évacuant sans discussion la qualification de service public, le principe de laïcité qui « caractérise un État dans lequel toutes les compétences politiques et administratives sont exercées par des autorités laïques sans participation ni intervention des autorités ecclésiastiques et sans

2 « [...] l'association demanderesse ne disconvient pas du fait que le blasphème auquel pourrait s'assimiler les faits de son point de vue ».

3 CE, 7 avril 1916, *Astruc et Société du Théâtre des Champs-Élysées c. ville de Paris*, *op. cit.*

4 CE, 27 juillet 1923, *Gheusi*, Lebon, p. 638.

5 V. les exemples relevant de la notion de « service public culturel » *in* : Jean-François Auby, *Le droit public de la culture*, Boulogne Billancourt, Berger Levrault, 2016, § 72 s.

6 Par exemple l'association pour le festival international d'art lyrique et l'académie européenne de musique d'Aix-en-Provence : CE, Sect., 6 avril 2007, *Commune d'Aix-en-Provence*, n° 284736.

7 Il faut depuis l'arrêt du Conseil d'État, *Ville de Melun* (CE, 20 juillet 1990, n° 69867) que l'association ait été créée par la personne publique, que ses ressources en proviennent de manière significative, et que ses modalités de fonctionnement révèlent par sa composition une absence d'autonomie véritable par rapport à la personne publique, même s'il n'existe pas de prérogatives de puissance publique (critère jusqu'alors applicable).

immixtion dans les affaires religieuses[8] » ne trouvait pas à s'appliquer. En tout état de cause, même si le Théâtre de la Ville s'était vu reconnaître la qualité de service public, il eut été difficile de lui appliquer le principe de laïcité, qui doit certes s'appliquer aux agents du service, mais nullement à un créateur de l'un des spectacles de la saison de la structure culturelle. On ne peut imaginer une telle application que si l'intégralité de la programmation annuelle allait à l'encontre dudit principe. Cette question n'a toutefois pas été discutée.

Dès lors, le tribunal considère simplement que sur ce premier terrain du respect de la croyance, l'interdiction demandée serait une « mesure radicale », en réalité « tout à fait disproportionnée ».

Sur le second point relatif à « l'atteinte à la dignité », le juge considère que le moyen sur « la préservation de la dignité d'acteurs professionnels qui ont librement accepté d'interpréter les personnages ainsi mis en scène » est inopérant.

S'appuyant sur l'argumentation du Théâtre de la Ville, le TGI rappelle qu'il s'agit d' « une œuvre de fiction à prétention artistique » et donc « d'une représentation de la déchéance pouvant affecter les personnes âgées » et qu'il ne s'agit donc pas d'humilier ou de stigmatiser des individus. Il s'agit au contraire « de provoquer chez les spectateurs la réflexion sur la condition humaine, au travers certes d'une confrontation directe à la dure réalité représentée, pouvant heurter la sensibilité de ceux-ci, mais sans pour autant qu'il puisse être retenu l'existence d'un trouble ».

Dès lors, le Tribunal de Grande instance de Paris rejette la demande de la requérante jugeant qu'il n'y a pas lieu à référé du fait de « l'absence de trouble manifestement illicite », ce qui n'a donc pas permis à l'association d'obtenir l'annulation des représentations programmées.

### *La réponse négative en référé par le Tribunal administratif de Paris concernant les représentations au Centquatre (ordonnance du 28 octobre 2011)*

Le Tribunal administratif de Paris a rejeté strictement et de la manière la plus synthétique qui soit les prétentions de la requérante de faire interdire par les représentations programmées par le Centquatre

8 Gérard Cornu, *Vocabulaire juridique*, *op. cit.*, p. 502.

du 2 au 6 novembre 2011, sans les discuter, considérant « qu'en l'état de l'instruction aucun des moyens invoqués n'est de nature à faire naître un doute sérieux quant à la légalité de la décision attaquée ».

L'association s'est ensuite désistée de son recours au fond, dont a pris acte le Tribunal administratif de Paris par une ordonnance du 28 février 2012[9].

### LES CONDAMNATIONS DES CONTESTATAIRES POUR VOIES DE FAIT DEVANT LES JURIDICTIONS PÉNALES

La voie de fait en droit judiciaire résulte d'un « comportement s'écartant si ouvertement des règles légales, qu'il justifie de la part de celui qui en est la victime le recours immédiat à une procédure d'urgence afin de faire cesser le trouble qui en résulte[10] ». Elle a été retenue contre les contestataires tant en première instance, qu'en appel et est devenue définitive en cassation.

#### *Les condamnations en première instance par le Tribunal correctionnel de Paris (2013)*

À l'occasion de chaque soir de représentation au Théâtre de la Ville en 2011, les forces de l'ordre, présentes pour assurer la sécurité des spectateurs et du personnel, avaient procédé à de nombreuses interpellations pour vérifications d'identité ou « violences sur dépositaire de l'autorité publique » (comme le 21 octobre pour 9 personnes sur 22 interpelées) ou « entrave à la liberté d'expression » (comme les 22 et 23 octobre pour une vingtaine de personnes qui étaient montées sur scène ou avaient tenté de le faire, avaient prié, chanté, crié au blasphème et à la christianophobie) ou manifestation non déclarée (138 personnes arrêtées le 25 octobre 2011).

Finalement en 2013, 34 prévenus ont été présentés devant la 24e chambre du Tribunal correctionnel de Paris, poursuivis par le Théâtre de la Ville pour « voies de fait, destructions ou dégradations » et entrave à la liberté d'expression, permettant de requérir jusqu'à 3 ans d'emprisonnement et 45 000 euros d'amende en application de l'article

---

9 TA de Paris, ord., 28 février 2012, *Alliance générale contre le racisme et le respect de l'identité*, n° 1118097.

10 Gérard Cornu, *Vocabulaire juridique*, *op. cit.*, p. 910.

431-1 du Code de procédure pénale, sachant que le Ministère public n'avait pas requis plus de 5 000 euros.

Le 21 juin 2013, le Tribunal correctionnel a prononcé des peines d'amendes allant de 200 à 2 000 euros contre 32 des 34 personnes jugées.

### *La confirmation de la majorité des condamnations de première instance par la Cour d'appel de Paris (2016)*

Le 11 mai 2016, la Cour d'appel de Paris a condamné 25 prévenus pour « entrave concertée avec violences ou voie de fait à la liberté d'expression », en confirmant les peines d'amendes prononcées par le juge de première instance.

Elle a jugé que l'entrave à la liberté d'expression « ne suppose pas nécessairement une action ayant rendu impossible l'exercice de cette liberté, la perturbation et l'interruption du spectacle », les simples interruptions du spectacle par les prévenus suffisaient donc à caractériser l'entrave. En l'occurrence, le fait de « monter sur la scène », de manifester de telle sorte que cela nécessite l'intervention des services de sécurité, marquent la volonté « d'entraver un spectacle qui ne leur était nullement imposé ».

Par ailleurs, la Cour d'appel a considéré que les prévenus avaient d'autres moyens pour exprimer leur désapprobation comme la possibilité de pouvoir quitter individuellement la salle. C'est ainsi qu'elle a relaxé trois prévenus qui avaient quitté le théâtre en modérant l'exercice de leur liberté d'expression, même si certains avaient exprimé leur indignation par une phrase, du type « c'est un scandale ».

### *La confirmation définitive des condamnations en appel par la Cour de cassation (2017)*

La Cour de cassation a confirmé les condamnations dans une décision du 28 juin 2017 en rappelant que cette notion d'entrave « ne suppose pas nécessairement une action ayant rendu impossible l'exercice de cette liberté, la perturbation ou l'interruption d'un spectacle dans la limite de la résistance opposée aux perturbateurs correspondant à l'infraction[11] », et

11 Cour de cassation, chambre criminelle, 28 juin 2017, n° 16-83680 reprenant la décision de la Cour d'appel. V. *infra*.

en rejetant le pourvoi des 25 personnes condamnées par la cour d'appel, permettant ainsi de clore définitivement l'affaire sur le plan judiciaire.

La Cour de cassation ne revient pas, comme les juridictions inférieures, sur le contenu de la pièce, mais uniquement sur le comportement des intéressés afin de qualifier le degré d'intrusion dans l'exercice de la liberté d'expression pour contrôler si la décision de la cour d'appel, sans revenir sur son appréciation souveraine des faits et circonstances de la cause, n'a pas méconnu les dispositions légales ou conventionnelles, visées dans le moyen unique de cassation, à savoir l'article 10 de la Convention européenne des droits de l'Homme (sur le droit à la liberté d'expression et d'opinion) et l'article 431-1 du code pénal (délit d'entrave à l'exercice de la liberté d'expression).

La Cour de cassation constate dès lors de manière lapidaire que la cour d'appel a « sans insuffisance ni contradiction, caractérisé, en tous ses éléments, tant matériel qu'intentionnel, le délit d'entrave concertée avec voie de fait à la liberté d'expression dont elle a déclaré les prévenus coupables ».

C'est à compter de ces condamnations de la requérante, qui a donc vu tous ses autres recours rejetés, que l'on peut dater l'épilogue contentieux relatif au spectacle *Sur le concept du visage du fils de Dieu* de Romeo Castellucci.

Parallèlement, l'affaire *Golgota picnic* a connu une saga juridictionnelle qui s'est déroulée suivant une chronologie équivalente.

## L'INTERMINABLE ÉPILOGUE CONTENTIEUX DE *GOLGOTA PICNIC* CONSACRANT LA PRÉSERVATION DE LA LIBERTÉ D'EXPRESSION

Le contentieux *Golgota picnic* s'est étalé dans le temps depuis le rejet au printemps 2011 par le Tribunal supérieur de Madrid à la suite de la plainte du parti Alternativa Española lors de la création du spectacle[12],

12 Le rejet du 29 mars 2011 par le Tribunal supérieur de Madrid qui a qualifié de « *burla* » (dérision) à l'égard des Chrétiens est cité par Mathilde Barraband et Jean-Yves Camus, « Le combat culturel des traditionnalistes catholiques. L'affaire Golgotha picnic, un coup

jusqu'au long franchissement des différents degrés des juridictions judiciaires françaises entre 2011 et 2017 concernant les représentations à Paris, en passant par le rejet rapide devant le juge administratif des référés en 2011 concernant les représentations à Toulouse, ce qui aboutit à un total de sept décisions juridictionnelles.

### LE REJET DE LA DEMANDE D'INTERDICTION DES REPRÉSENTATIONS À TOULOUSE PAR LE JUGE ADMINISTRATIF DES RÉFÉRÉS (2011)

Le juge des référés du Tribunal administratif de Toulouse qui avait été saisi par l'AGRIF en vue d'interdire les représentations du spectacle au Théâtre Garonne à Toulouse, a rejeté sa demande le 15 novembre 2011[13] en considérant que la condition dite du « doute sérieux » n'était pas remplie. Cette condition est nécessaire pour qu'une mesure d'urgence soit prononcée par le juge administratif, avant qu'il ne statue au fond sur un recours en annulation (portant sur la légalité des décisions administratives) sur lequel s'appuie nécessairement le référé. En l'espèce, aucun des moyens énoncés par les parties n'a été discuté par le juge des référés qui s'est donc contenté de rappeler les pouvoirs respectifs du maire et du préfet en matière de police administrative en cas de risque de trouble à l'ordre public, et de la conciliation nécessaire avec « la préservation de l'exercice des libertés fondamentales, au nombre desquelles figure la liberté d'expression ».

L'association a en outre été condamnée aux dépens, consistant en le versement de la somme de 1 200 euros à la commune.

L'AGRIF s'est désistée de son recours au fond en janvier 2012 au motif que les représentations avaient déjà eu lieu. Le Tribunal administratif de Toulouse a pris acte du désistement de l'association requérante le 24 février 2012, tout en la condamnant à nouveau aux dépens, c'est-à-dire à verser 1 000 euros à la commune de Toulouse[14], condamnation que l'AGRIF a attaquée devant la cour administrative d'appel, laquelle lui a donné raison dans une décision du 14 juin 2013 ordonnant à la mairie de Toulouse de reverser les dépens à l'association[15].

---

de force ? », note 30 *in* : Anna Arzoumanov, Mathilde Barraband (dir.), *Polémique autour d'un « blasphème ». Regards croisés sur l'affaire Golgotha picnic, op. cit.*

13 TA de Toulouse, ord., réf., 15 novembre 2011, n° 1105012.

14 TA de Toulouse, ord., 24 février 2012, n° 1105013.

15 CAA de Toulouse, 6e chambre, 14 juin 2013, n° 12BX01022.

## LES REJETS DES DEMANDES D'INTERDICTION DES REPRÉSENTATIONS À PARIS PAR LES JURIDICTIONS JUDICIAIRES (2011 À 2017)

Sur le terrain judiciaire, les recours déposés contre *Golgota picnic* ont permis de voir réaffirmée l'importance de la liberté d'expression que ce soit en réponse aux arguments de christianophobie ou de pornographie visant le spectacle et le texte à l'occasion d'un recours devant la juridiction civile demandant l'interdiction du spectacle, ou aux moyens d'incitation à la haine visant l'auteur, l'éditeur et le metteur en scène, qui ont fait intervenir tous les degrés des juridictions pénales. Les rejets ont eu pour effet commun de protéger au maximum les libertés d'expression et de création, en débattant abondamment du caractère fictionnel de l'œuvre, à la différence de sa mobilisation limitée dans le débat public[16].

### *Le rejet de la demande d'interdiction des représentations à Paris par le TGI de Paris (2011)*

À l'audience de décembre 2011 devant le Tribunal de grande instance de Paris[17], le ministère public a ainsi planté le décor en lançant : « le mauvais goût n'est pas interdit » après avoir affirmé « qu'il ne peut être reproché à l'auteur de vouloir choquer et provoquer le public sans chercher à flatter ce dernier ».

Le juge a considéré que si l'association était bien recevable à agir, son action n'était pas fondée car elle ne justifiait « pas de l'existence d'un trouble manifestement illicite », s'agissant tant des obligations s'imposant au Théâtre du Rond-Point en qualité d'exploitant de spectacles vivants, puisque les représentations n'ont pas été administrativement interdites et le théâtre n'a fait l'objet d'aucune condamnation pénale ni poursuites, non plus que l'auteur. Le juge constate en outre qu'aucune action n'a été engagée sur le fondement de la loi de 1881 pour provocation à des crimes ou délits, diffamation ou injures, ce qui est une précision surabondante.

S'appuyant sur les bases juridiques de la liberté d'expression (Déclaration des droits de l'homme de 1789, CEDH, Constitution de

16 Comme le font remarquer : Anna Arzoumanov, Mathilde Barraband, Marty Laforest, « Mais c'est une fiction ! Mobilisation et démobilisation d'une notion controversée dans l'affaire Golgotha picnic » *in* : Anna Arzoumanov et Mathilde Barraband (dir.), *Polémique autour d'un « blasphème ». Regards croisés sur l'affaire Golgotha picnic, op. cit.*

17 TGI de Paris, 7 décembre 2011, n° 11/59621.

1958) inventoriées par l'association requérante, le TGI vient consacrer la liberté d'expression comme « fondement essentiel d'une société démocratique » suivant la formule traditionnellement employée par la Cour européenne des droits de l'homme[18]. Pour ce faire, le juge prend le temps d'insister sur les composantes ou caractéristiques d'une œuvre de création, afin de prouver le caractère fictionnel du spectacle de Rodrigo García, en donnant des critères concrets, raisonnement qui s'éloigne nécessairement de la jurisprudence la plus proche en matière littéraire dans les contentieux abondants visant à voir condamnés des récits dont la fictionnalité est remise en cause, en raison de la violation de la vie privée ou du caractère diffamatoire des propos[19]. L'examen de la fictionnalité théâtrale se place sur un autre terrain qui vise à identifier au-delà du texte, tout ce qui l'entoure, à savoir son interprétation, sa mise en scène, sa scénographie, c'est-à-dire finalement toute la valeur ajoutée du spectacle vivant par rapport à un simple écrit.

> En l'occurrence, la représentation de la pièce de M. A B telle que la sté Théâtre du Rond-Point envisage de la produire comporte un texte dit par des acteurs, elle est mise en scène par l'auteur, elle est jouée par des acteurs, dans un décor, interprétant une chorégraphie sur un extrait musical, et elle comprend la projection de films préenregistrés ou issus de l'enregistrement fait sur scène par les acteurs eux-mêmes de leur personnage. Enfin, une longue séquence en deuxième partie est exclusivement consacrée à l'interprétation d'une œuvre musicale.
>
> Ainsi, il ne peut faire de doute dans l'esprit du spectateur qu'il s'agit bien d'une œuvre de fiction, qui ne restitue pas la seule expression de la pensée de l'auteur ou de quiconque, mais qui est une création composée d'un ensemble d'éléments ayant vocation à permettre au spectateur de ressentir les interrogations, opinions et sensations que des personnages inventés par l'auteur traduisent par la parole et le geste dans un contexte musical et visuel spécifique.

Cette démonstration s'achève par l'affirmation de la liberté du créateur, de manière sommes toutes un peu curieuse, puisque la limite de la liberté d'expression reconnue au dramaturge tenant aux obligations législatives est en réalité applicable à tout autre individu :

---

18 Ainsi que cela a été rappelé *supra*, p. 108.

19 V. par exemple la condamnation pour diffamation de Mathieu Lindon en 1999 pour son livre intitulé *Le procès de Jean-Marie Le Pen* ou encore celle de Régis Jauffret pour son roman *La ballade de Rickers Island* obtenue par Dominique Strauss-Kahn en 2016. La jurisprudence en matière littéraire n'est cependant pas linéaire.

> L'auteur d'une telle création n'est tenu de se conformer à aucune opinion, foi, esthétique ou morale déterminée, et il n'est limité que par les obligations imposées par la loi.

Le TGI passe ensuite au fond, c'est-à-dire au contenu des propos contestés, tenus par certains personnages, en divisant sa lecture en deux temps, correspondant d'une part aux accusations de christianophobie et d'autre part à la prétendue dimension pornographique du spectacle.

D'emblée, le tribunal fait référence au « *ton parodique* » de la pièce et à l'absence d'ambigüité pour le spectateur (« *nul ne* » peut « *se tromper sur le fait…* ») s'agissant de son caractère fictionnel « *et non de l'affirmation d'une vérité historique ou de la négation de l'objet de la foi des croyants des religions chrétiennes* ». Le tribunal procède à d'autres interprétations dont la pertinence peut interroger, notamment quand il précise que les propos tenus par les personnages le sont de « *manière très calme* ». *Quid* d'une forme violente ? Eut-elle changé la conclusion selon laquelle ils « *n'apparaissent pas de manière évidente comme étant une critique des chrétiens d'aujourd'hui* » ? Par ailleurs, cela laisse entendre que le juge a assisté au spectacle alors qu'ensuite il se réfère explicitement à la seule lecture du texte de la pièce.

En effet, le tribunal croit bon de devoir ajouter qu'« *Il convient de surcroît d'observer qu'il ressort de la lecture de la pièce que l'auteur, exprime principalement des sentiments d'angoisse, d'incompréhension et d'abandon nourrissant une vision nihiliste du monde, qu'il met en relation avec une représentation du Christ et de la Passion qui lui est personnelle et qui constitue l'essence même de sa création* », avec une citation à l'appui, comme pour mieux nier les attaques contre la religion chrétienne et les Chrétiens.

S'agissant de la dimension prétendument pornographique, le tribunal se contente de lister les passages faisant apparaître de manière plus ou moins longue et ostensible, la nudité des comédiens, afin de conclure que « *Si ces scènes peuvent provoquer une gêne chez certains spectateurs, ou être critiquées pour des raisons artistiques voire leur absence de lien avec le sujet, il ne peut être soutenu qu'il s'agit de manquements à une règle existante, l'exposition de la nudité n'étant pas en soi interdite dans un spectacle* ». Il n'est procédé à aucune analyse esthétique de l'utilisation de la nudité dans une démarche artistique ou pornographique par le juge.

Rappelant *in fine* que le spectacle auquel il a été fait peu de publicité, n'est accessible qu' « aux seuls spectateurs ayant choisi de s'y rendre moyennant un prix non négligeable », le tribunal a jugé qu'il n'y avait pas lieu à référé car toute mesure d'interdiction s'avérerait disproportionnée.

### *Le rejet par les juridictions pénales des incriminations de provocation à la discrimination, à la haine et à la violence (2015 à 2017)*

C'est sur le fondement pénal de l'alinéa 7 de l'article 24 de la loi du 29 juillet 1881 (issu de la modification introduite par la loi Pleven de 1972[20]) qui sanctionne le cas échéant les provocations à « discrimination, à la haine ou à la violence » à l'égard d'un groupe de personnes à raison de leur appartenance à « une religion déterminée » que l'AGRIF a poursuivi le directeur du Théâtre du Rond-Point, l'éditeur des Solitaires intempestifs et Rodrigo García devant le Tribunal de grande instance de Paris, lequel a prononcé la relaxe, confirmée par la Cour d'appel et la Cour de cassation rejetant l'existence d'une provocation, en raison principalement de l'absence de stigmatisation d'une communauté et du caractère fictionnel de l'œuvre incriminée.

#### – La relaxe prononcée par le Tribunal de grande instance de Paris (2015)

Le Tribunal de grande instance de Paris a prononcé en sa 17$^{e}$ chambre, le 10 décembre 2015[21], la relaxe de Jean-Michel Ribes qui était poursuivi pour provocation à la haine envers les Chrétiens pour avoir fait jouer *Golgota picnic* dans son théâtre quatre ans plus tôt, et de l'éditrice aux Solitaires intempestifs du texte de Rodrigo García, *« connu pour son irrévérence, son goût de la provocation »*.

Après avoir indiqué que tirés d'une *« œuvre de fiction à vocation purement artistique »*, *« la plupart des propos poursuivis »* ont *« à l'évidence une dimension*

20 V. *supra*, p. 118.

21 La décision du TGI du 10 décembre 2005 n'a pas été publiée (et n'est donc pas reproduite en annexe) mais est citée dans la presse généraliste, dans le communiqué de la LDH du 10 décembre 2015 (consulté le 16 juin 2022 : https://www.ldh-france.org/golgota-picnic-rogrigo-garcia-liberte-creation-triomphe-contre-les-integristes-catholiques/) et dans *Légipresse* (2016, n° 334).

*humoristique ou satirique interdisant de les prendre au pied de la lettre* », il a conclu qu'ils ne peuvent « *de ce fait induire une quelconque animosité ou sentiment de rejet à l'égard de ceux qui vénèrent le Christ* », c'est-à-dire que le juge a rejeté l'existence d'une provocation, à la fois parce qu'il n'existe pas d' « acte positif » (« d'incitation [...] qui implique que le propos suscite à tout le moins, un sentiment d'hostilité et de rejet à l'égard de la communauté visée »), et parce que les propos ne visent pas spécifiquement les Chrétiens.

En outre, la chambre correctionnelle a indiqué à la suite du ministère public – demandant la relaxe sur le fondement de la préservation de la liberté de création et le caractère fictionnel de l'œuvre – que « *ni le théâtre, ni l'auteur ni l'éditeur ne sont tenus de se conformer à des normes religieuses ou morales* », « *sauf à soumettre la liberté de création à une censure intrinsèquement antinomique à l'échange d'idées et d'opinions indispensable à toute société démocratique* ».

Déboutée, l'AGRIF a fait appel le même jour du jugement de première instance et demandé l'octroi de dommages-intérêts, tandis que Jean-Michel Ribes et l'éditrice ont également demandé des dommages-intérêts pour abus de constitution de partie civile (comme le permet l'article 472 du Code de procédure pénale) ainsi que les frais prévus par l'article 800-2 du Code de procédure pénale.

– La confirmation par la Cour d'appel de Paris (2016)

À la suite de son audience du 11 mai, la Cour d'appel de Paris a rendu sa décision le 22 juin 2016[22] confirmant le jugement de première instance. Elle a insisté elle aussi sur le caractère fictionnel de l'œuvre « *à vocation artistique ne prétendant, en tant que telle, à l'affirmation d'aucune vérité mais participant de l'échange des idées et opinions indispensable à toute société démocratique sous réserve des seules limites fixées par la loi* ».

Elle a ensuite posé un regard interprétatif sur les passages incriminés en jugeant que les « *propos, quelque provocateurs, voire choquants pour certains chrétiens, qu'ils soient, se rapportent à une image de Jésus Christ totalement inventée et désacralisée, de sorte qu'ils ne peuvent être pris au pied de la lettre, ni induire une quelconque animosité ou sentiment de rejet à l'égard de l'ensemble des personnes*

22 La décision de la cour d'appel n'ayant pas été publiée, l'on se réfère aux extraits cités par la Cour de cassation dans sa décision n° 16-84945 *infra* et à *Légipresse* (2017, n° 355).

*qui se réclament de celui-ci ; qu'ils ajoutent que ceux relatifs à l'iconographie religieuse, présentée comme cruelle et perverse, ne peuvent être interprétés comme visant précisément et spécifiquement les chrétiens, dès lors que le legs graphique ainsi dénoncé participe de l'héritage culturel commun au monde occidental* ».

La cour d'appel a rejeté les demandes en dommages-intérêts de toutes les parties.

L'AGRIF s'est pourvue en cassation.

– L'épilogue par la Cour de cassation (2017)

La chambre criminelle de la Cour de cassation a rejeté le pourvoi de manière définitive dans une décision du 14 novembre 2017[23] et a condamné l'AGRIF à payer la « somme globale » de 2000 euros aux défendeurs en application de l'article 618-1 du code de procédure pénale. Après avoir rappelé le moyen unique en cassation de la requérante et listé tous les passages du texte incriminés avec les numéros de pages et de lignes concernés, la Cour de cassation se contente de citer partiellement la cour d'appel et de conclure : « *qu'en l'état de ces énonciations, exemptes d'insuffisance comme de contradiction, et dès lors que, par leur sens et leur portée, les propos litigieux ne tendent pas à exhorter autrui à la discrimination, à la haine ou à la violence à l'égard d'un groupe déterminé de personnes en raison de leur appartenance religieuse, la cour d'appel a jugé à bon droit qu'ils ne constituent pas une faute civile entrant dans les prévisions de l'article 24, alinéa 8, devenu alinéa 7, de la loi du 29 juillet 1881, fondement de la poursuite* ».

En cela, la juridiction suprême a rendu une décision confirmant le dernier état jurisprudentiel sur ce qu'est une « provocation », ce qui est préjudiciable « aux croyants quels qu'ils soient, et de ce qui doit être sanctionné sur le terrain de la loi sur la presse du 29 juillet 1881[24] ». Cela ne relevait pas de l'évidence, car comme l'ont exhaustivement démontré Nathalie Droin et surtout Arnaud Latil[25] distinguant à l'appui de

23 Cour de cassation, chambre criminelle, 14 novembre 2017, nº 16-84945.

24 Nathalie Droin, « Irrévérence et satire *versus* blasphème et christianophobie. L'issue attendue de l'affaire Golgotha picnic devant le juge de la presse », § 7 *in* : Anna Arzoumanov, Mathilde Barraband (dir.), *Polémique autour d'un « blasphème ». Regards croisés sur l'affaire Golgotha picnic*, *op. cit.*

25 Arnaud Latil, « Exprimer, provoquer ou exhorter. L'affaire Golgotha picnic à la lumière de la mutation du délit de provocation à la haine », § 10-13 *in* : Anna Arzoumanov, Mathilde Barraband (dir.), *Polémique autour d'un « blasphème ». Regards croisés sur l'affaire Golgotha picnic*, *op. cit.*

l'évolution jurisprudentielle une conception « essentialiste » (large) d'une conception « existentialiste » (stricte), l'établissement de l'existence d'une provocation a fait l'objet de fluctuations en jurisprudence (allant de la simple suggestion d'un sentiment de rejet à l'exhortation à la discrimination) tant devant les juges du fond, que devant la Cour de cassation qui ont un temps retenu l'interprétation la plus large, qui pouvait sembler correspondre davantage aux engagements internationaux de la France et à la jurisprudence de la Cour européenne des droits de l'homme[26].

Dans ce contentieux, la différence de conception entre les juges du fond et la Cour de cassation est présente. Tout en approuvant leur décision, la Cour retient une conception plus stricte de ce qu'est la provocation, en la fondant sur « l'exhortation » à la discrimination, la haine ou la violence et pas seulement sur un « sentiment de rejet », ce qui concrètement est extrêmement différent puisque l'incitation suppose un passage à l'acte, c'est-à-dire la probabilité d'actes de violence. En l'occurrence, une telle exhortation dans le spectacle de Rodrigo García ne pouvait évidemment être juridictionnellement retenue, indépendamment du fait de se fonder ou pas sur le caractère fictionnel de l'œuvre, ce que la Cour de cassation s'est curieusement refusée à faire à la différence de la cour d'appel.

## LE DÉNOUEMENT RAPIDE PAR LE JUGE ADMINISTRATIF DES RÉFÉRÉS DE LA QUERELLE D'*EXHIBIT B* FAISANT PRÉVALOIR LES LIBERTÉS D'EXPRESSION ET DE CRÉATION SUR LA DIGNITÉ DE LA PERSONNE HUMAINE

L'affaire *Exhibit B* n'a engendré que deux décisions juridictionnelles et toutes deux devant le juge administratif des référés. Tant le Tribunal administratif de Paris en première instance que le Conseil d'État en appel saisis de la demande de suspension des représentations au Centquatre à Paris, ont rejeté le motif de non-respect du principe de dignité de la personne humaine, pour faire prévaloir les libertés d'expression et de création.

26 V. l'étude très fouillée sur ce point d'Arnaud Latil, *ibid.*

## L'ORDONNANCE DE RÉFÉRÉ DU TRIBUNAL ADMINISTRATIF DE PARIS DU 9 DÉCEMBRE 2014

Saisi d'un référé liberté par quatre requérants comme indiqué *supra*, le Tribunal administratif de Paris a rendu une ordonnance de rejet le 9 décembre 2014[27].

Après avoir entendu les parties, ainsi que la directrice de production du Centquatre sur la proposition de l'avocat de la défense, qui a pu ainsi éclairer le juge des référés sur la présentation technique de « la mise en scène », le juge des référés a dans un premier paragraphe (4) rappelé les principes et dans un second (5) procédé à l'analyse factuelle conduisant au dispositif.

Dans un premier temps, le juge administratif a souhaité indiquer que « l'exercice de la liberté d'expression et de la liberté de création est une condition de la démocratie et l'une des garanties du respect des autres droits et libertés », puis que « les atteintes portées, pour des exigences d'ordre public, à l'exercice de ces libertés fondamentales doivent être nécessaires, adaptées et proportionnées ». Il s'agit d'un rappel classique selon lequel les libertés fondamentales ne sont pas absolues et peuvent être limitées par d'autres exigences, à condition qu'elles soient proportionnées.

Le juge enchaîne avec un raisonnement *a contrario* qui n'a rien à voir avec les faits d'espèce pour prendre le contrepied de l'accusation de racisme formulée implicitement par les requérants, en indiquant :

> une représentation théâtrale ou manifestation artistique, au cours de laquelle sont proférés des propos de caractère raciste, qui incitent à la haine raciale, ou dont le parti-pris ou la mise en scène tendent à faire l'apologie du racisme, en méconnaissance de la dignité de la personne humaine, peut, dans cette mesure, faire l'objet d'une interdiction si une telle mesure est seule de nature à préserver l'ordre public.

On déduit et on comprend avant même de lire le paragraphe suivant, que l'absence de propos racistes ou d'incitation à la haine n'est pas de nature à porter atteinte au respect du principe de dignité de la personne humaine.

Le juge des référés procède ensuite à une synthèse factuelle du spectacle (tableaux vivants, acteurs noirs, immobilité, panonceaux de présentation, déambulation, salle de réflexion), avant de glisser vers une

27 TA de Paris, ord., 9 décembre 2014, *Centre Dumas-Pouchkine des diasporas et cultures africaines et autres*, n° 1430123 (en annexe).

approche d'analyse esthétique. Cette dernière débute par la référence au fait qu'il est soutenu que la « mise en scène s'inscrit, au plan formel, dans une certaine continuité avec les zoos humains » et se poursuit par une formulation qui ne laisse pas de place au doute sur le positionnement du juge : « la représentation artistique en cause a pour objet de dénoncer, sans ambigüité, l'asservissement des populations noires lors de la période coloniale ainsi que des traitements contraires au principe de respect de la dignité humaine ou aux droits de l'homme dans le monde contemporain ». Un exemple concret (accompagnement du tableau vivant d'une femme noire derrière un grillage munie de produits de nettoyage par « un panonceau dénonçant l'Apartheid en Afrique du Sud ») est donné dans le même paragraphe *in fine* pour appuyer cette interprétation aboutissant au rejet de celle des requérants.

Le juge des référés déduit donc logiquement que « la représentation artistique » « ne porte pas atteinte au respect de la dignité de la personne humaine » (dont il rappelle un peu plus loin qu'elle est consacrée dans la Déclaration des droits de l'homme et dans la tradition républicaine) et que les autorités administratives n'ont pas commis en n'interdisant pas les représentations, d'illégalité grave et manifeste, même si la performance « peut être perçue par les spectateurs ou ses détracteurs comme suscitant, du fait des spécificités de la mise en scène et des sujets abordés, une très forte émotion ».

Ce développement peu juridique est néanmoins intéressant pour deux raisons d'inégale importance. La première est que le juge des référés fait une distinction entre les spectateurs et les détracteurs, ce qui permet de souligner malicieusement que les seconds ne doivent pas être confondus avec les premiers qu'ils n'ont pas été pour la plupart. D'autre part, il souligne les effets provoqués par ce spectacle qui relève autant de la performance que du théâtre, ce qui renvoie implicitement à la question cathartique mentionnée *supra*.

Dès le lendemain de la lecture de l'ordonnance de référé, les associations ont formé un appel devant le Conseil d'État.

## L'ORDONNANCE DU CONSEIL D'ÉTAT DU 11 DÉCEMBRE 2014 CONFIRMANT L'ORDONNANCE DU TRIBUNAL ADMINISTRATIF

Le juge des référés du Conseil d'État, saisi le 10 décembre 2014 en appel de l'ordonnance du Tribunal administratif de Paris rejetant la demande de suspension, par les mêmes associations qu'en première instance (et un autre requérant individuel) a confirmé le lendemain, respectant le délai de rigueur de 48 heures, l'ordonnance du juge des référés de première instance[28].

Les requérants demandaient au Conseil d'État l'annulation de l'ordonnance de première instance ne leur donnant pas satisfaction et d'enjoindre au préfet de police de Paris et au Cenquatre « de mettre en œuvre toutes les diligences de nature à faire cesser tout trouble à l'ordre public dans le cadre de la manifestation "Exhibit B" ».

En référé-liberté, le juge d'appel, en l'occurrence le Conseil d'État, est limité dans son office. Il doit se borner à prendre en considération les éléments réunis par le juge de première instance, ce qui laisse peu de place à des interprétations divergentes.

Dès lors, le juge n'a pu qu'indiquer de manière claire et concise que :

> eu égard aux conditions dans lesquelles il était présenté aux spectateurs, le spectacle « Exhibit B » avait pour objet de dénoncer les pratiques et traitements inhumains ayant eu cours lors de la période coloniale ainsi qu'en Afrique du Sud, au moment de l'apartheid, le premier juge en a déduit que l'absence d'interdiction, par l'autorité administrative, de cette manifestation, ne portait aucune atteinte grave et manifestement illégale à la dignité de la personne humaine ; qu'aucun moyen de la requête n'est de nature à remettre en cause ni ces constatations ni cette appréciation[29].

---

28 CE, ord., 11 décembre 2014, *Centre Dumas-Pouchkine des Diasporas et Cultures Africaines*, n° 386328.

29 *Ibid.*, § 2.

# CONCLUSION

Les querelles théâtrales contemporaines sont les lointaines héritières des querelles dramaturgiques des XVII^e^ et XVIII^e^ siècles.

Si elles ont pris des formes parfois identiques, leurs enjeux ne sont plus les mêmes, car d'une part, l'évolution de l'encadrement juridique de l'activité théâtrale a modifié les épilogues potentiels des querelles et d'autre part, ces dernières ne sont plus les témoins de ruptures esthétiques, mais principalement de rapports de force politico-idéologiques consistant en des provocations du côté artistique et des instrumentalisations du côté de la contestation.

La disparition de l'autorisation préalable n'a pour autant pas fait disparaître toute possibilité de censure. On ne cesse, d'ailleurs, ces dernières années de souligner un retour de la morale[1], conduisant en l'apparition de « nouveaux censeurs[2] » ou « nouvelles censures[3] » en littérature[4] – y compris dite jeunesse[5] – et dans l'art contemporain[6], allant jusqu'à alerter sur l'orientation actuelle vers un « art sous contrôle[7] », témoin d'un « nouvel agenda sociétal et censures militantes[8] ». Mais force est de constater que peu de contestations arrivent jusqu'à la censure

1 V. notam. : Carole Talon-Hugon, *Morales de l'art*, Paris, PUF, 2015.

2 Michel Guerrin, « De Pierre Loti à Médine, les nouveaux censeurs », *Le Monde*, 15 juin 2018.

3 Emmanuel Pierrat, *Nouvelles morales, nouvelles censures*, Paris, Gallimard, 2018, 176 p.

4 Belinda Cannone, « Polanski boycotté, pièce annulée, conférences empêchées : "il faut résister aux nouveaux censeurs" », *Le Monde*, 25 novembre 2019.

5 Laure Daussy, « Les nouveaux censeurs de la littérature pour enfant », *Charliehebdo.fr*, 6 janvier 2020.

6 Marion Rousset, « Culture : la nébuleuse des nouveaux censeurs », *Le Quotidien de l'Art*, 5 juillet 2018. La journaliste commence son article par le spectacle de Romeo Castellucci, dont une image illustre l'article, mais rappelle surtout les nombreuses « opérations coup de poing » perpétrées par des « groupuscules » contre des installations ou expositions d'artistes contemporains célèbres (de Paul McCarthy à Jeff Koons en passant par Anish Kapoor).

7 Carole Talon-Hugon, *L'art sous contrôle*, *op. cit.*

8 C'est le sous-titre de l'essai *L'art sous contrôle*, *op. cit.*

juridictionnelle des libertés d'expression et de création, et surtout qu'aucune n'a concerné le théâtre contemporain, à l'issue par ailleurs de très rares saisines contentieuses.

Les trois spectacles du corpus, qui sont les seuls à avoir connu des querelles allant jusqu'à un épilogue contentieux dans la période contemporaine de référence, s'avèrent présenter de nombreuses similitudes et poser des questions transversales à la fois sur le plan dramaturgique et sur le plan juridique.

Sur le plan dramaturgique et sur les choix esthétiques opérés, les trois œuvres présentent en effet de nombreux points communs.

Tout d'abord, il s'agit de trois spectacles entièrement conçus par leurs créateurs respectifs, c'est-à-dire de l'écriture à la mise en scène. Les trois créations se caractérisent par l'absence d'un « fil narratif très évident[9] ». Aucun des trois spectacles ne raconte d'histoires véritables telles qu'on en trouve dans la dramaturgie classique. Alors que le « théâtre postdramatique » au sens ou l'entend Lehman[10] ne fait pas nécessairement abstraction de toute histoire ou trame narrative, les trois œuvres ont en commun de ne pas privilégier, de manière délibérée, un récit en tant que tel, ou de ne pas le mettre « au premier plan[11] ». Le texte est absent dans *Exhibit B*, rare dans *Sur le concept du visage du fils de Dieu*, sporadique dans *Golgota Picnic.*

Ensuite, et même si cette question est devenue très courante dans le théâtre contemporain et que l'on est depuis longtemps passé du « corps relais » au « corps matériau[12] », une utilisation paroxystique du corps doit être soulignée dans les trois œuvres contestées. Si par le passé cette utilisation a pu se révéler festive, sans pour autant éviter des scandales, dès les premières expérimentations de la fin des années 60 et début des années 70[13] et encore de nos jours dans de nombreuses créations – celles de Jan Favre[14] par exemple –, il n'est pas exagéré de voir dans les trois

9 Bruno Tackels, *Les Castellucci. Écrivains de plateau*, I, *op. cit.*, p. 62.

10 Hans-Thies Lehmann, *Le théâtre postdramatique*, Paris, L'Arche, 2002, 307 p.

11 Bruno Tackels, *Les Castellucci. Écrivains de plateau*, I, *op. cit.*, p. 62.

12 Patrice Pavis, *Dictionnaire du théâtre*, Paris, Armand Colin, 2002, p. 70.

13 V. cette utilisation festive des corps passant par leur nudité partielle et la forme du happening et de l'improvisation avec *Paradise Now* de la compagnie américaine du Living Theatre au Cloître des Carmes d'Avignon en 1968.

14 V. en particulier le spectacle *Mount Olympus, to Glorify the Cult of Tragedy*, d'une durée de 24 h, créé en 2015 à Berlin, qui présente notamment des scènes de masturbation et d'orgasmes collectives. Sa représentation à la Halle de la Villette en 2017 n'a pas suscité de contestations.

spectacles de référence, des « corps-victimes[15] » en souffrance, des « corps agressés[16] », des « corps violentés[17] », qui peuvent dans une certaine mesure correspondre à l'idéal du *Théâtre de la cruauté* d'Artaud, à savoir des spectacles qui s'adressent « à l'organisme entier[18] », qui fournissent « au spectateur des précipités véridiques de rêves, où son goût du crime, ses obsessions érotiques, sa sauvagerie, ses chimères, son sens utopique de la vie et des choses, son cannibalisme même débondent, sur un plan non pas supposé et illusoire mais intérieur[19] », même si les auteurs ont cru parfois pouvoir prendre de la distance par rapport à la « *performance* « extrême » qui a pour objet le thème du corps[20] ».

Dans cette lignée et cette logique, le corps a la prévalence sur la parole. Plus les corps sont en souffrance, moins la parole est audible ou présente. Totalement silencieux chez Bailey, peu diserts chez Castellucci, bavards chez García quand les corps sont au repos et muets ou capables de seuls borborygmes quand ils sont en action. Paradoxalement, l'effacement des textes ou plutôt leur absorption dans un tout renforce la dimension théâtrale des spectacles de ces artistes, là encore dans la veine d'Artaud pour lequel le théâtre « se sert » ou doit se servir « de tous les langages : gestes, sons, paroles, feu, cris[21] » et répondent peut-être en partie à son regret de l'absence de la « métaphysique de gestes » dans le théâtre occidental[22].

---

15 En l'occurrence, Romeo Castellucci a théorisé ce qu'il a appelé le « victimisme » : Romeo Castellucci, « Le Pèlerin de la matière », 2000 *in* : Claudia et Romeo Castellucci, *Les Pèlerins de la matière*, *op. cit.*, p. 116. V. une analyse par Olivier Neveux, « L'état de victime : quelques corps dans la scène théâtrale contemporaine », *Actuel Marx*, 2007/1, p. 101. Et aussi sur le « victimisme » : Olivier Neveux, *Politiques du spectateur. Les enjeux du théâtre politique aujourd'hui*, La Découverte, 2013, p. 61.

16 Christian Biet, Christophe Triau, *Qu'est-ce que le théâtre ?*, *op. cit.*, p. 912.

17 Olivier Neveux, « Un matérialisme démocratique : le théâtre de Roméo Castellucci », *Théâtre/Public*, n° 194, 2009, p. 67.

18 Antonin Artaud, « Le théâtre et la cruauté » *in* : *Le Théâtre et son double*, Gallimard, folio essais, 1964, p. 135.

19 Antonin Artaud, « Le théâtre de la cruauté (Premier manifeste) » *in* : *Le Théâtre et son double*, *op. cit.*

20 Dans une lettre à Frie Leysen de janvier 1999, Romeo Castellucci fait cet aveu, qu'il va contredire deux ans plus tard par la performance extrême imposée au vieil homme de *Sur le concept du visage du fils de Dieu* : Claudia et Romeo Castellucci, *Les Pèlerins de la matière*, *op. cit.*, p. 184-185. V. aussi la suite de sa démonstration p. 186.

21 Antonin Artaud, « Préface – Le théâtre et la culture » *in* : *Le Théâtre et son double*, *op. cit.*, p. 18.

22 Antonin Artaud, « Sur le théâtre balinais » *in* : *Le Théâtre et son double*, *op. cit.*, p. 85.

Au sein de cette catégorie de « corps-victimes », l'on peut distinguer des sous-catégories que l'on a qualifiées de *corps-malades* chez Castellucci, de *corps-mémoires* chez Bailey, de *corps-martyres* chez García.

Sur le plan dramaturgique encore, il existe ensuite en commun le fait d'interroger le regard du spectateur qui regarde tout en étant regardé. Dans *Sur le concept du visage du fils de Dieu*, les spectateurs se sentent scrutés par le regard énigmatique du Christ qu'ils peuvent difficilement éviter tant la présence de la reproduction géante de son visage dans la peinture de de Messina en milieu de plateau est inévitable ; dans *Golgota picnic*, ils sont placés en position de voyeurs, comme regardant par le trou de la serrure, des scènes qu'ils sentent qu'ils ne devraient pas regarder et peuvent en retour se sentir scrutés lors des gros plans de la caméra projetés sur l'écran ; dans *Exhibit B*, les visiteurs eux-mêmes soumis au silence sont regardés par les performeurs, les yeux étant les seules parties de leurs corps non contraintes à l'immobilité. Même dans les passages qui ne sont pas forcément à proprement parler silencieux, le « malaise » surgit, rendant « le spectateur conscient de son propre acte de regarder[23] », voire paralyse, plaçant « le spectateur dans la position d'un acteur « interdit[24] ».

La question du regard des spectateurs engage aussi les corps de ces derniers. La « mise en relation de l'ensemble des corps scéniques (mot, corps, son, lumière, objet) avec le corps des spectateurs[25] » provoque une « synesthésie des sens » que déclenchent généralement les spectacles revendiquant une « volonté d'un théâtre total » ou tout du moins de « *performance art* qui rassemble et unifie, en un tout organique, le théâtre, la musique, la peinture, la poésie et le cinéma ». Dès lors, « le point de convergence entre ces mouvements contraires est bien le corps du spectateur qui réceptionne et orchestre ces faisceaux sensoriels[26] ». C'est d'ailleurs ce qu'ont souvent cherché objectivement à faire les Castellucci : tenir « parfaitement compte du corps de chacun (acteur et spectateur) » et « l'implication doit être totale[27] ».

---

23 Francine Di Mercurio, « Le scandale des violences esthétiques de Romeo Castellucci », *Les Chantiers de la création*, 2013, 6, § 14, en ligne.

24 Jean-Pierre Sarrazac, *Poétique du drame moderne. De Henrik Ibsen à Bernard-Marie Koltès*, *op. cit.*, p. 381.

25 Mathieu Mével, « Romeo Castellucci (performer, magicien) ou la fête du refus », *op. cit.*, p. 62.

26 Aurore Chestier, « Du corps au théâtre au théâtre-corps », *Dilecta*, 2007/1, n° 2, p. 107.

27 Claudia Castellucci, « Santa Sofia – Théâtre Khmer, Le manifeste », 1985 *in* : Claudia et Romeo Castellucci, *Les Pèlerins de la matière*, *op. cit.*, p. 17. Rodrigo García, quant à lui va

Des réactions vives en résultent dans les trois spectacles. Certaines sont corporellement ou verbalement violentes, d'autres plus intérieures ou intimes créent immédiatement ou *a posteriori* un bouleversement émotionnel. Certains spectateurs partent, la plupart restent, et paradoxalement la majorité des contestataires ne viennent pas. Mais : « Rares sont les indifférents[28] ».

Et au-delà de la réception individuelle que provoquent les spectacles des trois dramaturges contemporains, leur particularité est d'engager aussi une réception collective en véhiculant incontestablement, selon la terminologie de Jauss – dont « l'esthétique de la réception[29] » vient ici si bien s'appliquer – « des valeurs esthétiques, éthiques, sociales qui peuvent contribuer aussi bien à transformer la société qu'à la perpétuer telle qu'elle est », parce que leurs œuvres sont tout à la fois stimulantes et clivantes et que même s'ils n'y parviennent pas toujours les dramaturges contemporains à travers leur(s) spectacle(s) « d'essence narcissique » cherchent « à renvoyer à l'homme l'image d'une société enfin totalement intelligible[30] ? ».

Sur le plan juridique, il faut d'abord noter que les recours ont tous été déposés par des opposants aux spectacles programmés à la suite de l'échec des pressions qu'ils ont exercées sur les responsables des lieux de représentation – dont certains sont communs comme le festival d'Avignon ou le Cenquatre – lesquels ont mis en œuvre tout ce qui était possible pour maintenir les représentations – notamment avec des mesures de sécurité inhabituelles de fouilles par exemple – et du refus quasi systématique des autorités locales de police de les interdire pour des raisons d'ordre public, ces dernières excluant à une exception près, à la fois de restreindre la liberté d'expression et d'imposer un ordre moral ou un bon goût officiel – ce qui n'a pas toujours été le cas par le passé[31].

---

jusqu'à impliquer activement dans certaines pièces des spectateurs. Par exemple dans *After sun* ils sont invités à rejoindre le comédien sur le plateau et à se dénuder pour montrer leurs postérieurs en application de la « théorie de la pensée en cinq points » de l'auteur.

28 Didier Méreuze, « Le vieil homme et son fils. Sous le regard mystérieux du Christ d'Antonello da Messina, un acte bouleversant d'amour et d'humanité », *La Croix*, 22 juillet 2011.

29 Hans Robert Jauss, *op. cit.*

30 André Villiers, entrée « Spectacle » *in* : Étienne Souriau (dir.), *Vocabulaire d'esthétique*, *op. cit.*, p. 1304.

31 Pour déprogrammer *L'Infâme* de Roger Planchon, cité *supra*, le maire de la commune avait indiqué qu'il ne s'agissait pas d'une « bonne pièce » (*Le Monde*, 13 novembre 1970).

Les requérants, dont certains – l'AGRIF – sont en outre identiques pour deux spectacles – *Sur le concept du visage du fils de Dieu* et *Golgota picnic* – partagent la caractéristique d'avoir pris le relai de manifestants et contestataires ayant des objectifs ou intérêts communs – Civitas et autres groupes classés à l'extrême-droite – n'ayant pas vu le plus souvent les spectacles qu'ils ont attaqués. Ainsi, dans sa défense, le Théâtre du Rond-Point rappelle devant le TGI de Paris que « l'assignation rapporte des contre-vérités, sur le contenu du spectacle, l'Agrif n'ayant pas vu » *Golgota picnic.* Dans *Exhibit B*, le professeur à l'origine de la pétition avoue lui-même ne pas avoir vu le spectacle. Et c'est également le cas de certaines personnalités venant en soutien. Par exemple, Marcela Iacub dans une chronique pour *Libération* ose écrire : « Même si je n'ai pas vu *Exhibit B*, je suis persuadée que la grogne, la colère, les pétitions que cette pièce a suscitées sont certainement plus intéressantes que l'œuvre elle-même[32] » et qualifie Brett Bailey de « ridicule » pour conclure que les « bien-pensants antiracistes comme le metteur en scène » peuvent prendre le risque de « se tromper »… Même si c'est loin d'être la première fois que des contestataires ou des « censeurs » refusent de voir les spectacles qu'ils condamnent[33], ces réactions doivent interroger et permettre de questionner leur(s) responsabilité(s).

Un autre point commun sur le plan juridique est que la recevabilité des requérants n'a jamais posé de difficulté et n'a jamais vraiment été discutée. Le cas de l'AGRIF, requérante de toutes les actions contre *Sur le concept du visage du fils de Dieu* et *Golgota picnic*, est en outre tout à fait particulier en raison de sa reconnaissance par la Cour de cassation en 1991 comme une association qui propose dans « ses statuts de combattre le racisme » et qui peut donc se constituer partie civile sans autre condition[34]. L'identification de son objet social a toutefois été considérée au sens large (« le racisme "anti-chrétien", la pornographie et le respect de l'enfant ») dans les contentieux étudiés. Il n'en reste pas moins que cette facilité juridique tranche avec la faible représentativité de l'association de la communauté des Chrétiens.

---

32 Marcela Iacub, « Au mépris des Noirs et des femmes », *Libération*, 12 décembre 2014.

33 Le maire de Chambéry qui a déprogrammé *Roberto Zucco* comme vu *supra* dans sa commune, avait déclaré s'être refusé à lire la pièce pour qu'on ne lui reproche pas de s'être prononcé sur le fond, préférant s'en tenir à une « position de principe » (*Le Monde*, 9 janvier 1992).

34 Cour de cassation, chambre criminelle, 16 avril 1991, n° 90-87.509. Le TGI de Paris dans son jugement du 7 décembre 2011 préc. y fait une référence implicite.

Les requérants ont en commun en outre, sur le plan procédural, d'avoir fait une utilisation fréquente des procédures de référé tant devant le juge judiciaire que devant le juge administratif, lesquels n'exigent pas les mêmes conditions (respectivement l'existence d'un trouble manifestement illicite et d'un doute sérieux quant à la légalité de la décision attaquée), mais ont abouti, en leur absence, aux mêmes conclusions de rejet.

En revanche, il faut noter une différence s'agissant de la durée des procédures et du nombre de contentieux et juridictions saisies entre les spectacles de Castellucci et García d'une part et de Brett Bailey d'autre part : 6 ans et 6 juridictions (administratives et judiciaires) pour *Sur le concept du visage du fils de Dieu* (avec 6 décisions) et *Golgota picnic* (avec 7 décisions)[35] et 6 mois, 2 juridictions (uniquement administratives) et 2 ordonnances pour *Exhibit B*.

Sur le fond, les recours aboutissent toujours à confronter des infractions pénales potentielles au principe de la liberté d'expression. Par exemple, parmi ces fantasmes juridiques, figure dans deux des trois spectacles l'invocation ambiguë du blasphème, infraction inexistante sur le plan pénal en France, qui a eu pour conséquence de transformer « la multipolarité des positions » du départ en « la formation de deux camps et à l'impossibilité d'échapper à cette bipolarisation[36] », ainsi qu'à mettre ceux qui l'évoquent « dans la place du juge[37] » car « dès lors qu'il est question de "blasphème", on est dans l'ordre de l'appel à un jugement[38] ».

L'invocation de la provocation à la haine, a donné l'occasion aux juges de compléter leur jurisprudence en offrant une nouvelle illustration en matière de liberté d'expression dans le milieu du spectacle vivant à l'interprétation des propos d'un auteur et de ses intentions, et donc à l'attention à accorder (ou pas) au caractère fictionnel d'une œuvre. S'il diffère de celui en matière littéraire, l'examen de ce caractère en matière théâtrale pourrait revenir, dans une approche téléologique, à l'identification du même « pacte de feintise ludique partagée[39] » tel que théorisé par Jean-Marie Schaeffer, lequel s'intéresse d'ailleurs à la « fiction théâtrale » en tant que telle, en insistant à juste titre sur l'importance de

35 7 juridictions et 8 décisions si l'on ajoute le contentieux en Espagne.

36 Arnaud Esquerre, « Le blasphème, saveur de la modernité », *op. cit.*, § 8.

37 Jeanne Favret-Saada, « Rushdie et compagnie. Préalable à une anthropologie du blasphème », *Ethnologie française*, 1992, p. 254.

38 *Ibid.*, p. 257.

39 Jean-Marie Schaeffer, *Pourquoi la fiction ?*, Paris, Éd. du Seuil, 1999, 349 p.

la prise en considération de la diversité de ses « dispositifs fictionnels » (texte, représentation scénique, jeu)[40] comme l'ont globalement fait les juges finalement.

Sur le fond encore, l'on peut noter la récurrence de certains moyens et argumentations. Dans les trois affaires, les principes de respect de la croyance et de dignité de la personne humaine ont été quasi systématiquement convoqués, les requérants venant ainsi se porter, de manière paradoxale ou plutôt hypocrite, en défenseurs des comédiens. L'utilisation des fonds publics est également un argument qui revient tel un copier-coller dans chaque recours et suscite toujours *in fine* la même vraie-fausse interrogation : « L'art doit-il rendre des comptes au contribuable, sous prétexte qu'il utilise de l'argent public[41] ? ».

Ces quelques rares affaires ont toutes abouti au rejet des demandes des contestataires et ont conduit même parfois à leur condamnation. Et ces réponses juridictionnelles ont mis un terme définitif aux contestations – au bout toutefois de nombreuses années (à part *Exhibit B*) lorsque tous les degrés de juridiction ont été saisis. Dès lors, il est permis de s'étonner de la persévérance des associations dans leurs contestations et de questionner la légitimité du regard du juge en matière théâtrale.

Même si les associations ou certains requérants individuels sont parfaitement conscients que leurs actions sont juridiquement vouées à l'échec, elles leur offrent une tribune médiatique non négligeable. Dans la mesure où les affaires mettent toujours en jeu la liberté d'expression, les épilogues contentieux sont en fait – plus ou moins largement – relayés dans les médias et assurent ainsi une publicité appréciée et recherchée par ce type d'activistes. L'on sait que l'intervention de la presse a été déterminante dans le développement des querelles dramaturgiques du XVIIIe siècle avec l'apparition des premiers périodiques spécialisés. Cette importance n'a pas été démentie au fil des siècles et particulièrement avec l'apport de la loi de juillet 1881 sur la liberté de la presse, cette dernière pouvant devenir elle-même un lieu et un moyen de querelle.

Toutefois, la rareté des contentieux théâtraux vient contredire l'idée largement répandue d'une « judiciarisation[42] » dévorante de la société,

40 *Ibid.*, p. 271.

41 Alice Carré, « Exhibit B. : l'impensé colonial. L'installation de Brett Bailey taxée de racisme », *op. cit.*, § 8.

42 Anna Arzoumanov et Mathilde Barraband, « Introduction. Une polémique sur l'art et la religion », *in* : Anna Arzoumanov et Mathilde Barraband (dir.), *Polémique autour d'un*

y compris en matière littéraire[43]. En l'absence d'associations pro-actives qui ne représentent souvent qu'elles-mêmes, et même si la censure de fait souvent provoquée en amont est parfois suffisante pour empêcher les représentations, l'on pourrait paradoxalement se réjouir de cette place infime qu'occupe aujourd'hui le juge en la matière.

Un raisonnement inverse est également permis. L'intervention du juge – même quand sa rigueur ou sa motivation ne sont pas exemptes de défauts – présente l'avantage de rappeler de manière ferme la puissance des principes de libertés d'expression et de création dans le respect du pluralisme et de la diversité, qui sont mis à mal dans les contestations en général et contentieuses en particulier. L'on peut même soutenir sans difficulté que dans certaines situations, l'intervention du juge est la seule à même de garantir et imposer la force juridique du principe de liberté d'expression qui bénéficie tant à ses émetteurs (artistes) que ses récepteurs (spectateurs). L'exemple de *Slav* de Robert Lepage, au Canada, est malheureusement regrettable et symptomatique d'une querelle qui s'achève sans procès et dont on peut gager qu'un épilogue contentieux aurait probablement permis de sauvegarder les libertés fondamentales en matière artistique et à la création de survivre, donc d'être représentée et être soumise ensuite au seul verdict du public, notamment en fonction du taux de remplissage de la salle comme au temps de Molière.

Cet exemple en particulier permet de conclure de manière inattendue que l'absence d'intervention du juge peut finalement produire des signaux inquiétants sur les effets d'un désengagement institutionnel entendu au sens large, qu'occupe une prise de possession disproportionnée de groupements non représentatifs dans l'espace public artistique susceptibles d'entraîner des conséquences très dommageables sur la création et les créateurs et sur le(s) choix offert(s) aux spectateurs. À l'inverse, à l'image des querelles étudiées, l'intervention salvatrice du juge pour les œuvres et les artistes laisse peu de traces. Une fois l'épilogue contentieux exprimé, *quid* de ses effets sur la société ?

Dès lors, doit-on, s'agissant des trois querelles dramaturgiques contemporaines devenues trois querelles contentieuses, conclure : « Much

---

*« blasphème ». Regards croisés sur l'affaire Golgotha picnic, op. cit.*

43 V. l'exaspération de Jean-Marie Rouart (*in* : David Caviglioli, « Les romanciers peuvent-ils encore s'inspirer de personnes réelles ? », *Bibliobs*, 28 juin 2013) contre les procès faits aux romanciers : « Cette judiciarisation de la littérature est un grand scandale […] ».

ado about nothing » ? Quand bien même les enseignements de ces trois vagues de querelles et de procès pourraient paraître modestes, leur convergence ne peut que, contre toute attente, rassurer un tant soit peu les artistes, les directeurs d'établissements culturels et les spectateurs, sur la défense et la protection essentielles dans une société démocratique des principes de libertés d'expression et de création, qui permettent au(x) spectacle(s) de rester vivant(s).

# ANNEXE I

## Table des 15 décisions juridictionnelles rendues sur les trois affaires du corpus[1]

### AFFAIRE *SUR LE CONCEPT DU VISAGE DU FILS DE DIEU*

1. Tribunal de grande instance de Paris, réf., 18 octobre 2011, n° 11/58240
2. Tribunal administratif de Paris, ord., réf., 28 octobre 2011, *Alliance générale contre le racisme et le respect de l'identité française et chrétienne,* n° 1118111
3. Tribunal administratif de Paris, ord., réf., 28 février 2012, *Alliance générale contre le racisme et le respect de l'identité,* n° 1118097
4. Tribunal correctionnel de Paris, 24e chambre, 21 juin 2013, non publiée
5. Cour d'Appel de Paris, 11 mai 2016, non publiée
6. Cour de cassation, chambre criminelle, 28 juin 2017, n° 16-83680

### AFFAIRE *GOLGOTA PICNIC*

7. Tribunal administratif de Toulouse, ord., réf., 15 novembre 2011, n° 1105012
8. Tribunal de grande instance de Paris, 7 décembre 2011, n° 11/59621

1 Les fautes d'orthographe et coquilles présentes dans les versions officielles des décisions juridictionnelles n'ont pas été corrigées. Les décisions sont ci-après reproduites telles qu'elles ont été rendues publiques.

9. Tribunal administratif de Toulouse, ord., 24 février 2012, n° 1105013
10. Cour administrative d'appel de Toulouse, 6e ch., 14 juin 2013, n° 12BX01022
11. Tribunal correctionnel de Paris, 10 décembre 2015, non publiée
12. Cour d'appel de Paris, 22 juin 2016, non publiée
13. Cour de cassation, chambre criminelle, 14 novembre 2017, n° 16-84945

## AFFAIRE *EXHIBIT B*

14. Tribunal administratif de Paris, ord., réf., 9 décembre 2014, *Centre Dumas-Pouchkine des Diasporas et Cultures* Africaines, n° 386328, n° 1430123
15. Conseil d'État, ord., 11 décembre 2014, *Centre Dumas-Pouchkine des Diasporas et Cultures Africaines*, n° 386328

# ANNEXE II

## Affaire *Sur le concept du visage du fils de Dieu*

### 1) TRIBUNAL DE GRANDE INSTANCE DE PARIS, RÉF., 18 OCTOBRE 2011, N° 11/58240

TRIBUNAL DE GRANDE INSTANCE DE PARIS

DEMANDERESSE

Association GENERALE CONTRE LE RACISME ET POUR LE RESPECT DE L'IDENTITE FRANCAISE ET CHRETIENNE

70 boulevard Saint-Germain

[...]

représentée par Me Jérôme TRIOMPHE, avocat au barreau de PARIS – #C0537
**DEFENDERESSE**

Association THEATRE DE LA VILLE
[...]
représentée son administrateur Monsieur Michael CHASE, comparant EN PERSONNE et assisté de Me Jean-Michel TROUVIN, avocat au barreau de PARIS – #A354 et de Me Brigitte RICHARD, avocat au barreau de PARIS – #C013

DÉBATS

A l'audience du 17 Octobre 2011, tenue publiquement, présidée par Emmanuel BINOCHE, Premier Vice-Président, assisté de Sandrine PARTEL, Greffier,

Nous, Président,

Après avoir entendu les parties comparantes ou leur conseil,

Vu l'assignation délivrée le 7 octobre 2011 par l'Association Générale contre le Racisme et pour le respect de l'Identité Française et chrétienne, dite X, suivant laquelle il est demandé en référé de :

Vu l'article 809 du code de procédure civile,

- prononcer l'interdiction du spectacle de Roméo CASTELUCCI programmé du 20 au 30 octobre 2011 au Théâtre de la Ville intitulé « Sur le concept du visage du Fils de Dieu »,
- assortir cette interdiction d'une astreinte de 50 000 € par jour en cas de non respect de cette interdiction,
- condamner l'association Théâtre de la ville à verser à l'X une somme de 3 000 € en application de l'article 700 du Code de procédure civile ;

Vu les conclusions de l'association « Théâtre de la Ville », qui, au visa des articles 24 alinéa 6 de la loi du 29 juillet 1881, 16 du Code civil et 227-24 du Code pénal, 809 du Code de procédure civile, demande de :

- débouter l'X de l'intégralité de ses demandes,
- la condamner à lui payer la somme de 8 000 euros en application de l'article 700 du Code de procédure civile ;

MOTIFS DE LA DECISION

L'association Générale contre le Racisme et pour le respect de l'Identité Française et chrétienne, dite X, créée le 3 novembre 1984, précise qu'elle a pour objet la création de Comités d'action politique et sociale pour défendre les valeurs menacées de notre civilisation, combattre les idées subversives, proposer des solutions de renouveau, et lutter dans ce cadre contre toutes les formes et manifestations de racisme contraires aux idéaux en question.

Elle entend lutter contre le racisme anti-français et anti-chrétien, l'étalage public de la pornographie et tout ce qui porte notamment atteinte à la dignité de la femme et au respect de l'enfant.

Elle expose que le Théâtre de la Ville, association régie par la loi du 1er juillet 1901, qui exploite le théâtre situé 2 place du Châtelet [...], anciennement théâtre Z A, a l'intention de produire entre les 20 et 30 octobre 2011 un spectacle intitulé en français « Sur le concept du visage du Fils de Dieu » (en italien, « Sul concetto di volto nel Figlio di Dio »), mis en scène par Roméo Castellucci.

Déniant la présentation qui est faite de l'œuvre par le Théâtre de la Ville, la demanderesse se réfère à plusieurs critiques parues dans la presse, soit en premier lieu celle du magazine Télérama parue le 20 juillet 2011, dont elle souligne certains passages :

« Car le père, Y, est bientôt victime de diarrhées colossales. Sur le point de partir au travail, le fils en aperçoit les premières traces sur le canapé, où le père, silencieux, regarde la télé ; puis le père se met à gémir doucement sans pouvoir plus s'arrêter de déféquer. Le fils le lave ; le père s'excuse en pleurant ; le fils le console en riant. Mais à peine la nouvelle couche installée sur les fesses du père-enfant, la colique reprend. Le père pleure encore, le fils a le courage de rire encore. Il ne l'aura plus à la troisième couche, s'effondrant après un instant de colère dans les bras de son père en pleurant à son tour. L'appartement blanc n'est plus qu'un immense ramassis de merde. Le fils court se réfugier auprès du tableau d'Antonello, embrasse le visage du Christ tandis que le père asperge maintenant d'excréments tout l'appartement à l'aide d'un bidon géant ».

Puis :

« Après cette première séquence, quatorze enfants assis par terre, plutôt sages et paisibles, se mettront à jeter des grenades sur le visage de Jésus ».

Elle évoque ensuite la critique du quotidien Le Monde, et souligne les passages suivants :

« Le père est victime d'une crise de dysenterie, et incapable de se retenir. » puis : « Romeo Castellucci la met en scène cette longue scène avec un réalisme qui a mis mal à l'aise nombre de spectateurs, et en a fait s'enfuir certains ».

et : « L'artiste italien ne nous épargne rien pas même l'odeur de la merde.

Puis le spectacle passe à une tout autre dimension. Comme le dit Castellucci lui-même dans le programme, « on passe de la scatologie à l'eschatologie » « . […] « Ils sortent de leurs cartables des petits jouets qui imitent les grenades, et bombardent le tableau à qui mieux mieux, sans que sa surface en soit altérée. Le visage du Christ d'Antonello de Messine reste impénétrable, inatteignable.

« Tu n'es pas mon berger » […]

« Castellucci, en grand plasticien qu'il est, attaque le visage de l'intérieur. Il est d'abord trituré, déformé comme par des mains et des pieds qui pousseraient la fine peau de surface. Puis on dirait qu'un grand couteau l'entaille, et de grandes coulures brun-rouge, évoquant plus les matières fécales de la scène précédente que le sang, se répandent sur lui, avant qu'un voile noir ne recouvre le portrait du fils de Dieu.

La toile est finalement déchirée, et découvre un grand panneau noir. Dessus, on croit d'abord lire, en grandes lettres découpées : "You are my shepherd" ("Tu es mon berger"). Avant de se rendre compte que la phrase entière est, en fait : "You are not my shepherd" ("Tu n'es pas mon berger") ».

Elle cite enfin la critique de la chaîne de radio France culture, et souligne les passages qui suivent :

« Le Festival d'Avignon se poursuit jusqu'au 26 juillet mais il a connu, hier, un de ses moments les plus extrêmes » […].

« Comment faire pour chasser de son esprit les images terribles qu'y inscrit Romeo Castellucci, artiste radical, jusqu'au boutiste, viscéralement dérangeant ». […]

« Avec ce travail, l'italien pousse encore plus loin les limites du supportable [...]. Le vieillard fait sur lui. Il pleure, murmure « pardon, excuse moi » Son fils le nettoie, change sa couche. La même scène se reproduit plusieurs fois. Le vieillard défèque, il sanglote. [...]

Puis le spectacle bascule. C'est le visage du Christ qui est l'objet des regards. [...]

Des enfants arrivent qui balancent des grenades sur l'immense visage avant que le vieillard lui même ne grimpe dessus pour y déverser ses propres excréments. Le spectacle s'achève sur ses (ces) mots écrits « Tu es mon berger" ». Des mots qu'on peut lire aussi autrement, nous suggère Castellucci : « tu n'es pas mon berger ».

Certains ont quitté la salle devant un spectacle qui franchit sans transiger les frontières du visible. D'autres sont restés qui ont hurlé « escrocs » à la fin des 55 mn. D'autres encore se sont battus après la représentation ». [...] « Est-ce du théâtre encore ? pas sûr ».

Elle s'appuie également sur les vidéos disponibles sur l'internet de ce spectacle, présentant des copies d'écran de vidéos relatives au premier tableau, les autres vues proposées étant peu claires (pièce n° 5).

Visant les dispositions de l'article 809 du Code de procédure civile, elle demande au juge des référés d'interdire un spectacle constituant un trouble manifestement illicite et de prévenir un dommage imminent.

*SUR LE DROIT AU RESPECT DE LA CROYANCE*

Il s'agit en premier lieu à ses yeux d'attaquer gratuitement ce qu'il y a de plus sacré pour les Chrétiens, soutenant que ce spectacle viole ouvertement le droit au respect de la foi chrétienne, comme le principe de laïcité et de neutralité du service public.

Elle invoque ainsi l'article 1 de la Constitution du 4 octobre 1958, qui énonce le respect de toutes les croyances, les articles 2 et 18 du Pacte international relatif aux droits civils et politiques du 16 décembre 1966, garantissant le respect des droits sans distinction aucune, notamment de race, de couleur, de sexe, de langue, de religion.

Quant à l'article 10 de la Convention européenne de sauvegarde des droits de l'homme du 4 novembre 1950, elle rappelle qu'il soumet l'exercice de la liberté d'expression, qui comporte des devoirs et des responsabilités, à certaines formalités, conditions, restrictions ou sanctions prévues par la loi, qui constituent des mesures nécessaires, dans une société démocratique, à la sécurité nationale, à l'intégrité territoriale ou à la sûreté publique, à la défense de l'ordre et à la prévention du crime, à la protection de la santé ou de la morale, à la protection de la réputation ou des droits d'autrui, comme l'article 19 du pacte ci-dessus évoqué.

Elle fait ainsi valoir que la liberté d'expression artistique ne peut être absolue mais doit être limitée, par le nécessaire respect de tous les citoyens.

Ce spectacle constitue à ses yeux une attaque frontale contre les Chrétiens qui vénèrent le Christ comme Fils de Dieu, et témoignerait d'un mépris absolu de leur foi, du respect et de l'amour qu'ils portent à Jésus-Christ.

Invoquant encore l'article 4 de la Déclaration des droits de l'homme et du citoyen du 26 août 1789, elle souligne le fait que ce spectacle, loin de traiter le thème de la déchéance et de la compassion, se conclut par l'apparition, sur le visage du Christ maculé d'excréments, de la phrase : « you are not my shepherd » – « tu n'es pas mon berger », de sorte que selon la demanderesse, le message de l'auteur consiste à justifier les quolibets, les crachats, les jets de grenades, les excréments jetés à la face du Christ, dont il ne veut pas comme berger.

L'auteur, libre de son opinion, ne peut à ses yeux pour autant blesser et salir (au sens strict) ce qu'il y a de plus sacré pour les Chrétiens.

Relevant que l'association Théâtre de la Ville a comme autorité de tutelle la mairie de Paris, qui lui verse des subventions, celle-ci doit de son point de vue exiger le respect du principe de laïcité et de neutralité vis-à-vis des diverses croyances.

L'association Théâtre de la Ville fait valoir que les restrictions prévues par la loi pour limiter l'exercice de la liberté d'expression sont limitativement prévues, et que la consultation des extraits du spectacle ne fait apparaître ni quolibets, les enfants étant muets, ni crachats, ni excréments jetés à la face du Christ.

Pour elle, la demande trouverait en réalité son fondement dans ce que l'association demanderesse ressent comme un blasphème, délit inexistant en droit français ; elle dénie l'existence de toute provocation à la haine ou à la violence à l'égard des chrétiens en raison de leur appartenance à la religion catholique, et fait valoir divers points de vue exprimés au sujet de ce spectacle.

[...]

Attendu qu'aux termes de l'article 809 du code de procédure civile, il peut toujours être prescrit en référé, même en cas de contestation sérieuse, les mesures conservatoires ou de remise en état qui s'imposent pour prévenir un dommage imminent ;

Que l'association demanderesse soutient que cette représentation fait apparaître un défaut du respect dû aux croyances, en l'espèce à la foi chrétienne, et comporte une attaque à l'encontre des chrétiens, exprimant un mépris absolu de leur foi, comme un manque de respect de l'amour qu'ils portent à Jésus-Christ ;

Attendu qu'il convient de faire préalablement à ce sujet les observations suivantes, étant entendu que n'ont été soumises au débat contradictoire que des copies d'écran tirées de vidéos reproduisant le spectacle par extraits (pièce n° 5 du demandeur, pièces 6 à 12 du défendeur), mais non la totalité de celui-ci ;

Que, comme en convient l'association, il ne ressort pas des diverses pièces échangées le fait que des quolibets puissent être proférés au cours de cette pièce, ni que des crachats puissent être adressés en direction du portrait représentant le Christ installé sur la scène ;

Que de même, il n'est en réalité pas démontré au vu des documents communiqués, que le personnage du vieillard se trouve amené à déverser sur le portrait en question des excréments, ainsi que l'indique un critique ; qu'il convient de relever que suivant les éléments versés au débat, c'est en réalité le sol de l'appartement figurant dans le décor sur lequel des matières représentant des excréments vont être déversées par l'acteur jouant ce personnage de vieillard ; qu'enfin, la défenderesse affirme que c'est au cours de la scène présentée au cours du premier tableau, soit lorsque le vieil homme est en proie à une diarrhée incontrôlable, que le public est appelé à percevoir l'odeur de synthèse reconstituant celle dégagée par des excréments, ce que les diverses descriptions ne remettent pas en cause ;

Attendu ainsi qu'il est permis de considérer que c'est le cours d'autres séquences qu'il convient d'examiner à cet égard ;

Que ce sont des personnages d'enfants qui apparaissent comme lançant des jouets figurant des grenades sur l'image représentant le Christ ; qu'il n'est pas sérieusement contesté que ce n'est pas à ce stade que le metteur en scène a entendu faire subir à l'image une dégradation ou une modification ; que l'auteur précise au demeurant (pièce n° 22 de la défenderesse) que l'ambiance sonore illustrant la scène – dont ne dispose pas le juge des référés – est constituée d'abord d'un bruit d'explosion évoluant progressivement vers une musique religieuse de l'an mille ;

Qu'en ce qui concerne ensuite le dernier tableau, au cours duquel les personnages disparaissent de la scène pour laisser le public seul confronté à l'image représentant le visage du Christ, il est notable que la dégradation provient, non plus d'une source située en face de celle-ci, mais derrière elle ; que suivant les documents produits, l'image se trouve alors maculée de noir, conformément à l'intention de l'auteur (pièces n° 11, 22 de la défenderesse) qui évoque « un voile noir, représentation de l'univers infini, coulant sur le portrait du fils de Dieu », alors que pour le critique du journal « Le Monde » il s'agissait de coulures de couleur brun-rouge, évoquant davantage de la matière fécale que du sang ;

Attendu ceci étant posé, que comme rappelé par l'association du Théâtre de la Ville, la liberté d'expression artistique ne peut être soumise à d'autres restrictions que celles expressément prévues par la loi ; que l'association demanderesse ne disconvient pas du fait que le blasphème, auquel pourraient s'assimiler les faits de son point de vue, ne représente pas en droit français une incrimination sur laquelle il pourrait s'appuyer pour justifier l'interdiction de ce spectacle ;

Qu'il ne peut non plus s'agir d'une injure à l'égard des chrétiens au sens des dispositions de la loi du 29 juillet 1881, qui ne sont d'ailleurs pas visées, l'association X considérant en réalité que ceux-ci se trouvent indirectement atteints dans leur foi par l'atteinte portée à l'image du Christ ;

Qu'il n'est pas non plus soutenu, même s'il ressort des divers avis versés au débat qu'il peut heurter ou choquer telle ou telle personne y assistant, que ce spectacle encouragerait à la discrimination, la haine ou à la violence à l'égard des chrétiens ;

Attendu en réalité que les avis émis par les personnalités de confession chrétienne évoqués par l'une et l'autre partie sont partagés, certains considérant qu'il s'agit d'une mise en cause insultante (pièces n° 9, 10, 11 du demandeur), d'autres estimant comme l'auteur d'un article dans le quotidien « La Croix » (pièce n° 20) que le spectateur est renvoyé « à ses peurs et expériences les plus intimes, ses croyances, sa foi en l'homme. En Dieu », ou comme l'auteur d'une critique dans le périodique "Télérama" (pièce n° 2 de l'association X) que : « Sul concetto di volto nel Figlio di Dio n'a rien d'une œuvre sacrilège. C'est une prière » ;

Qu'au vu des documents versés au débat, l'image (pièce n° 12 de la défenderesse) représentant le Christ qui apparaît en dernier lieu fait ressortir en incrustation le message « You are my shepherd » – tu es mon berger, et, par un examen plus attentif, la négation "not", semblant estompée (You are not my shepherd) ; que de plus l'image est, non plus en noir et blanc comme jusqu'alors, mais réapparaît en couleurs dans son aspect telle qu'elle était lors de la scène faisant intervenir les enfants (pièce n° 3 du demandeur), laissant le spectateur sur cette interpellation, et non, comme l'affirme la demanderesse, sur un message suggérant de façon univoque le rejet de la foi chrétienne ;

Qu'il ne peut donc en toute évidence retenu qu'il s'agit sans équivoque et de façon définitive de salir, au sens littéral du terme, le visage du Christ, et de rejeter la foi en Lui ;

Qu'il ne peut donc être en toute évidence retenu qu'il puisse s'agir ici d'une violation du respect des sentiments religieux des chrétiens au travers de cette représentation et mise en scène de l'image du Christ, dont le droit à la foi, de manifester leurs convictions religieuses ou de pratiquer leur religion n'est pas ainsi mis en cause ; que le Théâtre de la Ville, s'il bénéficie de subventions publiques, ne peut être considéré comme un service public, de sorte que l'exigence à son égard d'une particulière vigilance quant au respect du principe de laïcité se trouve sérieusement contestable ;

Que le trouble pouvant être engendré par cette représentation, empreinte incontestablement d'images fortes pouvant toucher la sensibilité de certains spectateurs en particulier de confession chrétienne, ne peut donc pour autant être considéré comme manifestement illicite ;

Attendu en définitive qu'il n'est pas permis de retenir qu'il aurait été porté atteinte au respect dû à la foi chrétienne, d'une façon à ce point évidente et empreinte du tel absolu mépris invoqué qu'elle puisse justifier en référé la mesure radicale qui est demandée, qui serait en réalité tout à fait disproportionnée ;

*SUR L'ATTEINTE À LA DIGNITÉ*

L'association X soutient ensuite que ce spectacle porte atteinte au respect du principe constitutionnel de la dignité humaine, s'appuyant sur les dispositions de l'article 16 du Code civil, issu de l'article 2 de la loi n° 94-653 du 29 juillet 1994, relative au respect du corps humain, principe à valeur constitutionnelle, sur l'article 1 du Préambule de la Constitution du 27 octobre 1946, l'article 1 de la Charte des droits fondamentaux de l'Union européenne, le préambule du Pacte international relatif aux droits civils et politiques du 16 décembre 1966, et l'article 227-24 du Code pénal réprimant la diffusion de messages à caractère violent ou pornographique ou de nature à porter gravement atteinte à la dignité humaine.

La dignité des chrétiens en tant que personnes humaines est, de son point de vue, bafouée par les attaques et salissures faites au visage du Christ, et elle estime que l'exposition sur une scène de théâtre d'un vieillard diarrhéique dans les conditions décrites constitue une atteinte à la dignité humaine.

Elle soutient qu'il existe également sous cet aspect un trouble manifestement illicite, évoquant le respect de la dignité tant des acteurs, que celle des vieillards et de tous les hommes en général.

L'association Le Théâtre de la Ville conteste que l'œuvre de fiction puisse avoir pour obligation de respecter la morale ou les bonnes mœurs, sauf à restreindre la liberté de création dans des proportions que la Convention Européenne des Droits de l'Homme ne permet pas.

Attendu qu'il convient de rappeler en effet qu'il s'agit ici d'une œuvre de fiction à prétention artistique, et donc d'une représentation de la déchéance pouvant affecter les personnes âgées, réalité qui s'impose de plus en plus à la conscience à mesure qu'une population toujours plus nombreuse atteint le grand âge ;

Qu'il ne peut être fait de confusion avec un spectacle ou une représentation ayant pour objet de tirer parti d'un handicap ou d'une maladie infectieuse affectant un individu, ayant pour effet de l'humilier ou le stigmatiser ;

Que de ce fait, l'argument relatif à la préservation de la dignité d'acteurs professionnels qui ont librement accepté d'interpréter les personnages ainsi mis en scène se trouve inopérant ;

Que s'agissant de la dignité des personnes âgées en général, la représentation sur la scène du théâtre d'un vieil homme sujet à une diarrhée persistante, pour figurer la déchéance pouvant atteindre les personnes âgées et leur désarroi ainsi que celui de leurs proches en face d'une telle situation, ne peut s'assimiler à une atteinte portée précisément à tel ou tel individu âgé, ou à un groupe d'individus âgés ;

Que contrairement à ce que soutient l'association demanderesse, il s'agit bien de provoquer chez les spectateurs la réflexion sur la condition humaine, au travers certes d'une confrontation directe à la rude réalité représentée, pouvant heurter la sensibilité de ceux-ci, mais sans pour autant qu'il puisse être retenu l'existence d'un trouble dont le caractère manifestement illicite justifierait la mesure demandée ;

Que par conséquent il n'y a pas davantage lieu sur ce motif à référé ;

Qu'il apparaîtrait inéquitable de laisser à l'association Théâtre de la Ville la charge de frais irrépétibles qu'elle a été appelée à engager pour se défendre à l'occasion d'un référé autorisé pour un jour et heure d'audience indiqués ;

Que l'association Générale contre le Racisme et pour le respect de l'Identité Française et chrétienne, dite X qui succombe dans ses prétentions et aura la charge des dépens, devra lui verser à ce titre la somme de MILLE DEUX CENTS euros.

PAR CES MOTIFS

Statuant publiquement, par mise à disposition au greffe, par ordonnance contradictoire et en premier ressort,

Vu les dispositions de l'article 809 alinéa 1 du code de procédure civile,

Disons, en l'absence de trouble manifestement illicite, qu'il n'y a pas lieu à référé ;

Condamnons l'association Générale contre le Racisme et pour le respect de l'Identité Française et chrétienne, dite X au paiement des dépens, et à payer à l'association Théâtre de la Ville la somme de MILLE DEUX CENTS euros en application des dispositions de l'article 700 du code de procédure civile.

Fait à Paris le 18 octobre 2011

Le Greffier, B LE STRAT – Le Président, Emmanuel BINOCHE

## 2) TRIBUNAL ADMINISTRATIF DE PARIS, ORD., 28 OCTOBRE 2011, ALLIANCE GÉNÉRALE CONTRE LE RACISME ET LE RESPECT DE L'IDENTITÉ FRANÇAISE ET CHRÉTIENNE, N° 1118111

TRIBUNAL ADMINISTRATIF DE PARIS

N° 1118111/9

ALLIANCE GENERALE CONTRE LE RACISME ET LE RESPECT DE L'IDENTITE FRANCAISE ET CHRETIENNE

---

Mme X

Juge des référés

---

Ordonnance du 28 octobre 2011

---

54-03-005

26-03

RÉPUBLIQUE FRANÇAISE

AU NOM DU PEUPLE FRANÇAIS

Le juge des référés

Vu la requête, enregistrée le 14 octobre 2011 sous le n° 1118111, présentée pour l'ALLIANCE GENERALE CONTRE LE RACISME ET LE RESPECT DE L'IDENTITE FRANCAISE ET CHRETIENNE (AGRIF), dont le siège est au XXX, par Me Triomphe ; l'AGRIF demande au juge des référés :

- d'ordonner, sur le fondement des dispositions de l'article L. 521-1 du code de justice administrative, la suspension des effets de la décision non publiée de l'Établissement public de coopération culturel 104 programmant la tenue du spectacle de Roméo Castellucci intitulé « sur le concept du visage du Fils de Dieu » du 2 au 6 novembre 2011, jusqu'à ce qu'il soit statué au fond sur la légalité de cette décision ;
- d'enjoindre à l'établissement public de mettre fin à cette programmation ;
- de mettre à la charge de l'établissement public de coopération culturelle 104 une somme de 3 000 euros au titre de l'article L.761-1 du code de justice administrative ;

Elle fait valoir :

- Au titre de l'urgence, que cette programmation pour les tous prochains jours, qui viole le principe du respect des croyances et le principe de laïcité, est constitutive d'un grave trouble à l'ordre public ;
- Au titre du doute sérieux sur la légalité de cette décision :
    - o Qu'il existe bien une décision de programmation, révélée par la tenue du spectacle ;
    - o Qu'elle a intérêt à agir en raison de son objet social ;
    - o Que la décision viole le respect des croyances, garanti par la Constitution et la Convention européenne de sauvegarde des droits de l'homme et des libertés fondamentales, le principe de laïcité et le respect de la dignité humaine ;

Vu la décision attaquée ;

Vu le mémoire en défense, enregistré le 26 octobre 2011, présenté pour l'établissement public de coopération culturelle 104, tendant au rejet de la requête et à la mise à la charge de l'association requérante d'une somme de 5 000 euros sur le fondement de l'article L. 761-1 du code de justice administrative ;

Il fait valoir :

- A titre principal que la requête est irrecevable, d'une part en l'absence de toute décision administrative, d'autre part parce que la suspension excéderait les pouvoirs du juge des référés en ce qu'elle préjudicierait au principal, enfin pour absence d'intérêt à agir de l'association ;
- A titre subsidiaire que la condition d'urgence n'est pas remplie, d'une part parce que le spectacle a déjà été présenté et d'autre part parce qu'il y a urgence à ne pas interdire le spectacle sauf à porter atteinte à la liberté d'expression ;
- Enfin parce que ce spectacle ne viole aucun droit ;

Vu le mémoire, enregistré le 27 octobre 2011, présenté pour l'AGRIF tendant aux mêmes fins que sa requête initiale, par les mêmes moyens ;

Elle fait valoir en outre que son intérêt à agir a été reconnu dans des instances voisines et que la violation du droit au respect des croyances s'étend à celui des objets de vénération religieuse ;

Vu les autres pièces du dossier ;

Vu la Constitution ;

Vu la Convention européenne de sauvegarde des droits de l'homme et des libertés fondamentales ;

Vu le code de justice administrative ;

Vu la requête numéro 1118097 enregistrée le 14 octobre par laquelle l'ALLIANCE GENERALE CONTRE LE RACISME ET LE RESPECT DE L'IDENTITE FRANCAISE ET CHRETIENNE demande l'annulation de cette décision ;

Vu la décision par laquelle le président du tribunal a désigné M^me^ X, président, pour statuer sur les demandes de référé ;

Après avoir convoqué à une audience publique :

- M^e^ Triomphe, représentant l'AGRIF ;

– l'établissement public de coopération culturelle 104 ;

Après avoir entendu lors de l'audience publique du 27 octobre 2011 à 11 heures :

– le rapport de Mme X, juge des référés ;

– Me Triomphe, représentant l'AGRIF ;

– Me Baron, représentant l'établissement public de coopération culturelle 104 ;

Après avoir prononcé, à l'issue de l'audience à 12 heures, la clôture de l'instruction ;

Sur les conclusions présentées au titre de l'article L. 521-1 du code de justice administrative :

Considérant qu'aux termes de l'article L. 521-1 du code de justice administrative : « Quand une décision administrative, même de rejet, fait l'objet d'une requête en annulation ou en réformation, le juge des référés, saisi d'une demande en ce sens, peut ordonner la suspension de l'exécution de cette décision, ou de certains de ses effets, lorsque l'urgence le justifie et qu'il est fait état d'un moyen propre à créer, en l'état de l'instruction, un doute sérieux quant à la légalité de la décision [...] » ;

Considérant qu'il est constant que le spectacle litigieux doit se tenir au 104, rue d'Aubervilliers, du 2 au 6 novembre 2011 ; que cette circonstance révèle nécessairement l'existence d'une décision de programmation ; que le statut de l'établissement public prévoit que son directeur assure la programmation de l'activité artistique et culturelle, qui relève de l'organisation du service qui a été confié à l'EPIC ; qu'il en résulte que la tenue du spectacle est la conséquence d'une décision administrative, susceptible d'un recours pour excès de pouvoir ;

Considérant qu'en l'état de l'instruction aucun des moyens invoqués n'est de nature à faire naître un doute sérieux quant à la légalité de la décision attaquée ; que, par suite, les conclusions aux fins de suspension de l'exécution de la décision attaquée doivent être rejetées ;

Sur les conclusions présentées au titre de l'article L. 761-1 du code de justice administrative :

Considérant que l'article L. 761-1 du code de justice administrative dispose : « , Dans toutes les instances, le juge condamne la partie tenue aux dépens ou, à défaut, la partie perdante, à payer à l'autre partie la somme qu'il détermine, au titre des frais exposés et non compris dans les dépens. Le juge tient compte de l'équité ou de la situation économique de la partie condamnée. Il peut, même d'office, pour des raisons tirées des mêmes considérations, dire qu'il n'y a pas lieu à cette condamnation. » ;

Considérant que ces dispositions font obstacle aux conclusions de l'AGRIF dirigées contre l'établissement public de coopération culturelle 104 qui n'est pas, dans la présente instance de référé, la partie perdante ; qu'il y a lieu en revanche, dans les circonstances de l'espèce, de mettre à la charge de l'AGRIF, une somme de 1 000 euros en application desdites dispositions ;

ORDONNE

Article 1er : La requête de l'ALLIANCE GENERALE CONTRE LE RACISME ET LE RESPECT DE L'IDENTITE FRANCAISE ET CHRETIENNE est rejetée.

Article 2 : L'ALLIANCE GENERALE CONTRE LE RACISME ET LE RESPECT DE L'IDENTITE FRANCAISE ET CHRETIENNE versera à l'établissement public de coopération culturelle 104, la somme de 1 000 euros en application des dispositions de l'article L. 761-1 du code de justice administrative.

Article 3 : La présente ordonnance sera notifiée à l'ALLIANCE GENERALE CONTRE LE RACISME ET LE RESPECT DE L'IDENTITE FRANCAISE ET CHRETIENNE et à l'établissement public de coopération culturelle 104.

Fait à Paris, le 28 octobre 2011

Le juge des référés, Mme X Le greffier, Mlle Bora

La République mande et ordonne à tous huissiers de justice, à ce requis en ce qui concerne les voies de droit commun, contre les parties privées, de pourvoir à l'exécution de la présente décision.

## 3) TRIBUNAL ADMINISTRATIF DE PARIS, ORD., 28 FÉVRIER 2012, *ALLIANCE GÉNÉRALE CONTRE LE RACISME ET LE RESPECT DE L'IDENTITÉ*, N° 1118097

TRIBUNAL ADMINISTRATIF DE PARIS

N° 1118097

---

ALLIANCE GENERALE CONTRE LE RACISME ET LE RESPECT DE L'IDENTITE

---

Ordonnance du 28 février 2012

---

REPUBLIQUE FRANÇAISE

AU NOM DU PEUPLE FRANÇAIS

La vice-présidente de la 7e section,

Vu la requête, enregistrée le 14 octobre 2011, présentée pour l'association ALLIANCE GENERALE CONTRE LE RACISME ET LE RESPECT DE L'IDENTITE, dont le siège est XXX à XXX, par Me Triomphe ; l'association ALLIANCE GENERALE CONTRE LE RACISME ET LE RESPECT DE L'IDENTITE demande au tribunal :

- d'annuler la décision non publiée autorisant le spectacle de Roméo Castellucci au théâtre le « 104 », les 2, 3, 4, 5 et 6 novembre 2011 intitulé « sur le concept du visage du Fils de Dieu » ;
- de mettre à la charge de l'établissement public de coopération culturelle « 104 cent quatre » une somme de 3 000 euros au titre des dispositions de l'article L 761-1 du code de justice administrative ;

Vu, enregistré le 24 janvier 2012, l'acte par lequel l'association ALLIANCE GENERALE CONTRE LE RACISME ET LE RESPECT DE L'IDENTITE déclare se désister purement et simplement de sa requête ;

Vu les autres pièces du dossier ;

Vu le code de justice administrative ;

Considérant qu'aux termes de l'article R. 222-1 du code de justice administrative : « [...] les présidents de formation de jugement des tribunaux [...] peuvent, par ordonnance : 1(Donner acte des désistements [...] » ;

Considérant que le désistement de la ALLIANCE GENERALE CONTRE LE RACISME ET LE RESPECT DE L'IDENTITE est pur et simple ; que rien ne s'oppose à ce qu'il en soit donné acte ;

ORDONNE

Article 1er : Il est donné acte du désistement de la requête de l'association ALLIANCE GENERALE CONTRE LE RACISME ET LE RESPECT DE L'IDENTITE.

Article 2 : La présente ordonnance sera notifiée à l'association ALLIANCE GENERALE CONTRE LE RACISME ET LE RESPECT DE L'IDENTITE et à l'établissement public de coopération culturelle « 104 cent quatre ».

Fait à Paris, le 28 février 2012

La vice-présidente de la 7e section, O. FUCHS

## 4) TRIBUNAL CORRECTIONNEL DE PARIS, 24e CHAMBRE, 21 JUIN 2013

Arrêt non publié.

## 5) COUR D'APPEL DE PARIS, CHAMBRE 2-7, 11 MAI 2016

Arrêt non publié.

## 6) COUR DE CASSATION, CHAMBRE CRIMINELLE, 28 JUIN 2017, No 16-83680

LA COUR DE CASSATION, CHAMBRE CRIMINELLE, a rendu l'arrêt suivant :

Statuant sur le pourvoi formé par :

- M. Luc X…,
- Mme Isabelle Y…, épouse Z…,
- M. Jean A…,
- M. Louis B…,
- Mme Hélène C…,
- M. Lukasz D…,
- M. Étienne E…,
- M. Antoine F…,
- M. François Z…,
- M. Foucauld G…,
- M. David H…,

– M. Frédéric I…,
– M. Michel J…,
– M. Patrick K…,
– M. Louis L…,
– M. Jean-Benoît M…,
– M. Henri M…,
– M. Flavien M…,
– M. Michel O…,
– M. Yann P…,
– M. Thibaut Q…,
– M. Mickaël R…,
– M. Jean-René S…,
– M. Mike T…,
– M. Tony U…,
– M. Christian I…,

contre l'arrêt de la cour d'appel de PARIS, chambre 2-7, en date du 11 mai 2016, qui, pour entrave concertée avec violences ou voies de fait à la liberté d'expression, a condamné les 25 premiers nommés à des peines d'amende ou de jours-amende ;

La COUR, statuant après débats en l'audience publique du 23 mai 2017 où étaient présents : M. Guérin, président, M. Bonnal, conseiller rapporteur, M. Straehli, M^me^ Durin-Karsenty, MM. Larmanjat, Ricard, Parlos, M^me^ Ménotti, conseillers de la chambre, MM. Talabardon, Ascensi, conseillers référendaires ;

Avocat général : M. Lagauche ;

Greffier de chambre : M^me^ Zita ;

**Sur** le rapport de M. le conseiller BONNAL, les observations de la société civile professionnelle LE BRET-DESACHÉ, de la société civile professionnelle FOUSSARD et FROGER, de la société civile professionnelle SEVAUX et MATHONNET, avocats en la Cour, et les conclusions de M. l'avocat général LAGAUCHE ;

Sur la recevabilité du pourvoi en tant qu'il est formé par M. Christian I… :

Attendu que l'arrêt attaqué ne prononce aucune condamnation civile contre M. Christian I…, lequel a été définitivement relaxé par les premiers juges ;

D'où il suit que, la décision ne faisant pas grief à ce demandeur, son pourvoi n'est pas recevable ;

Vu les mémoires produits, en demande et en défense ;

Sur le moyen unique de cassation, pris de la violation des articles 10 de la Convention européenne des droits de l'homme, 431-1 du code pénal et 593 du code de procédure pénale ;

« en ce que l'arrêt attaqué a confirmé la culpabilité des demandeurs du chef d'entrave à la liberté d'expression et les peines prononcées par les premiers juges et, sur l'action civile, les a condamnés à payer la somme de un euro aux parties civiles ;

« aux motifs qu'en ce qui concerne l'entrave à une liberté publique, en l'espèce la liberté d'expression, cette notion ne suppose pas nécessairement une action ayant rendue impossible l'exercice de cette liberté, la perturbation ou l'interruption d'un spectacle dans la limite de la résistance opposée aux perturbateurs correspondant à l'infraction visée par le texte qui fonde la prévention ; que, par ailleurs, si c'est à bon droit que les prévenus opposent leur propre liberté d'expression à celle du spectacle (sic) qu'ils ont entravé, celui-ci ne saurait être admis en l'espèce dans la mesure où leur action n'est pas la réaction spontanée d'un spectateur à une représentation, dont il critique la qualité ou le contenu, mais la volonté d'entraver un spectacle qui ne leur était nullement imposé ; que leur sera encore proposé l'attitude des quelques prévenus dont la désapprobation s'est exprimée par le seul fait de quitter la salle éventuellement en exprimant d'une phrase du type « c'est un scandale » leur indignation ; / …/ ; qu'en effet, leurs interventions orales limitées ou assumées ne dépassent pas les limites de la liberté d'expression en ce qu'elles n'étaient pas de nature à provoquer l'interruption du spectacle ; qu'il n'en est pas de même du fait de monter sur la scène, ou encore de manifester la volonté de le faire dans des conditions telles que la nécessaire intervention des services de sécurité entraîne l'interruption, même provisoire, du spectacle, tous comportements qui caractérisent la voie de fait ; que la déclaration de culpabilité de l'ensemble des autres prévenus sera donc confirmée, de même que des peines exactement adaptées ; / …/ ; que les parties civiles dont la recevabilité n'a pas été contestée, soit celles de M. Roméo V…, de M. Giancarlo W… et du Théâtre de la Ville ont donc, en des conclusions communes, sollicité chacune la condamnation des prévenus à leur payer un euro de dommages-intérêts au titre de leur préjudice moral ; / …/ ; que les parties civiles font valoir le fondement même de la poursuite, soit l'atteinte à leur liberté d'expression ; que les prévenus ont fait plaidé (sic), selon les cas alternativement ou cumulativement, que leur action correspondait à l'exercice de leur propre liberté d'expression, ainsi que l'atteinte portée par les parties civiles à leurs convictions religieuses, les parties civiles étant à ce dernier titre à l'origine de leur propre dommage, ils s'opposent, en conséquence, à une réparation, même symbolique ; que les prévenus condamnés au titre de l'action publique seront nécessairement tenu (sic) à la réparation de l'incontestable préjudice moral subi par les parties civiles ; que la décision du tribunal sera sur ce point confirmée ;

« 1°) alors que l'entrave au sens de l'article 431-1 du code pénal suppose une action concertée en vue d'empêcher totalement l'exercice de la liberté d'expression ; que le seul trouble momentané dans le déroulement d'un spectacle ne saurait donc constituer une entrave ; qu'en l'espèce, le comportement des prévenus, qui relevait de l'exercice de leur liberté d'opinion, comprise dans celle d'expression, leur droit à leur liberté de conscience ayant été bafoué par l'injure faite à un symbole sacré de leur religion, n'a perturbé que momentanément le déroulement du spectacle, qui a ensuite repris son cours sans être annulé ; que l'atteinte à la liberté d'expression des parties civiles a donc été proportionnée et a poursuivi un but légitime, l'exercice de leurs libertés d'expression et de conscience par les prévenus ; que la cour d'appel a pourtant considéré que l'entrave à la liberté d'expression « ne suppose pas nécessairement une action ayant rendue impossible l'exercice de cette liberté, la perturbation et l'interruption du spectacle » « correspondant à l'infraction visée par le texte qui fonde la prévention » ; qu'en statuant ainsi, la cour d'appel a violé l'article 431-1 du code pénal ;

« 2°) alors que le juge pénal ne peut prononcer de peine qu'autant qu'il a caractérisé tous les éléments constitutifs de l'infraction ; qu'il lui incombe, s'agissant du délit d'entrave à la liberté d'expression, de caractériser notamment la voie de fait, qui, en l'absence de définition légale, s'entend de tout acte qui, sans atteindre physiquement la personne, est susceptible de lui causer une impression vive, une émotion violente et de troubler sa sécurité ; qu'en l'espèce, la cour d'appel a considéré que le « fait de monter sur la scène, ou encore de manifester la volonté de le faire dans des conditions telles que la nécessaire intervention des services de sécurité entraine l'interruption, même provisoire, du spectacle » caractérisaient la voie de fait ; qu'en prononçant comme elle l'a fait, sans caractériser en quoi le fait de monter sur scène, de prier, de chanter l'Ave Maria, de crier au blasphème, à la christianophobie et au scandale ou encore vive le Christ avait fait subir aux parties civiles une émotion violente et suscité la crainte pour leur sécurité et sans prendre en compte le fait qu'elles ont pris, en toute connaissance de cause, le risque de choquer profondément des croyants en insultant un symbole sacré de leur religion chrétienne et qu'aucun acteur ou metteur en scène ne peut prétendre ignorer que, si sa liberté d'expression est sacrée, elle peut trouver ses limites dans la souillure de ce qui est sacré pour d'autres, dont la réaction est donc prévisible, la cour d'appel a violé l'article 431-1 du code pénal ;

« 3°) alors que dans l'hypothèse d'un conflit dans lequel les parties invoquent l'atteinte à l'exercice d'une même liberté, le juge doit mettre en balance les intérêts de chaque partie, afin de rechercher si les deux atteintes s'équilibrent ou si l'une est abusive et de s'assurer que la protection de la liberté d'une partie n'entraine pas le sacrifice de celle de l'autre ; qu'en l'espèce, la cour d'appel était invitée à mettre en balance la liberté d'expression des prévenus, qui revendiquaient leur droit de protester contre une injure faite à un symbole de la religion, et celle des parties civiles, qui opposaient leur droit de mettre en scène un spectacle scatologique se terminant par la souillure du visage du Christ ; que la cour d'appel a pourtant considéré que « si c'est à bon droit que les prévenus opposent leur propre liberté d'expression à celle du spectacle (sic) qu'ils ont entravé, celui-ci ne saurait être admis en l'espèce dans la mesure où leur action n'est pas la réaction spontanée d'un spectateur à une représentation, dont il critique la qualité ou le contenu, mais la volonté d'entraver un spectacle qui ne leur était nullement imposé ; que leur sera encore proposé l'attitude des quelques prévenus dont la désapprobation s'est exprimée par le seul fait de quitter la salle éventuellement en exprimant d'une phrase du type 'c'est un scandale' leur indignation ; / .../ ; qu'en effet, leurs interventions orales limitées ou assumées ne dépassent pas les limites de la liberté d'expression en ce qu'elles n'étaient pas de nature à provoquer l'interruption du spectacle » ; qu'en statuant ainsi, sans mettre en balance les intérêts en cause, en réduisant la liberté d'expression des prévenus à la faculté de quitter individuellement la salle, en pouvant « éventuellement » exprimer leur désapprobation, et en protégeant de manière absolue la liberté d'expression des parties civiles en occultant totalement celle des demandeurs, la cour d'appel a violé l'article 10 de la Convention européenne des droits de l'homme » ;

Attendu qu'il résulte de l'arrêt attaqué, du jugement qu'il confirme et des pièces de procédure que trois représentations du spectacle intitulé « Sur le concept du visage du fils de Dieu » ont été perturbées et momentanément interrompues par des spectateurs qui, de façon concertée, sont montés sur la scène, en criant, chantant et priant, ou encore, lors de la dernière représentation concernée, ont lancé des boules puantes ; que M. X... et les autres demandeurs au pourvoi, ainsi que huit autres personnes, ont été poursuivis devant le tribunal correctionnel, du chef susvisé ; que les juges du premier degré ont déclaré coupables les demandeurs au pourvoi autres que M. Christian I... ; que ces prévenus, ainsi que les parties civiles et, à titre incident, le ministère public, ont relevé appel de cette décision ;

Attendu que, pour confirmer le jugement à l'égard de vingt-six des trente appelants, l'arrêt énonce notamment que l'entrave à la liberté d'expression ne suppose pas nécessairement une action ayant rendu impossible l'exercice de cette liberté, mais est caractérisée par la perturbation ou l'interruption d'un spectacle dans la limite de la résistance opposée aux perturbateurs ; que les juges, après avoir relaxé quatre prévenus qui ont quitté la salle en exprimant éventuellement d'une phrase leur indignation et n'ont ainsi pas outrepassé les limites de leur liberté d'expression, ajoutent que les autres prévenus ne sauraient invoquer, en l'espèce, l'exercice de leur propre liberté d'expression, dès lors que, loin de manifester spontanément leur désapprobation, ils avaient la volonté d'entraver un spectacle qui ne leur était nullement imposé ; que la cour d'appel retient enfin que le fait de monter sur la scène ou de tenter de le faire dans des conditions obligeant à l'intervention des services de sécurité, fait qui a entraîné l'interruption, même momentanée, du spectacle, caractérise la voie de fait ;

Attendu qu'en l'état de ces énonciations, procédant de son appréciation souveraine des faits et circonstances de la cause, dont il résulte qu'elle a, sans insuffisance ni contradiction, caractérisé, en tous ses éléments, tant matériel qu'intentionnel, le délit d'entrave concertée avec voies de fait à la liberté d'expression dont elle a déclaré les prévenus coupables, la cour d'appel a justifié sa décision sans méconnaître les dispositions légales ou conventionnelles visées au moyen, lequel doit, en conséquence, être écarté ;

Et attendu que l'arrêt est régulier en la forme ;

I-Sur le pourvoi en tant qu'il est formé pour M. Christian I… :

Le DÉCLARE IRRECEVABLE ;

II-Sur le pourvoi en tant qu'il est formé pour les autres demandeurs :

Le REJETTE ;

FIXE à 2 000 euros la somme globale que les demandeurs au pourvoi devront payer à l'association Théâtre de la Ville au titre de l'article 618-1 du code de procédure pénale ;

Ainsi fait et jugé par la Cour de cassation, chambre criminelle, et prononcé par le président le vingt-huit juin deux mille dix-sept ;

En foi de quoi le présent arrêt a été signé par le président, le rapporteur et le greffier de chambre.

Le Rapporteur

Le Président

Le Greffier de chambre

# ANNEXE III

## Affaire *Golgota picnic*

### 7) TRIBUNAL ADMINISTRATIF DE TOULOUSE, ORD., RÉF., 15 NOVEMBRE 2011, N° 1105012

TRIBUNAL ADMINISTRATIF DE TOULOUSE

N° 1105012

---

ALLIANCE GENERALE CONTRE LE RACISME ET POUR LE RESPECT DE L'IDENTITE FRANCAISE ET CHRETIENNE, dite Y

---

M. X

Juge des référés

---

Ordonnance du 15 novembre 2011

---

54-035-02-C

RÉPUBLIQUE FRANÇAISE

AU NOM DU PEUPLE FRANÇAIS

Le juge des référés Vu la requête, enregistrée le 8 novembre 2011 sous le n° 1105012, présentée pour l'ALLIANCE GENERALE CONTRE LE RACISME ET POUR LE RESPECT DE L'IDENTITE FRANCAISE ET CHRETIENNE, dite Y, dont le siège social est situé 70 boulevard Saint-Germain à XXX, par Me TRIOMPHE, avocat ; l'Y demande au juge des référés, sur le fondement de l'article L. 521.1 du code de justice administrative :

- de suspendre les effets de la décision du maire de Toulouse de ne pas user de ses pouvoirs de police pour interdire les représentations de la pièce intitulée Golgota Picnic programmée du 16 au 20 novembre 2011 au Théâtre Garonne à Toulouse, décision formalisée par la publication d'un communiqué du 27 octobre 2011 ;
- de suspendre les effets de la décision du préfet de la Haute-Garonne du 28 octobre 2011 considérant que les conditions d'une interdiction du spectacle Golgota Picnic ne sont pas réunies ;
- d'enjoindre au maire de Toulouse et au préfet de la Haute-Garonne de prendre, en application de leurs pouvoirs de police, un arrêté d'interdiction du spectacle Golgota Picnic programmé du 16 au 20 novembre 2011 ;
- de condamner la ville de Toulouse et l'État à lui verser la somme de 3.000 euros en application de l'article L. 761-1 du code de justice administrative ;

Elle soutient :

- que d'une part, en ce qui concerne l'urgence, conformément à l'arrêt Confédération nationale des radios libres (CE, section, 19 janvier 2001, requête n° 228 815), la condition d'urgence est remplie en l'espèce dès lors que la décision d'organiser cette représentation préjudicie de manière suffisamment grave et immédiate à un intérêt public (ici, l'ordre public, la dignité humaine, le respect des croyances, la non-discrimination, le principe de laïcité et de neutralité du service public) ou aux intérêts statutaires que défend la requérante et qui recouvre en pratique l'intérêt public en question ; qu'en outre, le spectacle est programmé prochainement au Théâtre Garonne du 16 au 20 novembre 2011 ;

– que d'autre part, en ce qui concerne le doute sérieux sur la légalité de la décision attaquée, et tout d'abord le contenu du spectacle, le titre même du spectacle « Golgota Picnic » manifeste un mépris absolu de la foi des chrétiens, le Golgota étant le mont de la rédemption sur lequel Jésus-Christ a été crucifié ; que ce spectacle constitue une violente attaque contre le christianisme ; que concernant ensuite les manifestations de protestations, de nombreux évêques et archevêques ont manifesté leur indignation et invité les laïcs catholiques à agir contre ce spectacle ;

– que le 24 octobre 2011, la requérante a demandé au maire de Toulouse et au préfet de la Haute-Garonne d'user de leurs pouvoirs de police pour interdire ce spectacle ; qu'en réponse, le maire a publié un communiqué sur le site internet de la ville de Toulouse aux termes duquel il manifeste qu'il n'interviendra pas au nom de la liberté d'expression artistique ; que par ce communiqué, le maire démontre qu'il n'a même pas étudié la question de l'atteinte à l'ordre public qui lui était soumise ; que de même, le préfet a écrit au concluant pour lui indiquer ne pas voir de raisons d'interdiction de ce spectacle ;

– qu'en l'espèce, la tenue de ce spectacle constitue un trouble à l'ordre public dès lors qu'il viole ouvertement le droit au respect de toutes les croyances, le principe de laïcité et de neutralité du service public, le principe de la dignité humaine, le principe de non-discrimination outre qu'il s'y commet des infractions pénales d'exhibition sexuelle ; qu'elle conteste le refus par le maire d'exercer les pouvoirs de police qu'il tient de l'article L. 2122-24 du code général des collectivités territoriales ; qu'elle conteste également le refus du préfet d'exercer, sur le fondement de l'article L. 2215-1 du même code, son pouvoir de se substituer au maire alors que celui-ci s'abstient d'exercer son pouvoir de police municipale ;

– que la liberté d'expression artistique ne peut être absolue mais doit être limitée, dans une société démocratique, par les droits d'autrui, et en l'espèce le respect de tous les citoyens ; que cependant, ce spectacle constitue une attaque frontale contre les chrétiens qui vénèrent le Christ comme fils de Dieu ; que pour se convaincre de l'atteinte à l'ordre public, il suffit de voir le scandale que causerait un tel spectacle mettant en scène Mahomet ou Moïse ;

– que ce spectacle est organisé grâce à des subventions publiques et constitue une atteinte directe au principe de laïcité et de neutralité du service public ; que c'est ainsi que le festival d'automne de Paris, qui coproduit Golgota Picnic avec le Théâtre Garonne, bénéficie du mécénat d'un certain nombre d'entreprises mais également du soutien du ministère de la culture, du ministère des affaires étrangères et européennes, du conseil régional d'Ile-de-France et de la mairie de Paris ; que le Théâtre Garonne est quant à lui une association subventionnée par la mairie de Toulouse, le conseil régional et le conseil général ; qu'à ce titre, il est tenu à un minimum de neutralité et de respect des croyances et des objets de vénération de tous les citoyens ;

– que ce spectacle viole également la dignité des chrétiens en tant que personnes humaines qui sont bafouées par les attaques faites contre le Christ et le christianisme ;

– qu'enfin, ce que ni le Théâtre de la Garonne, ni le Théâtre du Rond-point ne disent dans leur présentation du spectacle sur leurs sites respectifs, c'est qu'il s'y commet des infractions pénales d'exhibition sexuelle ; que c'est ainsi que le pianiste joue entièrement nu sur scène ainsi que le démontrent les photographies ; qu'il s'agit de la commission de l'infraction d'exhibition sexuelles définie à l'article 222-32 du code pénal ; qu'un tel spectacle ne peut prétendre être licite ;

Vu, enregistré le 10 novembre 2011, le mémoire en défense présenté par le Préfet de la Haute-Garonne, tendant au rejet de la requête formée par l'Y ;

Il soutient :

– que l'urgence doit s'apprécier globalement et objectivement en fonction des circonstances de chaque espèce ; qu'il s'avère que les affirmations de la requérante sont très générales ; que l'association n'apporte aucune preuve à l'appui de celles-ci ; que, par conséquent, le moyen tiré de l'urgence ne pourra qu'être rejeté ;

- que la décision en date du 28 octobre 2011 est fondée sur l'article L. 2212-1 du code général des collectivités territoriales qui dispose que le maire est chargé, sous le contrôle administratif du représentant de l'État dans le département, de la police rurale et de l'exécution des actes de l'État qui y sont relatifs ; que c'est donc à bon droit que l'État a considéré que seul le maire est compétent en l'espèce ; que certes, l'article L. 2215-2 dudit code prévoit qu'en cas de carence locale, le préfet peut, après mise en demeure, prendre à la place du maire, les dispositions qu'exige la situation de la commune ; qu'il convient toutefois que l'ordre public soit véritablement menacé, ce qui en l'espèce n'est nullement démontré par la requérante ;

Vu, enregistré le 12 novembre 2011, le mémoire en défense présenté pour la ville de Toulouse, représentée par son maire, par Me Ducomte, avocat, tendant, d'une part, au rejet de la requête déposée par l'Y, et d'autre part, à sa condamnation au paiement de la somme de 5 000 euros sur le fondement des dispositions de l'article L. 761-1 du code de justice administrative ;

Elle soutient :

- qu'à défaut, pour la requérante de justifier du dépôt d'une requête en annulation, la requête aux fins de référé suspension devra être déclarée irrecevable ; que de plus, en tant que tel, le communiqué de presse dont tente de s'emparer l'association requérante ne constitue pas une décision administrative exécutoire ;
- qu'en ce qui concerne l'absence de moyens de nature à créer un doute quant à la légalité de la décision querellée, il convient de rappeler, à titre liminaire, que le blasphème ne constitue pas une infraction ; qu'à aucun moment, l'association requérante ne précise directement quelles pourraient être les atteintes aux composantes de l'ordre public tel que défini par l'article L. 2212-2 du code général des collectivités territoriales ; que si l'on se réfère aux termes de la requête introductive d'instance, le risque principal d'atteinte à l'ordre public résiderait dans les conséquences que les

membres de l'association requérante pourraient retirer de l'émotion que suscite chez eux la représentation de la pièce de théâtre qu'ils contestent ; que si tel était le cas, l'autorité municipale serait fondée à prendre toute mesure utile à la sauvegarde de la sérénité des représentations ; que concernant la prétendue atteinte à l'ordre public par voie de référence, il convient de remarquer que la jurisprudence du Conseil d'État (CE, 27 octobre 1995, Commune de Morsang-sur-Orge), comme d'ailleurs l'essentiel de celle qui s'est dégagée à l'occasion de contentieux concernant la police administrative, concerne la légalité, non d'un refus d'exercice des pouvoirs de police, mais d'une mesure de police ; que par ailleurs, le respect des croyances postule le respect égal des critiques dont telle ou telle croyance peut être l'objet ; qu'aucune atteinte à la liberté de croyance n'a été commise par le maire de Toulouse ; que la contribution publique à la création artistique n'est pas plus illégitime en matière de création artistique qu'en matière d'enseignement privé ; qu'il était loisible à l'association requérante de contester les délibérations, si elles existent, qui emportent subventionnement du spectacle ; que par contre, l'existence d'un tel subventionnement est insusceptible de constituer une atteinte à l'ordre public ; qu'à aucun moment le spectacle ne peut être considéré comme portant atteinte à la dignité des personnes qui y participent ; qu'en outre, contrairement à ce qu'affecte de croire l'association requérante, l'existence d'une infraction pénale ne se présume pas mais se démontre ;

- que la pièce de théâtre n'ayant pas encore été représentée, l'urgence n'est pas constituée ; que la seule référence à l'émotion de l'association requérante n'est pas de nature à constituer, à elle seule, une condition d'urgence ;

Vu, enregistrée le 14 novembre 2011, la note en délibéré présentée pour l'Y ;

Vu les autres pièces du dossier ;

Vu, enregistrée le 8 novembre 2010, sous le n° 1105013, la requête de l'ALLIANCE GENERALE CONTRE LE RACISME ET POUR LE

RESPECT DE L'IDENTITE FRANCAISE ET CHRETIENNE, dite Y, tendant à l'annulation des décisions attaquées ;

Vu la Constitution ;

Vu la Convention européenne de sauvegarde des droits de l'homme et des libertés fondamentales ;

Vu le code général des collectivités territoriales ;

Vu le code de justice administrative ;

Vu la décision en date du 1er septembre 2011, par laquelle le président du tribunal a désigné M. X, vice-président, pour statuer sur les demandes de référé ;

Après avoir entendu, à l'audience publique du 14 novembre 2011 à laquelle les parties avaient été régulièrement convoquées :

- le rapport de M. X, juge des référés ;
- les observations de Me Triomphe pour l'Y, qui confirme ses écritures et fait en outre valoir que la liberté d'expression ne peut être sans limites et méconnaitre le droit au respect des croyances et des objets de vénération religieuse ; que le spectacle est constitutif d'infractions pénales, notamment en ce qu'il incite à la haine contre les chrétiens ;
- les observations de Me Ducomte pour la ville de Toulouse qui confirme ses écritures et fait en outre valoir que le risque de troubles à l'ordre public émane des opposants à la tenue du spectacle faisant l'objet du litige ;

Sur les conclusions présentées au titre de l'article L. 521-1 du code de justice administrative :

Considérant qu'aux termes de l'article susmentionné : « Quand une décision administrative, même de rejet, fait l'objet d'une requête en annulation ou en réformation, le juge des référés, saisi d'une demande en ce sens, peut ordonner la suspension de l'exécution de cette décision, ou de certains de ses effets, lorsque l'urgence le justifie et qu'il est fait état d'un moyen propre à créer, en l'état de l'instruction, un doute sérieux quant à la légalité de la décision [...] » ;

Sans qu'il soit besoin de statuer sur les fins de non-recevoir opposées par la ville de Toulouse :

Considérant qu'aux termes de l'article L. 2122-24 du code général des collectivités territoriales : « Le maire est chargé, sous le contrôle administratif du représentant de l'État dans le département, de l'exercice des pouvoirs de police, dans les conditions prévues aux articles L. 2212-1 et suivants » ; qu'aux termes de l'article L. 2212-2 du même code : « La police municipale a pour objet d'assurer le bon ordre, la sûreté, la sécurité et la salubrité publiques » ; qu'aux termes de l'article L. 2215-1 : « La police municipale est assurée par le maire, toutefois : 1° Le représentant de l'État dans le département peut prendre, pour toutes les communes du département ou plusieurs d'entre elles, et dans tous les cas où il n'y aurait pas été pourvu par les autorités municipales, toutes mesures relatives au maintien de la salubrité, de la sûreté et de la tranquillité publiques » ;

Considérant qu'il appartient aux maires et aux préfets, en cas de risques de troubles à l'ordre public, de concilier l'usage éventuel des pouvoirs de police conférés par les dispositions précitées avec la préservation de l'exercice des libertés fondamentales, au nombre desquelles figure la liberté d'expression ;

Considérant que le moyen soulevé par l'ALLIANCE GENERALE CONTRE LE RACISME ET POUR LE RESPECT DE L'IDENTITE FRANCAISE ET CHRETIENNE, tiré de ce que le maire de Toulouse et le préfet de la Haute-Garonne auraient commis une erreur manifeste d'appréciation des circonstances de l'espèce au regard des dispositions précitées en refusant, pour le premier d'interdire les représentations de la pièce de théâtre « Golgota Picnic » et pour le second, de se substituer au maire pour prononcer cette interdiction, ne parait pas, en l'état de l'instruction, de nature à créer un doute sérieux quant à la légalité de ces décisions ; qu'aucun des autres moyens susvisés n'apparaît de nature à créer un tel doute ;

Considérant qu'il résulte de ce qui précède qu'il y a lieu de rejeter la présente requête en référé de l'ALLIANCE GENERALE CONTRE LE RACISME ET POUR LE RESPECT DE L'IDENTITE FRANCAISE ET CHRETIENNE et, par voie de conséquence, ses conclusions tendant à ce qu'il soit enjoint aux autorités susmentionnées de prendre un arrêté d'interdiction du spectacle faisant l'objet du litige ;

Sur les conclusions présentées au titre de l'article L. 761-1 du code de justice administrative :

Considérant qu'aux termes dudit article : « Dans toutes les instances devant les tribunaux administratifs et les cours administratives d'appel, le juge condamne la partie tenue aux dépens ou, à défaut, la partie perdante, à payer à l'autre partie la somme qu'il détermine, au titre des frais exposés et non compris dans les dépens. Le juge tient compte de l'équité ou de la situation économique de la partie condamnée. Il peut, même d'office, pour des raisons tirées des mêmes considérations, dire qu'il n'y a pas lieu à cette condamnation » ;

Considérant qu'en vertu des dispositions précitées, le tribunal ne peut faire bénéficier la partie tenue aux dépens ou la partie perdante du paiement par l'autre partie des frais qu'elle a exposés à l'occasion du litige soumis au juge ; que les conclusions présentées à ce titre par l'ALLIANCE GENERALE CONTRE LE RACISME ET POUR LE RESPECT DE L'IDENTITE FRANCAISE ET CHRETIENNE doivent par suite être rejetées ;

Considérant par ailleurs qu'il y a lieu, dans les circonstances de l'espèce, de mettre à la charge de l'ALLIANCE GENERALE CONTRE LE RACISME ET POUR LE RESPECT DE L'IDENTITE FRANCAISE ET CHRETIENNE une somme de 1200 € au titre des frais exposés par la commune de Toulouse et non compris dans les dépens ;

ORDONNE

Article 1er : La requête n° 1105012 de l'ALLIANCE GENERALE CONTRE LE RACISME ET POUR LE RESPECT DE L'IDENTITE FRANCAISE ET CHRETIENNE est rejetée.

Article 2 : L'ALLIANCE GENERALE CONTRE LE RACISME ET POUR LE RESPECT DE L'IDENTITE FRANCAISE ET CHRETIENNE versera à la commune de Toulouse la somme de 1200 € (mille deux cents euros) au titre de l'article L. 761-1 du code de justice administrative.

Article 3 : La présente ordonnance sera notifiée à l'ALLIANCE GENERALE CONTRE LE RACISME ET POUR LE RESPECT DE L'IDENTITE FRANCAISE ET CHRETIENNE, à la commune de Toulouse et au ministre de l'intérieur, de l'outre-mer, des collectivités territoriales et de l'immigration.

(Copie en sera adressée au préfet de la Haute-Garonne)

Fait à Toulouse, le 15 novembre 2011

Le juge des référés, La greffière,

Jean-Pierre X Michelle Rouquet

La République mande et ordonne au préfet de la Haute-Garonne, en ce qui le concerne et à tous huissiers de justice à ce requis, en ce qui concerne les voies de droit commun contre les parties privées de pourvoir à l'exécution du présent jugement.

Pour expédition conforme :

Le greffier en chef,

## 8) TRIBUNAL DE GRANDE INSTANCE DE PARIS, 7 DÉCEMBRE 2011, N° 11/59621

N° RG : 11/59621

N° : 1/FB

Assignation du : 23 Novembre 2011

**DEMANDERESSE**

**Q R S CONTRE LE RACISME ET POUR LE RESPECT DE L'IDENTITÉ FRANÇAISE ET CHRÉTIENNE (AGRIF)**

[...]

représentée par M^e^ Jérôme TRIOMPHE, avocat au barreau de PARIS – #C0537

**DÉFENDERESSE**

**S.A.R.L. THEATRE DU ROND-POINT**

[...]

représentée par M^e^ Brigitte RICHARD, avocat au barreau de PARIS – #C013

EN PRÉSENCE DU

PROCUREUR DE LA RÉPUBLIQUE

[...]

représenté par M^me^ Caby, Vice Procureur

**DÉBATS**

À l'audience du 01 Décembre 2011, tenue publiquement, présidée par AE AF, Première Vice-Présidente, assistée de Sandrine PARTEL, Greffier.

**EXPOSE** DU LITIGE

La sté Théâtre du Rond-Point, sarl, qui gère le Théâtre du Rond-Point, situé 2bis, avenue Franklin Roosevelt à Paris ([...], a prévu, au titre du Festival d'Automne de Paris, de programmer dans la salle Renault-Barreau de son théâtre, du 8 au 17 décembre 2011, une pièce de théâtre dénommée "C D" dont l'auteur M. A B en assure également la mise en scène, qui a été présentée en Espagne, par le Centro dramatico Nacional à Madrid, et en France, au festival d'Avignon en juillet 2011 et à Toulouse en novembre 2011.

L'Q "R S contre le racisme et pour le respect de l'identité française et chrétienne" (AGRIF), Q régie par la Loi de 1901, dont l'objet social est "*créer des Comités d'action politique et sociale pour défendre les valeurs menacées de notre civilisation, combattre les idées subversives, proposer des solutions de renouveau.... Elle entend lutter contre le racisme anti-français et anti-chrétien, l'étalage public de la pornographie et tout ce qui porte notamment atteinte à la dignité de la femme et du respect de l'enfant*", a, par acte du 23 novembre 2011, fait assigner le Théâtre du Rond-Point, sur le fondement de l'article 809 du code de procédure civile, pour voir :

- prononcer l'interdiction du spectacle de M. A B intitulé "C D", programmé du 8 au 17 décembre 2011 au Théâtre du Rond-Point à Paris, sous peine d'une astreinte de 50.000 euros par jour en cas de non-respect de l'interdiction ;
- subsidiairement, ordonner l'interdiction a minima lors des représentations à venir à Paris :
- des propos cités constituant des provocations à la haine,
- des propos qui constituent une atteinte au respect des croyances, des objets de vénération religieuse et du principe de neutralité ;

soit le propos du prénommé T-U page 6 su script "parmi tous ces gaillards, ces chevaux, ces gosses et le Christ, le chien est le seul qui n'a jamais trahi personne", les tirades du prénommé X, des pages 12 à 17 du script, ainsi que celle du prénommé V-U des pages 25 et 26 du script ;

– ordonner l'interdiction de toute exhibition sexuelle, ainsi que l'interdiction de singer le Christ par le biais d'une actrice portant un justaucorps sur lequel est imprimé son corps supplicié et portant un casque sur lequel est imprimé la couronne d'épines, de prononcer l'interdiction de toute singerie de la scène de la crucifixion et de la scène dans laquelle des billets de banque sont glissés dans la plaie du Crucifié ;

– ordonner la suppression, sur quelque support que ce soit, de l'image et de l'affiche présentant une femme crucifiée entre deux tranches de hamburger ainsi que l'utilisation sous quelque forme que ce soit du titre C D, sous astreinte de 50.000 euros par infraction constatée en cas de non respect de ces interdictions.

– très subsidiairement, interdire l'accès des mineurs à ce spectacle et faire injonction au Théâtre du Rond-Point de prendre toute mesure utile à cet effet ;

– ordonner la lecture sur scène d'un communiqué.

l'AGRIF sollicite en outre une indemnité de procédure de 3.000 euros.

Elle soutient principalement que :

– L'ensemble unanime des évêques de France a publié un communiqué par leur porte parole, M. W AA AB, s'exprimant ainsi : "*La liberté d'expression est à respecter comme sacrée ? Qu'elle respecte donc aussi ce qui est sacré ! Aucun euro public ne doit subventionner le culturel. Qu'aucun euro public ne subventionne davantage une production qui dénigre un culte : Ce n'est pas parce que le christianisme fut sociologiquement majoritaire qu'il doit être le fusible d'hystéries culturelles. De nombreux citoyens non chrétiens partagent notre colère. Si vous êtes de cet avis, ne demeurez pas impassibles. Interpellez vos élus…*" ;

– le respect des croyances et des objets de vénération s'impose, en application de l'article 1 de la Constitution du 4 octobre 1958, qui dispose que "La France est une République indivisible, laïque, démocratique et sociale. Elle assure l'égalité devant la loi de tous les citoyens sans distinction d'origine, de race ou de religion. Elle respecte toutes les croyances…", du Pacte international relatifs aux droits civils et politiques du 16 décembre 1966, de l'article 10 de la Convention européenne de sauvegarde des droits de l'homme du 4 novembre 1950 et de l'article 4 de la Déclaration des droits de l'homme et du citoyen du 26 août 1789, de la jurisprudence de la Cour européenne des droits de l'homme, sur la protection des objets de vénération religieuse et des croyances qui s'applique en droit français et de l'article 16 du code civil interdisant toute atteinte à la dignité de la personne humaine ;

- or, le spectacle par ses propos et ses images, constitue une attaque frontale contre les Chrétiens qui vénèrent le Christ comme fils de Y, présenté comme "le puto diablo", et contre le christianisme accusé par son iconographie de favoriser la terreur, la violence et la pédophilie ;
- le spectacle est organisé grâce à des subventions publiques ce qui constitue une atteinte au principe de laïcité et de neutralité du service public ;
- le spectacle viole la dignité des chrétiens en tant que personnes humaines bafouées par les attaques faites contre le Christ et le christianisme et subissant des provocations à la haine ;
- il se commet sur scène des infractions pénales, telles que provocation à la haine envers les chrétiens, visé à l'article 29 alinéa 8 de la loi du 29 juillet 1881, provocation à la haine envers les juifs, exhibition sexuelle, diffusion de messages à caractère violent, pornographique, portant gravement atteinte à la dignité humaine et susceptibles d'être vus par des mineurs, tels que définis à l'article 227-24 du code pénal.

Répondant aux moyens et arguments de la sté Théâtre du Rond-Point, l'AGRIF indique que :

- son action est recevable, la règle de l'article 5 du code de procédure civile ne s'appliquant pas aux actions judiciaire et administrative susceptibles d'être intentées l'une et l'autre, précisant avoir adressé au Maire de Paris une demande d'interdiction qui est restée sans réponse ;
- l'AGRIF ne poursuit pas l'offense faite à Y, le blasphème mais celle faite aux chrétiens qui sont seuls protégés par la loi française

et la Convention européenne des droit de sauvegarde des droits de l'homme ;

- la culture est un service public et c'est la Mairie de Paris qui a confié à la sté Théâtre du Rond-Point la gestion du théâtre ;
- le spectacle tente de tirer parti du handicap social qui afflige les chrétiens à qui l'on impose toutes les attaques au nom de la liberté d'expression ayant pour effet de les humilier ou de les stigmatiser ;
- la banalisation de la haine envers les chrétiens est la cause directe de centaines de profanations annuelles.

La sté Théâtre du Rond-Point nous demande de débouter l'AGRIF de l'intégralité de ses demandes et sollicite une indemnité de procédure de 3.500 euros.

Elle soutient principalement que :

- l'assignation rapporte des contre-vérités sur le contenu du spectacle, l'AGRIF n'ayant pas vu celui-ci, ainsi que cela ressort du visionnage de la captation ;
- le ton de la pièce est celui du surréalisme propre aux auteurs sud-américains et d'un humour corrosif à la manière des Monthy Python ;
- selon le journal "Libération" du 15 novembre 2011, "*C D est l'un des plus beau spectacles de A B, une méditation souriante et implacable dont il serait absurde que la portée poétique soit occultée par l'agitation qu'il suscite*" ;
- la demande de l'AGRIF, qui a choisi la voie administrative en sollicitant de la Mairie de Paris par lettre du 24 octobre 2011, l'interdiction pure et simple du spectacle, est irrecevable par application du principe "una via electa" ;
- il n'existe pas de trouble manifestement illicite ;
- la liberté d'expression, notamment artistique, est une liberté fondamentale qui peut être soumises à certaines restrictions, dans la limite de la loi, la Cour européenne des droits de l'homme ayant rappelé dans l'arrêt du 7 décembre 1976 Handyside/Royaume Unis,

que cette liberté vaut aussi pour les idées qui “heurtent, choquent ou inquiètent…” ;

- les restrictions légales en droit français sont limitées ;
- aucune infraction légale n’est commise ;
- ce que l’AGRIF ressent comme un blasphème n’est pas un délit existant en droit français et le respect, nouveau nom du blasphème, selon M. E F, à propos des “Versets sataniques de Salman Rushdie”, ne l’est pas plus ;
- le Théâtre du Rond-Point n’est pas un service public, même s’il est subventionné ;
- la définition de la dignité humaine est difficile à cerner et l’œuvre de fiction ne peut avoir pour obligation de respecter la morale ou les bonnes mœurs ;
- aucun délit n’est commis sur scène, ni provocation à la haine envers les chrétiens et les juifs, ni exhibition sexuelle, ni diffusion de messages à caractère violent et pornographique.

À l’audience, l’AGRIF a soutenu ses écritures et maintenu ses demandes.

La sté Théâtre du Rond-Point, a soutenu ses écritures et maintenu ses demandes.

Le ministère public, qui rappelle le principe fondamental de la liberté d’expression, constate que la demande est fondée sur l’article 809 du code de procédure civile et non sur les dispositions de la loi de 1881, les conditions de recevabilité de cette action n’étant pas au demeurant pas remplies de sorte que la demanderesse ne peut soutenir l’existence d’un fait d’incitation à la haine.

Il affirme qu’aucune infraction pénale n’est constituée, l’exposition de la nudité n’étant pas une infraction sans autres des éléments constitutifs de l’infraction pénale, et cette nudité dans une salle de spectacle, lieu privé, dans lequel n’accèdent que des personnes ayant fait le choix d’y entrer en payant leur place et en toute connaissance de la polémique créée autour du spectacle, n’étant pas une exhibition publique.

Il indique qu'il ne peut être reproché à l'auteur de vouloir choquer et provoquer le public sans chercher à flatter ce dernier et que le mauvais goût n'est pas interdit.

Dès lors, aucune atteinte pouvant limiter la liberté d'expression n'est caractérisée avec l'évidence qu'exige la loi en matière de référé.

Enfin, s'agissant des demandes subsidiaires, le ministère public estime qu'elles ne sont pas admissibles, en ce qu'elles constituent une censure ou une réécriture de l'œuvre et rappelle qu'il n'appartient pas au juge judiciaire de se prononcer sur l'application de règles de police, le classement du spectacle ne pouvant être contesté que devant la juridiction administrative.

MOTIFS DE LA DECISION

Aux termes de l'article 809 alinéa 1 du code de procédure civile, le président du tribunal de grande instance peut toujours, même en présence d'une contestation sérieuse, prescrire en référé les mesures conservatoires ou de remise en état qui s'imposent soit pour prévenir un dommage imminent, soit pour faire cesser un trouble manifestement illicite.

La recevabilité de l'action de l'AGRIF, en ce qu'elle rentre dans son objet social, se définissant comme visant le racisme "anti-chrétien", la pornographie et le respect de l'enfant, n'est pas discutée.

En l'absence de procédure à ce jour engagée devant la juridiction administrative le juge des référés a le pouvoir de statuer sur les prétentions de l'AGRIF.

En revanche, l'action de l'AGRIF, qui ne justifie pas l'existence d'un trouble manifestement illicite, n'est pas fondée.

En premier lieu, la demanderesse ne soutient pas ni ne justifie que la sté Théâtre du Rond-Point a manqué à une obligation qui s'imposerait à elle en sa qualité d'exploitant de spectacles vivants.

Il est constant que le spectacle en cause que la sté Théâtre du Rond-Point a le projet de programmer dans l'une de ses salles n'a fait l'objet d'aucune interdiction ou restriction administratives préalables et il n'appartient pas au juge des référés de se substituer à l'autorité administrative pour imposer des mesures ne rentrant pas dans ses pouvoirs.

Il est constant que la sté Théâtre du Rond-Point n'a fait l'objet d'aucune condamnation pénale et qu'aucune poursuite n'est engagée à son encontre du fait de la programmation annoncée de ce spectacle.

Il en est, au demeurant, de même de l'auteur de la pièce de théâtre litigieuse.

Aucune action pénale ou civile n'a été introduite dans les conditions prévues par la loi du 29 juillet 1881 sur la liberté de la presse, notamment pour des infractions de provocation à des crimes ou délits, de diffamation ou d'injures à l'égard d'une personne ou d'un corps évoquées par la demanderesse.

La présente action, qui ne répond pas aux conditions d'application de l'action civile prévue par la loi précitée, notamment son article 65, ne peut se fonder sur ces dispositions, à supposer les éléments constitutifs des infractions en cause caractérisés.

S'agissant des principes généraux que l'AGRIF nous demande d'appliquer, il doit être rappelé que les dispositions de la loi de 1881 ne sont pas en contradiction avec les principes issus de la Convention européenne de sauvegarde des droits de l'homme. Il ressort des articles 10 et 11 de la Déclaration des droits de l'homme et du citoyen de 1789 que « *Nul ne doit être inquiété pour ses opinions, même religieuses, pourvu que leur manifestation ne trouble pas l'ordre public établi par la loi.* » et que « *La libre communication des pensées et des opinions est un des droits les plus précieux de l'homme ; tout citoyen peut donc parler, écrire, imprimer librement, sauf à répondre de l'abus de cette liberté dans les cas déterminés par la loi* ». La Constitution de 1958, comme la Convention européenne de sauvegarde des droits de l'homme consacrent, dans le même esprit d'une part la liberté de pensée de conscience et de religion d'autre part la liberté d'expression et de création en affirmant que leur exercice ne peut être limité que par la loi.

La Cour européenne des droits de l'homme a de son côté jugé que la liberté d'expression constitue l'un des fondements essentiels d'une société démocratique, *"vaut non seulement pour les "informations" ou "idées" accueilles avec faveur ou considérées comme inoffensives ou indifférentes mais aussi pour celles qui heurtent, choquent ou inquiètent l'État ou une fraction quelconque de la population."*

En l'occurrence, la représentation de la pièce de M. A B telle que la sté Théâtre du Rond-Point envisage de la produire comporte un texte dit par des acteurs, elle est mise en scène par l'auteur, elle est jouée par des acteurs, dans un décor, interprétant une chorégraphie sur un extrait musical, et elle comprend la projection de films préenregistrés ou issus de l'enregistrement fait sur scène par les acteurs eux mêmes de leur personnage. Enfin, une longue séquence en deuxième partie est exclusivement consacrée à l'interprétation d'une ouvre musicale.

Ainsi, il ne peut faire de doute dans l'esprit du spectateur qu'il s'agit bien d'une œuvre de fiction, qui ne restitue pas la seule expression de la pensée de l'auteur ou de quiconque, mais qui est une création composée d'un ensemble d'éléments ayant vocation à permettre au spectateur de ressentir les interrogations, opinions et sensations que des personnages inventés par l'auteur traduisent par la parole et le geste dans un contexte musical et visuel spécifique.

L'auteur d'une telle création n'est tenu de se conformer à aucune opinion, foi, esthétique ou morale déterminée, et il n'est limité que par les obligations imposées par la loi.

Si le titre de la pièce et certains passages évoquent directement ou indirectement des scènes décrites dans les Évangiles ou appartenant à la tradition catholique, l'auteur *"ne se réfère guère à la doxa catholique mais s'inscrit dans un vieux fonds culturel commun à chacun, qu'il ait la foi ou non" ainsi que l'a justement estimé* M. *G H, dans un article intitulé "C D", le grand fatras de A B"*, publié le 17 novembre 2011 sur le site www.la-croix.com (pièce n° 10).

Le ton parodique de l'ensemble de la pièce n'est pas contestable et il est patent que les acteurs prononcent des paroles, même lorsqu'il se plaçant du point de vue d'un personnage évoquant Jésus, sans que nul ne puisse se tromper sur le fait qu'il s'agit d'une fiction et non de l'affirmation d'une vérité historique ou de la négation de l'objet de la foi des croyants des religions chrétiennes.

Dès lors, les propos tenus par les personnages, au demeurant de manière très calme, tant sur "le legs graphique" longuement critiqué, alors que sont projetées des images de la Croix de Rubens, que sur plusieurs thèmes évoquant la vie du Christ ou les images de celle-ci, n'apparaissent pas de manière évidente comme étant une critique des chrétiens d'aujourd'hui.

Au reste, la réponse actuelle des représentants des Eglises chrétiennes, et notamment des représentants de l'Eglise catholique citée par la demanderesse, qui ne sont pas parties à la présente instance, n'est pas univoque et elle a évolué dans le temps.

Il convient de surcroît d'observer qu'il ressort de la lecture de la pièce que l'auteur, exprime principalement des sentiments d'angoisse, d'incompréhension et d'abandon nourrissant une vision nihiliste du monde, qu'il met en relation avec une représentation du Christ et de la Passion qui lui est personnelle et qui constitue l'essence même de sa création, faisant dire à l'un de ses personnages : "*Y est un stratagème que j'ai mis au point pour égayer ma survie sur cette terre miteuse*".

De son côté, M^me^ Z, du journal "Le Monde", termine l'article publié sur le site www.lemonde.fr du 17 novembre 2011, rendant compte des manifestations organisées à Toulouse, "*… on ne saurait trop conseiller de lire C D. Inspiré par la peur de Y que l'auteur espagnol d'origine argentine (né en 1964), a connue quand il était enfant, c'est une charge, oui, mais pas au sens où l'entend Civitas, qui voit du blasphème là où il y a de l'imprécation à la I J et une mélancolie profonde, à la K L, face à la désespérance que peut inspirer notre monde. Intégrisme compris.*"

S'agissant des scènes devant figurer dans le spectacle qui doit être donné telles qu'elles ont été présentées dans le DVD produit, reproduction de la pièce telle que présentée à Madrid et qui, selon le Théâtre du Rond-Point, seront reprises dans le spectacle annoncé, la traduction du texte dit en espagnol par les acteurs sur scène apparaître en sous titrage, il apparaît que pendant quelques cinq minutes les acteurs, qui se sont déshabillés, restent dénudés, dans une lumière tamisée, puis que pendant toute la durée de son interprétation intégrale au piano des Sept Dernières paroles du Christ sur la croix, de M N, M. O P, est assis sur le tabouret du piano, vu de profil par la salle alors qu'il ne porte aucun vêtement. Pendant quelques instants, les acteurs figurent, au moyen de leurs corps, un groupe évoquant une pietà, sans que la scène présente avec évidence un caractère pornographique.

Enfin certaines images projetées sur un écran placé derrière les comédiens résultent de la capture qu'en font ceux-ci au moyen d'une caméra placée sur la scène et qu'ils activent eux-même sans que l'objectif soit spécialement dirigé vers une partie ou une autre des comédiens, même si une image furtive apparaît dans le cours du spectacle montrant une partie partiellement dénudés du corps de la comédienne.

Si ces scènes peuvent provoquer une gêne chez certains spectateurs, ou être critiquées pour des raisons artistiques voire leur absence de lien avec le sujet, il ne peut être soutenu qu'il s'agit de manquements à une règle existante, l'exposition de la nudité n'étant pas en soi interdite dans un spectacle.

Il convient en outre d'observer que la pièce en cause est programmée pour être représentée à huit reprises dans un théâtre aux dimensions modestes, qui n'a pas fait de publicité particulière, aux seuls spectateurs ayant choisi de s'y rendre, moyennant un prix non négligeable, de sorte que si trouble il peut y avoir, à la vision de ce spectacle, il ne peut être ressenti que par quelques centaines de spectateurs au plus, avertis par le contexte polémique entourant certaines œuvres, de sorte que les mesures sollicitées d'interdiction, même limitées, s'apparentant à la destruction d'une création artistique, seraient sans proportion avec le dommage allégué et pourraient entraîner un trouble manifeste.

Dans ces conditions, il n'y a pas lieu à référé.

Il serait inéquitable de laisser à la charge de la sté Théâtre du Rond-Point la totalité des frais non compris dans les dépens qu'elle a dû exposer pour assurer sa défense.

PAR CES MOTIFS

Statuant par ordonnance remise au greffe, en premier ressort, contradictoire

Disons n'y avoir lieu à référé ;

Condamnons L'AGRIF aux dépens et à payer à la société Théâtre du Rond-Point la somme de 3.500 euros sur le fondement de l'article 700 du code de procédure civile.

Fait à Paris le 07 décembre 2011

Le Greffier, Le Président,

AC AD AE AF

## 9) TRIBUNAL ADMINISTRATIF DE TOULOUSE, ORD., 24 FÉVRIER 2012, N° 1105013

TRIBUNAL ADMINISTRATIF DE TOULOUSE

N° 1105013

---

X L'ALLIANCE GENERALE CONTRE LE RACISME ET

LE RESPECT DE L'IDENTITE FRANCAISE ET CHRETIENNE

---

Ordonnance du 24 février 2012

---

54-05-04

C

REPUBLIQUE FRANÇAISE

AU NOM DU PEUPLE FRANÇAIS

Le président de la 4e chambre, Vu la requête, enregistrée le 8 novembre 2011, présentée pour l'X L'ALLIANCE GENERALE CONTRE LE RACISME ET LE RESPECT DE L'IDENTITE FRANCAISE ET CHRETIENNE (Y), dont le siège social se situe XXX à XXX, par Me Triomphe, avocat ; l'X Y demande au tribunal :

1°) d'annuler la décision du maire de la commune de Toulouse de ne pas user de ses pouvoirs de police pour interdire les représentations de la pièce intitulée « Golgota Picnic » programmée du 16 au 20 novembre 2011 au Théâtre Garonne à Toulouse, décision formalisée par la publication d'un communiqué du 27 octobre 2011 ;

2°) d'annuler la décision du 28 octobre 2011 par laquelle le préfet de la Haute-Garonne a considéré que les conditions d'une interdiction concernant ledit spectacle n'étaient pas réunies ;

3°) de mettre à la charge du maire de la commune de Toulouse et de l'État une somme de 3 000 euros chacun au titre des dispositions de l'article L. 761-1 du code de justice administrative ;

Vu, enregistré le 24 janvier 2012, l'acte par lequel l'X Y déclare se désister purement et simplement de sa requête, compte tenu de la décision du juge des référés en date du 15 novembre 2011 ;

Vu le mémoire en défense, enregistré le 26 janvier 2012, présenté pour la commune de Toulouse, par Me Ducomte, qui conclut à, à titre principal, à l'irrecevabilité de la requête et, à titre subsidiaire, à son rejet ; elle demande en outre la mise à la charge de l'X Y d'une somme de 3 000 euros au titre des dispositions de l'article L. 761-1 du code de justice administrative ;

Vu les autres pièces du dossier ;

Vu le code de justice administrative ;

Considérant qu'aux termes de l'article R. 222-1 du code de justice administrative : « [...] les présidents de formation de jugement des tribunaux [...] peuvent, par ordonnance : 1 (Donner acte des désistements ; [...]

5° Statuer sur les requêtes qui ne présentent plus à juger de questions autres que la condamnation prévue à l'article L. 761-1 ou la charge des dépens » ;

**Sur** les conclusions présentées à titre principal :

Considérant que le désistement de l'X Y est pur et simple ; que rien ne s'oppose à ce qu'il en soit donné acte ;

**Sur** les conclusions tendant à l'application des dispositions de l'article L.761-1 du code de justice administrative :

Considérant qu'aux termes de l'article L.761-1 du code de justice administrative : « Dans toutes les instances devant les tribunaux administratifs et les cours administratives d'appel, le juge condamne la partie tenue aux dépens ou, à défaut, la partie perdante, à payer à l'autre partie la somme qu'il détermine, au titre des frais exposés et non compris dans les dépens. Le juge tient compte de l'équité ou de la situation économique de la partie condamnée. Il peut, même d'office, pour des raisons tirées des mêmes considérations, dire qu'il n'y a pas lieu à cette condamnation » ;

Considérant qu'il y a lieu, dans les circonstances de l'espèce, de mettre à la charge de l'X Y une somme de 1 000 euros en application des dispositions précitées du code de justice administrative ;

ORDONNE

Article 1er : Il est donné acte du désistement de la requête de l'X L'ALLIANCE GENERALE CONTRE LE RACISME ET LE RESPECT DE L'IDENTITE FRANCAISE ET CHRETIENNE.

Article 2 : L'X L'ALLIANCE GENERALE CONTRE LE RACISME ET LE RESPECT DE L'IDENTITE FRANCAISE ET CHRETIENNE versera à la commune de Toulouse la somme de 1 000 euros en application des dispositions de l'article L. 761-1 du code de justice administrative.

Article 3 : La présente ordonnance sera notifiée à l'X L'ALLIANCE GENERALE CONTRE LE RACISME ET LE RESPECT DE

L'IDENTITE FRANCAISE ET CHRETIENNE, à la commune de Toulouse et au ministre de l'intérieur, de l'outre-mer, des collectivités territoriales et de l'immigration.

Copie en sera délivrée au préfet de la Haute-Garonne.

Fait à Toulouse, le 24 février 2012.

Le président de la 4e chambre, Z-A B

La République mande et ordonne au ministre de l'intérieur, de l'outre-mer, des collectivités territoriales et de l'immigration, en ce qui le concerne et à tous huissiers à ce requis, en ce qui concerne les voies de droit commun contre les parties privées, de pourvoir à l'exécution de la présente décision.

Pour expédition conforme : Le Greffier en chef,

## 10) COUR ADMINISTRATIVE D'APPEL DE TOULOUSE, 6e CHAMBRE, 14 JUIN 2013, N° 12BX01022

Vu la requête enregistrée le 20 avril 2012, présentée pour l'alliance générale contre le racisme et le respect de l'identité française et chrétienne (AGRIF), dont le siège est situé 70 boulevard Saint-Germain à Paris (75005), par Me A... ;

L'AGRIF demande à la cour :

1°) d'annuler l'ordonnance n° 1105013 du 24 février 2012 du président de la 4e chambre du tribunal administratif de Toulouse en tant qu'il a mis à sa charge la somme de 1 000 euros à verser à la commune de Toulouse au titre de l'article L. 761-1 du code de justice administrative ;

2°) de mettre à la charge de la commune de Toulouse une somme de 3 000 euros au titre de l'article L. 761-1 du code de justice administrative ;

Vu les autres pièces du dossier ;

Vu le code de justice administrative ;

Les parties ayant été régulièrement averties du jour de l'audience ;

Après avoir entendu au cours de l'audience publique du 15 avril 2013 :

- le rapport de M. Jean-Emmanuel Richard, premier conseiller ;
- les conclusions de M. Pierre Bentolila, rapporteur public ;

1. Considérant que l'alliance générale contre le racisme et le respect de l'identité française et chrétienne (AGRIF) fait appel de l'ordonnance du 24 février 2012 du président de la 4e chambre du tribunal administratif de Toulouse en tant que, par son article 2, elle a été condamnée à verser la somme de 1 000 euros à la commune de Toulouse au titre de l'article L. 761-1 du code de justice administrative ;

2. Considérant qu'aux termes de l'article L. 761-1 du code de justice administrative : "Dans toutes les instances, le juge condamne la partie tenue aux dépens ou, à défaut, la partie perdante, à payer à l'autre partie la somme qu'il détermine, au titre des frais exposés et non compris dans les dépens. Le juge tient compte de l'équité ou de la situation économique de la partie condamnée. Il peut, même d'office, pour des raisons tirées des mêmes considérations, dire qu'il n'y a pas lieu à cette condamnation.";

3. Considérant que, lorsqu'il est donné acte du désistement d'une requête, il peut être fait application de ces dispositions pour condamner le demandeur à payer au défendeur la somme qu'il demande au titre des frais exposés et non compris dans les dépens, dès lors que les conclusions tendant à l'application desdites dispositions, sont présentées avant le désistement ;

4. Considérant qu'en l'espèce, il ressort des pièces du dossier que les conclusions de la commune de Toulouse tendant à l'application des dispositions de l'article L. 761-1 du code de justice administrative ont été présentées dans un mémoire enregistré au greffe du tribunal

administratif de Toulouse le 26 janvier 2012, après le désistement de l'AGRIF, intervenu au plus tard le 24 janvier 2012 ; que, par suite, et alors même que la substance de la défense sur la requête au fond aurait été toute entière exprimée dans les écritures de la commune consacrées au débat ayant eu lieu dans le cadre d'un référé-suspension, ces conclusions n'étaient pas recevables ;

5. Considérant qu'il résulte de ce qui précède que l'AGRIF est fondée à soutenir que c'est à tort que, par l'ordonnance du 24 février 2012, le président de la 4e chambre du tribunal administratif de Toulouse a mis à sa charge à verser à la commune de Toulouse la somme de 1 000 euros au titre de l'article L. 761-1 du code de justice administrative ;

6. Considérant qu'il y a lieu, dans les circonstances de l'espèce de faire application de ces dispositions, et de mettre à la charge de la commune de Toulouse le versement à l'AGRIF d'une somme de 1 000 euros au titre des frais exposés par elle et non compris dans les dépens ;

DECIDE

Article 1er : L'article 2 de l'ordonnance n° 1105013 du 24 février 2012 du président de la 4e chambre du tribunal administratif de Toulouse est annulé

Article 2 : Les conclusions de la commune de Toulouse présentées devant le tribunal administratif de Toulouse et tendant à ce que soit mise à la charge de l'AGRIF le versement d'une somme de 3 000 euros au titre de l'article L. 761-1 du code de justice sont rejetées.

## 11) TRIBUNAL CORRECTIONNEL, 10 DÉCEMBRE 2015

Décision non publiée.

## 12) COUR D'APPEL DE PARIS, 22 JUIN 2016

Décision non publiée.

## 13) COUR DE CASSATION, CHAMBRE CRIMINELLE, 14 NOVEMBRE 2017, N° 16-84945

LA COUR DE CASSATION, CHAMBRE CRIMINELLE, a rendu l'arrêt suivant :

Statuant sur le pourvoi formé par :

- L'Alliance générale contre le racisme et pour le respect de l'identité française et chrétienne, partie civile,

contre l'arrêt de la cour d'appel de PARIS, chambre 2-7, en date du 22 juin 2016, qui, dans la procédure suivie, sur sa plainte, contre M. Jean-Michel X... et Mme Pascale Y..., du chef de provocation à la discrimination à l'égard d'un groupe de personnes en raison de leur origine ou de leur appartenance ou de leur non-appartenance à une ethnie, une nation, une race ou une religion déterminée, a prononcé sur les intérêts civils ;

La COUR, statuant après débats en l'audience publique du 3 octobre 2017 où étaient présents : M. Soulard, président, M. Talabardon, conseiller rapporteur, M. Straehli, Mme Durin-Karsenty, MM. Cathala, Ricard, Parlos, Bonnal, Mme Ménotti, conseillers de la chambre, MM. Barbier, Ascensi, Mme de-Lamarzelle, conseillers référendaires ;

Avocat général : M. Quintard ;

Greffier de chambre : Mme Zita ;

Sur le rapport de M. le conseiller référendaire TALABARDON, les observations de la société civile professionnelle LE GRIEL, de la société civile professionnelle COUTARD et MUNIER-APAIRE, avocats en la Cour, et les conclusions de M. l'avocat général QUINTARD ;

Vu les mémoires produits, en demande et en défense ;

Sur le moyen unique de cassation, pris de la violation des articles 6, § 1, et 10 de la Convention européenne des droits de l'homme, 24, alinéa 8, de la loi du 29 juillet 1881, 2 et 593 du code de procédure pénale, 1382 du code civil, défaut de motifs et manque de base légale ;

en ce que l'arrêt attaqué a confirmé en ses dispositions civiles le jugement du tribunal correctionnel de Paris du 10 décembre 2015 ayant renvoyé M. X... et Mme Y... des fins de la poursuite du chef de provocation à la discrimination, à la haine ou à la violence à l'égard d'une personne ou d'un groupe de personnes à raison de leur origine ou de leur appartenance ou de leur non appartenance à une ethnie, une nation, une race ou une religion déterminée et débouté l'AGRIF de ses demandes indemnitaires ;

"aux motifs que la prévention suppose un acte positif d'incitation, ce qui implique que le propos suscite, à tout le moins, un sentiment d'hostilité et de rejet à l'égard de la communauté visée, soit en l'espèce la communauté des chrétiens ; que ces propos sont extraits d'une œuvre de fiction ayant donné lieu à des représentations théâtrales, ce qui, certes, n'exclut pas nécessairement qu'ils ne puissent délivrer, sous couvert de l'humour notamment, un message clairement incitatif à la discrimination ou au rejet de la communauté choisie comme cible par l'auteur du spectacle ; qu'en l'espèce, il y a lieu néanmoins de constater que les propos provocateurs de l'auteur, s'ils peuvent être ressentis comme choquants, ne se rapportent qu'à une image totalement inventée et désacralisée de Jésus Christ, auquel il est prêté, à travers une psychologie particulièrement perverse, un comportement destructeur et démoniaque mais ne visent nullement à représenter la communauté des chrétiens sous des traits susceptibles de provoquer à leur égard l'hostilité ou le rejet ; que l'évocation de l'iconographie religieuse dénoncée comme arme "de propagande pour la perversion le tourment et la cruauté", et pour pousser les hommes à se livrer à des actes particulièrement cruels et pervers, ne peut être interprétée comme désignant, en tant qu'héritiers de ce legs graphique, les seuls chrétiens pour former une population particulièrement dangereuse, alors que les "épouvantables tableaux" dont il est rappelé qu'ils sont présentés dans les plus importants musées, nationaux notamment, énumérés par l'auteur, font partie de l'héritage culturel commun du monde occidental et non pas seulement celui des chrétiens ;

"1°) alors qu'en qualifiant l'iconographie chrétienne d'« iconographie de la terreur » et de « propagande pour la perversion, le tourment et la cruauté », apprenant aux enfants « à faire le mal », en imputant aux « héritiers d'un tel legs graphique » la responsabilité des crimes les plus odieux qui se commettent à travers le monde (assassinats, viols d'enfants, tournages de snuffmovies, guerres) et en affirmant que les évangiles sont des écrits « sur le dégoût que l'on inspire », qui « ourdiront des milliers de mensonges » et qu'« on appellera péchés les actes les plus courants » et « péchés la vérité », les propos litigieux présentent les chrétiens d'hier et d'aujourd'hui comme des personnes pour le moins malfaisantes et dangereuses pour la paix sociale et sont susceptibles de provoquer à leur égard l'hostilité ou le rejet et que de tels propos entrent donc dans les prévisions de l'article 24, alinéa 8, de la loi du 29 juillet 1881 incriminant la provocation à la discrimination, à la haine ou à la violence à l'égard d'une personne ou d'un groupe de personnes à raison de leur origine ou de leur appartenance ou de leur non appartenance à une ethnie, une nation, une race ou une religion déterminé, dépassent les limites de la liberté d'expression et constituent une faute civile ;

"2°) alors qu'en présentant Jésus-Christ comme vaniteux, manipulateur, névrosé, dur de cœur, envieux, jaloux, haineux, pyromane, fauteur de guerres, meneur de guérillas, fou, intolérant, faisant le mal, semant la peur (avec des « miracles pervers »), démagogue, paresseux, démoniaque, « messie du sida », escroc, tyran, menteur, lâche, les propos litigieux provoquent nécessairement l'hostilité et le rejet à l'égard des chrétiens qui croient que, comme il l'a déclaré, Jésus-Christ est Dieu fait homme et qui ont celui-ci comme guide et comme modèle et que de tels propos entrent donc dans les prévisions de l'article 24, alinéa 8, de la loi du 29 juillet 1881 incriminant la provocation à la discrimination, à la haine ou à la violence à l'égard d'une personne ou d'un groupe de personnes à raison de leur origine ou de leur appartenance ou de leur non appartenance à une ethnie, une nation, une race ou une religion déterminée, dépassent les limites de la liberté d'expression et constituent une faute civile" ;

Attendu qu'il résulte de l'arrêt attaqué, du jugement qu'il confirme sur l'action civile et des pièces de la procédure que l'Alliance générale contre le racisme et pour le respect de l'identité française et chrétienne (AGRIF) a porté plainte et s'est constituée partie civile, sur le fondement de l'article 24, alinéa 8, devenu alinéa 7, de la loi du 29 juillet 1881, en raison de propos tenus dans la pièce de théâtre de l'auteur hispano-argentin Rodrigo García, intitulée « Golgota picnic », que la société Les Solitaires intempestifs avait éditée le 2 novembre 2011 et dont le théâtre du Rond-Point avait donné neuf représentations, du 8 au 17 décembre suivants, dans le cadre du Festival d'automne à Paris ;

Attendu que les propos incriminés sont les suivants :

Page 17 lignes 13 à 22 : "Il [Jésus Christ] n'est d'accord avec personne, il n'aime aucune des illustrations qu'on a réalisées de lui, il est vaniteux. Il approuve, ça oui, la tonalité globale des tableaux et des fresques : une iconographie de la terreur qui part, ironiquement, du mot "amour". Il a orchestré une parfaite iconographie de la terreur qui durant des siècles a produit des estampes diaboliques où il tient le haut de l'affiche" ;

Page 18 lignes 10 à 25 : "En tant qu'héritiers d'un tel legs graphique, il ne faut pas s'étonner de voir des gens en pousser d'autres par la fenêtre ou des gens baiser des gosses ou des gens qui ne se contentent pas de flanquer cinquante coups de couteau dans un même corps ou des gens qui aiment tourner des snuffmovies et des gens qui envoient des armées aux quatre coins de la planète et des gens qui engloutissent d'un coup six douzaines de BigMac et des litres de soda noir pour faire passer le tout. Le musée du Prado, le Louvre, le musée des Beaux-Arts de Bruxelles ou d'Anvers, la Galerie des Offices, la pinacothèque Albertina, l'Academia, la Alte Pinakothek, le Historisches Museum de Vienne, tous ces beaux édifices doivent être livrés aux flammes" ;

Page 18 lignes 26 à 29 et page 19 ligne 2 : "Personne ne devrait jamais avoir accès à ces épouvantables tableaux représentant des calvaires, des croix et des larmes, des plaies béantes et des doigts qui fouillent l'intérieur, de la propagande pour la perversion, le tourment et la cruauté, résultat de techniques raffinées" ;

Page 19 lignes 12 et 13 : "il y a des visites réservées aux enfants pour que les enfants apprennent à faire le mal" ;

Page 19 lignes 16 à 18 : "Il y a des souvenirs – j'allais les oublier – pour que tu puisses coller sur la porte du frigo tes morceaux de violence et de dépravation préférés" ;

Page 19 lignes 26 à 29 et page 20 lignes 1 à 6 : "Revenons-en à nos moutons : quand il vivait parmi les hommes, il a su mieux que personne prédire et diriger. Il a su dissuader. Il était capable d'embrouiller son monde Il était doué pour organiser et planifier l'avenir des autres. Mais il ne parvenait pas à vivre en paix avec lui-même. Il ne parvenait pas à vivre une simple expérience, parce qu'il s'était imposé de ne partager sa vie quotidienne avec personne" ;

Page 20 lignes 7 à 31 : "Il disait qu'il était le fils de Dieu, ce qui le plaçait sur un autre plan, et il terminait ses nuits en maudissant le monde tout seul dans son coin, sans avoir caressé, sans avoir écouté, avec l'écho de ses propres mots adressés comme des sermons depuis tout là-haut. Il n'a même pas su déguster une glace au chocolat. Il était inapte au quotidien. Le meilleur comme le pire. Il ne l'a jamais avoué, mais il rêvait de perdre son temps comme tout un chacun, sauf qu'il avait le plus grand mal à s'amuser. Il était nul dès qu'il s'agissait de parler de foot. Incapable d'aller boire des bières, de se lancer dans une discussion sur les filles avec un pote et de rater le dernier bus. Il ne supportait pas qu'autour de lui des gens éclatent de joie ou aient le cœur brisé au moindre déboire ou pour des bricoles. Il était stupéfait de constater qu'en l'espace d'une journée une personne lambda pouvait passer de l'euphorie à la tentative de suicide. Il s'émerveillait de ces changements d'humeur, de ces miracles routiniers. Ce qui l'emmerdait, c'était de reconnaître qu'il était le seul à ne jamais fondre en larmes, le seul à ne jamais lâcher le moindre éclat de rire" ;

Page 21 lignes 1 à 10 : "Il enviait les autres – ceux qui perdaient leur temps pour des bricoles, des fadaises qui pourtant faisaient d'eux des êtres passionnels, charnels – alors, rongé par la jalousie et par la haine, il tenta d'allumer des feux de-ci de-là. Il devint pyromane, il avait toujours des allumettes dans ses poches et il savait comment mettre le feu à une forêt par une journée de chaleur et de grand vent, quand pas un nuage dans le ciel n'était annonciateur d'orage" ;

Page 21 lignes 11 à 18 : "Il voulut être le meneur d'une poignée de fous – et il les désigna comme le peuple élu pour l'inauguration du chauvinisme – et il voulut mener ce peuple de fous à la guerre contre tous. Il étudia toutes les nomenclatures des guérillas à venir : Sentier Lumineux. Armée révolutionnaire du peuple. Front de libération nationale. ETA. Et pour sa guérilla il choisit le mot AMOUR" ;

Page 21 lignes19 à 30 : "Il en vint à dire : "Ne croyez pas que je sois venu apporter la paix sur terre, je ne suis pas venu apporter la paix mais la discorde. Car je suis venu séparer le fils de sa mère. Celui qui aime sa mère plus que moi n'est pas digne de moi. Celui qui conservera sa vie la perdra et celui qui perdra sa vie à cause de moi la retrouvera". Voilà le genre de gentillesse qu'il proférait, ce fou, même une fois plaqué comme un autocollant sur la croix. Et pour couronner le tout, il lançait son célèbre "qui n'est pas avec moi est contre moi" ;

Page 22 lignes 1 à 15 : « Il voulut la destruction pour les hommes qui ne pensaient pas comme lui et il dessécha le figuier parce que le figuier ne donnait pas de fruit au moment où il avait faim. Il possédait la faculté quasi divine de souffrir, de faire le mal. Et il aimait faire peur à l'assistance avec des miracles pervers, du genre recoller une oreille tranchée d'un coup d'épée à un pauvre type qui s'était mêlé à une bagarre, soigner les lépreux ou marcher sur l'océan. Il fut aussi le premier démagogue : il multiplia la nourriture pour le peuple au lieu de travailler coude à coude avec lui. Autant qu'on sache, il n'a jamais travaillé » ;

Page 22 lignes 16 à 24 : "Et il enseigna au peuple à être doux comme un agneau. Et il commanda à Francisco de Zurbarán le tableau d'un agneau attaché et mort, posé sur un amas de peinture. On n'avait jamais rien vu de tel : un agneau blanc posé sur les ténèbres. Il déclara à propos de lui-même qu'il était un agneau. Mais c'était un foutu démon" ;

Page 22 lignes 25 à 29 et page 23 lignes 1 à 19 : “Si un bâtiment, ses habitants et l'usage que la société en faisait n'était pas à son goût, il n'en laissait pas une seule pierre debout. Puis il brandit la menace de la peste et de maladies en tout genre, il fut le messie du SIDA. Il détruisit des temples car il était jaloux des richesses d'autrui, il savait qu'un gars comme lui, sans le sou et sans une goutte de sang bleu dans les veines, était un moins que rien, qu'il n'irait pas bien loin, alors il entreprit de s'emparer de la fortune de ceux qui, confiants, le suivraient. Ils furent peu à le suivre : douze hommes seulement parmi les millions qui l'avaient écouté. Douze paumés parmi des millions : le genre de statistiques qui t'oblige à te retirer de la politique, cet art douteux; mais lui non, il est resté sur le pied de guerre jusqu'à la fin. Il a fini sur la croix qu'il méritait, car tout tyran mérite un châtiment ou, comme on dit dans mon quartier : si tu foires, tu payes. Le calvaire qu'il a vécu n'a pas été plus douloureux que celui de n'importe quel employé de la poste, le calvaire d'une vie dépourvue de sens, comme n'importe quelle vie, pareille que la tienne” ;

Page 26 lignes 16 à 26 et page 21 lignes 1 à 6 : “C'est dans ce lieu nommé Golgotha, terre des crânes, qu'on a finalement découvert tous ses mensonges : il a échoué comme stratège militaire et comme leader politique. Il était tellement inutile qu'au lieu de négocier un armistice ou de brandir un drapeau blanc, une fois que tout était accompli, il s'est contenté de dire aux étoiles, une nuit, en plein Gethsémani : “éloigne de moi ce calice”. Il lançait tout cela dans les airs, il espérait être sauvé par les airs, il avait perdu la tête. C'est ainsi que les lâches parlent à des dieux qui ne veulent pas les entendre et que les bouchers parlent à l'acier et que les maçons parlent aux bières et que les marins parlent aux pattes des araignées de mer et que moi je bouffe une chatte bien juteuse, tendre et rasée” ;

Page 34 lignes 18, 19 et 20 : “Sur le tableau de Rubens, parmi les grands gaillards, les grosses, les chevaux, les gamins et le Christ, le chien est le seul qui n'a jamais trahi personne” ;

Page 71 lignes 4 à 12 : “Cloué sur la croix en haut de Golgotha, je suis à l'abri des tâches quotidiennes; je n'ai pas à prendre le métro pour aller travailler. Je n'ai pas à réparer la gouttière sur le toit de ma maison, je m'évite d'avoir à raconter des mensonges à mes enfants, je me contrefiche des factures de téléphone et d'électricité, les autres n'ont qu'à les payer. Ici, sur la croix, on peut se laisser aller à la paresse » ;

Page 72 lignes 1 à 10 : "Sur le dégoût que l'on inspire, d'autres écriront après ma mort. On appellera ça les évangiles, et les évangiles ourdiront des milliers de mensonges, infantiles pour la plupart, destinés à ne pas accepter l'homme dans son imperfection. On appellera péché les actes les plus courants, les plus mondains, on nommera péché des attitudes sociales répétées au long des siècles. Bref, on appellera péché la vérité" ;

Page 76 lignes 1 à 4 : "Et pour le faire taire une bonne fois pour toutes, ils lui clouèrent les mains et les pieds. Et le gars continua à parler comme si de rien n'était".

Attendu qu'à l'issue de l'information ouverte sur les faits, Mme Pascale Y..., gérante de la société d'édition, et M. Jean-Michel X..., directeur du théâtre, ont été renvoyés devant le tribunal correctionnel du chef de provocation à la discrimination, à la haine ou à la violence envers une personne ou un groupe de personnes en raison de leur appartenance à la religion chrétienne ; que les juges du premier degré les ont renvoyés des fins de la poursuite et ont débouté l'AGRIF de ses demandes ; que cette dernière a relevé seule appel de la décision ;

Attendu que, pour confirmer le jugement entrepris en ses dispositions civiles, l'arrêt énonce, par les motifs propres repris au moyen et ceux réputés adoptés des premiers juges, que les propos incriminés sont tirés d'une œuvre de fiction à vocation artistique ne prétendant, en tant que telle, à l'affirmation d'aucune vérité mais participant de l'échange des idées et opinions indispensable à toute société démocratique sous réserve des seules limites fixées par la loi ; qu'en l'occurrence, les juges retiennent que ces propos, quelque provocateurs, voire choquants pour certains chrétiens, qu'ils soient, se rapportent à une image de Jésus Christ totalement inventée et désacralisée, de sorte qu'ils ne peuvent être pris au pied de la lettre, ni induire une quelconque animosité ou sentiment de rejet à l'égard de l'ensemble des personnes qui se réclament de celui-ci ; qu'ils ajoutent que ceux relatifs à l'iconographie religieuse, présentée comme cruelle et perverse, ne peuvent être interprétés comme visant précisément et spécifiquement les chrétiens, dès lors que le legs graphique ainsi dénoncé participe de l'héritage culturel commun au monde occidental ;

Attendu qu'en l'état de ces énonciations, exemptes d'insuffisance comme de contradiction, et dès lors que, par leur sens et leur portée, les propos litigieux ne tendent pas à exhorter autrui à la discrimination, à la haine ou à la violence à l'égard d'un groupe déterminé de personnes en raison de leur appartenance religieuse, la cour d'appel a jugé à bon droit qu'ils ne constituent pas une faute civile entrant dans les prévisions de l'article 24, alinéa 8, devenu alinéa 7, de la loi du 29 juillet 1881, fondement de la poursuite ;

D'où il suit que le moyen ne peut qu'être écarté ;

Et attendu que l'arrêt est régulier en la forme ;

REJETTE le pourvoi ;

FIXE à 2 000 euros la somme globale que l'Alliance générale contre le racisme et pour le respect de l'identité française et chrétienne devra payer à M. X… et Mme Y… au titre de l'article 618-1 du code de procédure pénale ;

Ainsi fait et jugé par la Cour de cassation, chambre criminelle, et prononcé par le président le quatorze novembre deux mille dix-sept ;

En foi de quoi le présent arrêt a été signé par le président, le rapporteur et le greffier de chambre.

# ANNEXE IV

## Affaire *Exhibit B*

### 14) TRIBUNAL ADMINISTRATIF DE PARIS, ORD., 9 DÉCEMBRE 2014, N° 1430123/9

TRIBUNAL ADMINISTRATIF DE PARIS

N° 1430123/9

---

Centre Dumas-Pouchkine des diasporas et cultures africaines et autres

---

M. Z

Juge des référés

---

Ordonnance du 9 décembre 2014

---

54-035-03-03

26-03-06

26-03-11

49-04

C+

RÉPUBLIQUE FRANÇAISE

AU NOM DU PEUPLE FRANÇAIS

Le juge des référés

Vu la requête, enregistrée le 8 décembre 2014, présentée pour le Centre Dumas-Pouchkine des diasporas et cultures africaines (CDPDCA), représenté par son président en exercice, M. C D, et l'association Alliance noire citoyenne, représentée par son président, M. A B, élisant domicile au cabinet de Me Maati, XXX à XXX, par Me Maati ; le Centre Dumas-Pouchkine des diasporas et cultures africaines et l'association Alliance noire citoyenne demandent au juge des référés :

1°) de suspendre, sur le fondement des dispositions de l'article L. 521-2 du code de justice administrative, la tenue de la prestation « Exhibit B » programmée par l'établissement le Centquatre à Paris du 7 au 14 décembre 2014 ;

3°) de mettre à la charge de la ville de Paris la somme de 1 000 euros au titre de l'article L. 761-1 du code de justice administrative ;

Ils soutiennent :

- que la condition de l'urgence, prévue par l'article L. 521-2 du code de justice administrative, est remplie dès lors que la prestation en cause est programmée par le Centquatre à Paris du 7 au 14 décembre 2014 ;
- que le maintien de cette programmation constitue une atteinte grave et manifestement illégale à une liberté fondamentale ; qu'en effet, l'esclavage est un crime contre l'humanité ; que la prestation en cause, qui met en représentation dans des cages des hommes et des femmes noirs, à l'instar des « zoos humains » de l'époque coloniale, constitue une atteinte grave à la dignité de la personne

humaine ; que cette atteinte justifie que soit apportée une limite à la liberté d'expression ;

Vu les extraits du site internet de l'établissement public de coopération culturelle Centquatre produits en annexe à la requête ;

Vu, enregistré le 9 décembre 2014, le mémoire présenté pour la ville de Paris, par M^e Foussard, qui conclut, d'une part, au rejet de la requête, d'autre part, à ce que soit mise à la charge solidaire du Centre Dumas-Pouchkine des diasporas et cultures africaines et de l'association Alliance noire citoyenne la somme de 2 000 euros au titre de l'article L. 761-1 du code de justice administrative ;

La ville de Paris soutient :

- que la requête est mal dirigée, la ville de Paris ne disposant d'aucune compétence à l'effet d'interdire la programmation du Centquatre, qui est un établissement public de coopération culturelle, et n'étant pas davantage l'autorité de police administrative ;
- qu'il n'appartient pas au juge du référé-liberté d'interdire lui-même un spectacle que l'administration a autorisé ou programmé ; que le juge du référé-liberté ne peut que suspendre une décision administrative ou mettre fin à un comportement de l'administration qui porterait atteinte à une liberté fondamentale, et ne doit pas faite œuvre d'administrateur ; que le juge du référé-liberté ne peut davantage contrôler les œuvres ou actions des personnes privées ;
- que la tenue d'un spectacle étant un attribut de la liberté d'expression, il ne peut y avoir atteinte grave et manifestement illégale à une liberté fondamentale ; qu'en toute hypothèse et à supposer que le principe de respect de la dignité humaine constitue une liberté fondamentale, le juge doit opérer une conciliation entre les libertés fondamentales en présence ;
- que le spectacle en cause ne porte atteinte à aucune liberté fondamentale et, en particulier, ne porte pas atteinte au respect de la dignité de la personne humaine ; que le spectacle en cause a pour objet de dénoncer, sans ambigüité, le racisme ; que la mise en scène

renforce la dignité des acteurs, conformément aux indications du tableau de présentation du spectacle ;

Vu, enregistré le 9 décembre 2014, les deux mémoires présentés pour le Centre Dumas-Pouchkine des diasporas et cultures africaines, l'association Alliance noire citoyenne, l'association L'Amozaik, représentée par sa présidente, Mme G H-I, et Mme J E-F, élisant domicile au cabinet de Me Maati, XXX à XXX, par Me Maati ; le Centre Dumas-Pouchkine des diasporas et cultures africaines, l'association Alliance noire citoyenne, l'association L'Amozaik et Mme E-F concluent aux mêmes fins que la requête, par les mêmes moyens, le second mémoire dirigeant la demande de frais irrépétibles contre l'établissement public Centquatre ;

Vu les autres pièces du dossier ;

Vu la Constitution du 4 octobre 1958 et la Déclaration des droits de l'homme et du citoyen à laquelle renvoie son préambule ;

Vu le code général des collectivités territoriales ;

Vu la loi n° 83-550 du 30 juin 1983 relative à la commémoration de l'abolition de l'esclavage ;

Vu la loi n° 2001-434 du 21 mai 2001 tendant à la reconnaissance de la traite et de l'esclavage en tant que crime contre l'humanité ;

Vu les décisions du Conseil d'État, statuant au contentieux, commune de Morsang-sur-Orge du 27 octobre 1995 et Ministre de l'intérieur c/ Société Les Productions de la Plume et M. C NBala NBala du 9 janvier 2014 ;

Vu le code de justice administrative ;

Vu la décision par laquelle le président du tribunal administratif de Paris a désigné M. Z, président, pour statuer sur les demandes de référés ;

Les parties ayant été régulièrement averties de l'audience ;

Après avoir présenté son rapport et entendu, au cours de l'audience publique du 9 décembre 2014 à 13 h 00 :

– les observations de M^e Maati, avocat du Centre Dumas-Pouchkine des diasporas et cultures africaines, de l'association Alliance noire citoyenne, de l'association L'Amozaik et de M^me E-F, qui persistent dans leurs conclusions, par les mêmes moyens ; M^e Maati soutient, en outre, que, indépendamment des objectifs affichés par le metteur en scène, le spectacle « Exhibit B » heurte profondément la sensibilité de certaines populations, dont les ancêtres ont été victimes de l'esclavage et du colonialisme ; que le spectacle « Exhibit B », qui présente des personnes en cage, un comédien étant présenté derrière un grillage, a provoqué des troubles à l'ordre public au Royaume-Uni et a dû y être interdit ; que le droit au respect de la dignité de la personne humaine est gravement méconnu par le maintien du spectacle « Exhibit B » ; que sa demande tend à ce qu'une injonction d'interdiction du spectacle soit prescrite à l'administration par le juge du référé-liberté ;

– les observations de M^e Froger, avocat de la ville de Paris, qui conclut au rejet de la requête, par les mêmes moyens que ceux énoncés dans son mémoire ; M^e Froger soutient, en outre, qu'il n'appartient pas au juge du référé-liberté d'interdire lui-même un spectacle ; que le spectacle « Exhibit B », dont la programmation s'inscrit dans le cadre de la liberté d'expression, ne porte pas atteinte, du fait même de son message qui est de dénoncer, sans ambigüité, le colonialisme et l'esclavage, au respect de la dignité de la personne humaine ; qu'aucune « chosification » des personnages ou êtres humains n'est mise en œuvre dans le spectacle ; qu'il appartient au juge du référé-liberté, s'il l'estime utile, d'assister au spectacle « Exhibit B » ;

– les observations de M^me Y, représentant le préfet de police, qui conclut au rejet de la requête ; elle précise que le préfet de police n'a pas entendu interdire le spectacle au titre de ses pouvoirs de police ; que les troubles à l'ordre public susceptibles de survenir aux abords du théâtre peuvent être prévenus par des moyens adéquats ; que le préfet de police entend mettre en œuvre des moyens permettant de prévenir les troubles ou risques pour les manifestants ou le public ; que des déclarations de manifestation ont été présentées au préfet de police qui les a acceptées ; qu'il n'y a donc pas lieu, dans ce contexte, de mettre en œuvre des mesures de nature à porter atteinte à la liberté d'expression ; que, conformément aux indications de la ville de Paris, le spectacle, qui a pour objet de dénoncer l'esclavage, ne porte pas atteinte à l'ordre public qui intègre le respect de la dignité de la personne humaine ;

La parole ayant été donnée par le juge des référés, sur l'invitation de Me Froger, avocat de la ville de Paris, à Mme X, directrice de production au sein du Centquatre, pour présenter de façon technique la mise en scène du spectacle « Exhibit B » : Mme X précise que le public prend place, à son arrivée, dans une pièce se présentant comme une salle d'attente ; il est ensuite introduit dans l'« installation » ; les spectateurs sont invités à déambuler de façon instinctive entre les différents « tableaux vivants » ; certains « tableaux vivants » sont présentés dans la pénombre ; des panonceaux commentent la scène qui est présentée ; seul un tableau présente derrière un grillage une femme noire, munie de produits de nettoyage, cette scène étant accompagnée d'un panonceau donnant des indications sur l'apartheid en Afrique du Sud ; les spectateurs arrivent enfin dans une « salle de réflexion », où sont disposées, d'une part, des tables et des chaises permettant au public de laisser des commentaires, d'autre part, des panneaux comportant des affiches présentant les figurants ou comédiens avec indication de leur profession et citation de propos qu'ils ont tenus sur cette représentation ;

La parole ayant été ensuite donnée par le juge des référés à Me Maati, avocat du Centre Dumas-Pouchkine des diasporas et cultures africaines et autres, pour que l'une des personnes qu'il représente et ayant vu le spectacle « Exhibit B » puisse donner des indications factuelles, Me Maati précisant que les personnes qui avaient vu le spectacle ont quitté la salle d'audience ;

Après avoir prononcé, à l'issue de l'audience, la clôture de l'instruction ;

1. Considérant que, par la requête susvisée, complétée par deux mémoires enregistrés le 9 décembre 2014, le Centre Dumas-Pouchkine des diasporas et cultures africaines, l'association Alliance noire citoyenne, l'association L'Amozaik et Mme E-F demandent au juge des référés de suspendre, sur le fondement des dispositions de l'article L. 521-2 du code de justice administrative, la tenue de la prestation « Exhibit B »

programmée par le Centquatre à Paris, qui est un établissement public à caractère industriel et commercial de coopération culturelle, du 7 au 14 décembre 2014 ; que, ce faisant, le Centre Dumas-Pouchkine des diasporas et cultures africaines et autres doivent être regardés comme demandant au juge du référé-liberté de suspendre l'exécution des décisions par lesquelles la ville de Paris ou l'autorité de police n'ont pas procédé à l'interdiction de la représentation « Exhibit B » ; que le Centre Dumas-Pouchkine des diasporas et cultures africaines et autres soutiennent, notamment, que le maintien de cette représentation, programmée par l'établissement public de coopération culturelle Centquatre, à Paris, du 7 au 14 décembre 2014, constitue une atteinte grave et manifestement illégale à une liberté fondamentale et que cette prestation, qui présente dans différentes postures des hommes et des femmes noirs, constitue une atteinte grave à la dignité de la personne humaine justifiant que soit apportée une limite à la liberté d'expression ;

Sur les conclusions présentées au titre de l'article L. 521-2 du code de justice administrative :

2. Considérant qu'aux termes de l'article L. 521-2 du code de justice administrative : « Saisi d'une demande en ce sens justifiée par l'urgence, le juge des référés peut ordonner toutes mesures nécessaires à la sauvegarde d'une liberté fondamentale à laquelle une personne morale de droit public ou un organisme de droit privé chargé de la gestion d'un service public aurait porté, dans l'exercice d'un de ses pouvoirs, une atteinte grave et manifestement illégale. Le juge des référés se prononce dans un délai de quarante-huit heures » ; qu'aux termes de l'article L. 522-1 du même code : « Le juge des référés statue au terme d'une procédure contradictoire écrite ou orale. / Lorsqu'il lui est demandé de prononcer les mesures visées aux articles L. 521-1 et L. 521-2, de les modifier ou d'y mettre fin, il informe sans délai les parties de la date et de l'heure de l'audience publique [...] » ; qu'enfin, aux termes du premier alinéa de l'article R. 522-1 dudit code : « La requête visant au prononcé de mesures d'urgence doit [...] justifier de l'urgence de l'affaire » ;

3. Considérant qu'en vertu de l'article L. 521-2 du code de justice administrative, il appartient au juge administratif des référés d'ordonner toutes mesures nécessaires à la sauvegarde d'une liberté fondamentale

à laquelle une autorité administrative aurait porté une atteinte grave et manifestement illégale ; que l'usage par le juge des référés des pouvoirs qu'il tient de cet article est ainsi subordonné au caractère grave et manifeste de l'illégalité à l'origine d'une atteinte à une liberté fondamentale ;

4. Considérant que l'exercice de la liberté d'expression et de la liberté de création est une condition de la démocratie et l'une des garanties du respect des autres droits et libertés ; qu'il appartient aux autorités chargées de la police administrative de prendre les mesures nécessaires à l'exercice de la liberté de réunion ou de la liberté d'expression ; que les atteintes portées, pour des exigences d'ordre public, à l'exercice de ces libertés fondamentales doivent être nécessaires, adaptées et proportionnées ; qu'une représentation théâtrale ou manifestation artistique, au cours de laquelle sont proférés des propos de caractère raciste, qui incitent à la haine raciale, ou dont le parti-pris ou la mise en scène tendent à faire l'apologie du racisme, en méconnaissance de la dignité de la personne humaine, peut, dans cette mesure, faire l'objet d'une interdiction si une telle mesure est seule de nature à préserver l'ordre public ;

5. Considérant qu'il ressort de l'instruction que la représentation « Exhibit B », créée par l'artiste sud-africain Brett Bailey, porte sur la présentation, dans une salle de théâtre, de douze « tableaux vivants » introduisant des acteurs ou figurants noirs, de sexe masculin ou féminin, dans une scénographie leur imposant de rester immobiles en fixant du regard le spectateur ; que ces scènes sont accompagnées de panonceaux présentant les faits, les spectateurs étant invités à déambuler de façon instinctive entre les différents « tableaux vivants » ; que les spectateurs arrivent enfin dans une « salle de réflexion », où sont disposées, d'une part, des tables et des chaises permettant au public de laisser des commentaires, d'autre part, des panneaux comportant des affiches présentant les figurants ou comédiens avec indication de leur profession et citation de propos qu'ils ont tenus sur cette représentation ; que s'il est soutenu qu'une telle mise en scène s'inscrit, au plan formel, dans une certaine continuité avec les « zoos humains » présentés à la fin du XIX^e^ siècle et au tout début du XX^e^ siècle, la représentation artistique en cause a pour objet de dénoncer, sans ambigüité, l'asservissement des populations noires lors de la période coloniale ainsi que des traitements contraires au principe de respect de la dignité humaine

ou aux droits de l'homme dans le monde contemporain ; que, dans ces conditions, la représentation artistique « Exhibit B », alors même qu'elle peut être perçue par les spectateurs ou ses détracteurs comme suscitant, du fait des spécificités de la mise en scène et des sujets abordés, une très forte émotion, ne porte pas atteinte au respect de la dignité de la personne humaine ; qu'il en est de même de la mise en scène d'une femme noire, derrière un grillage, munie de produits de nettoyage, ce « tableau vivant » étant accompagné d'un panonceau dénonçant l'apartheid en Afrique du Sud ; que, par suite, en l'absence d'atteinte portée par la représentation en cause au respect des valeurs et principes, notamment de dignité de la personne humaine, consacrés par la Déclaration des droits de l'homme et du citoyen et par la tradition républicaine, les autorités administratives n'ont pas commis, en n'interdisant pas la représentation« Exhibit B », d'illégalité grave et manifeste ;

6. Considérant qu'il résulte de ce qui précède que les conclusions du Centre Dumas-Pouchkine des diasporas et cultures africaines et autres tendant, sur le fondement des dispositions de l'article L. 521-2 du code de justice administrative, à la suspension de l'exécution des décisions par lesquelles l'autorité de police n'a pas procédé à l'interdiction de la représentation « Exhibit B » programmée par le Centquatre à Paris du 7 au 14 décembre 2014 et à ce qu'une telle interdiction de spectacle soit prescrite, ne peuvent qu'être rejetées ;

Sur les conclusions présentées au titre de l'article L. 761-1 du code de justice administrative :

7. Considérant qu'aux termes de l'article L. 761-1 du code de justice administrative : « Dans toutes les instances, le juge condamne la partie tenue aux dépens ou, à défaut, la partie perdante, à payer à l'autre partie la somme qu'il détermine, au titre des frais exposés et non compris dans les dépens. Le juge tient compte de l'équité ou de la situation économique de la partie condamnée. Il peut, même d'office, pour des raisons tirées des mêmes considérations, dire qu'il n'y a pas lieu à cette condamnation » ;

8. Considérant que les dispositions de l'article L. 761-1 du code de justice administrative font obstacle à ce que soit mise à la charge de la ville de Paris, ou de l'établissement public Centquatre, qui ne sont pas, en

tout état de cause, partie perdante dans la présente instance, la somme que le Centre Dumas-Pouchkine des diasporas et cultures africaines et autres demandent au titre des frais exposés par eux et non compris dans les dépens ; que, par ailleurs, il n'y a pas lieu, dans les circonstances de l'espèce, de mettre à la charge du Centre Dumas-Pouchkine des diasporas et cultures africaines et autres la somme demandée par la ville de Paris au même titre ;

ORDONNE

Article 1er : La requête du Centre Dumas-Pouchkine des diasporas et cultures africaines, de l'association Alliance noire citoyenne, de l'association L'Amozaik et de Mme E-F est rejetée.

Article 2 : La demande de la ville de Paris tendant à l'application de l'article L. 761-1 du code de justice administrative est rejetée.

Article 3 : La présente ordonnance sera notifiée au Centre Dumas-Pouchkine des diasporas et cultures africaines, à l'association Alliance noire citoyenne, à l'association L'Amozaik, à Mme J E-F, à la ville de Paris et au ministre de l'intérieur. Copie de la présente ordonnance sera adressée au préfet de police.

Fait à Paris, le 9 décembre 2014.

Le juge des référés, Le greffier,

C. Z J. Forgereau-Dubuquoy

La République mande et ordonne au ministre de l'intérieur en ce qui le concerne ou à tous huissiers de justice à ce requis en ce qui concerne les voies de droit commun contre les parties privées, de pourvoir à l'exécution de la présente ordonnance.

## 15) CONSEIL D'ÉTAT, ORDONNANCE DU 11 DÉCEMBRE 2014, REQ. N° 386328

Vu la requête, enregistrée le 10 décembre 2014 au secrétariat du contentieux du Conseil d'État, présentée par le Centre Dumas-Pouchkine des Diasporas et Cultures Africaines (CDPDCA), élisant domicile…, l'association Alliance Noire Citoyenne, élisant domicile…, l'association L'Amozaik, élisant domicile…, et Mme A… B…, demeurant … ; les requérants demandent au juge des référés du Conseil d'État :

1°) d'annuler l'ordonnance n° 1430123/9 du 9 décembre 2014 par laquelle le juge des référés du tribunal administratif de Paris, statuant sur le fondement de l'article L. 521-2 du code de justice administrative, a rejeté leur demande tendant, d'une part, à la suspension de la tenue de la représentation « Exhibit B » programmée par l'établissement le Centquatre à Paris du 7 au 14 décembre 2014 et, d'autre part, à ce que soit mise à la charge de la ville de Paris la somme de 1 000 euros au titre de l'article L. 761-1 du code de justice administrative ;

2°) d'enjoindre au préfet de Paris et à l'établissement le Centquatre de mettre en œuvre toutes les diligences de nature à faire cesser tout trouble à l'ordre public dans le cadre de la manifestation « Exhibit B » ;

3°) de mettre à la charge de l'État et de l'établissement le Centquatre le versement d'une somme de 1 000 euros au titre de l'article L. 761-1 du code de justice administrative ;

ils soutiennent que :

- la condition d'urgence, prévue par l'article L. 521-2 du code de justice administrative, est remplie dès lors que la représentation litigieuse n'est programmée par le Centquatre que jusqu'au 12 décembre 2014 ;
- le maintien de cette programmation constitue une atteinte grave et manifestement illégale à une liberté fondamentale ; qu'en effet,

l'esclavage est un crime contre l'humanité ; que la prestation en cause, qui met en représentation dans des cages des hommes et des femmes noirs, à l'instar des « zoos humains » de l'époque coloniale, constitue une atteinte grave et manifestement illégale à la dignité de la personne humaine ; que cette atteinte justifie que soit apportée une limite à la liberté d'expression ;

Vu l'ordonnance attaquée ;

Vu les nouvelles pièces, enregistrées le 11 décembre 2014, présentées par le Centre Dumas-Pouchkine des Diasporas et Cultures Africaines et autres ;

Vu les autres pièces du dossier ;

Vu le code de justice administrative ;

1. Considérant qu'aux termes de l'article L. 521-2 du code de justice administrative : « Saisi d'une demande en ce sens justifiée par l'urgence, le juge des référés peut ordonner toutes mesures nécessaires à la sauvegarde d'une liberté fondamentale à laquelle une personne morale de droit public ou un organisme de droit privé chargé de la gestion d'un service public aurait porté, dans l'exercice d'un de ses pouvoirs, une atteinte grave et manifestement illégale. Le juge des référés se prononce dans un délai de quarante-huit heures » ; qu'en vertu de l'article L. 522-3 du même code, le juge des référés peut rejeter une requête par une ordonnance motivée, sans instruction contradictoire ni audience publique, lorsqu'il apparaît manifeste, au vu de la demande, que celle-ci ne relève pas de la compétence de la juridiction administrative, qu'elle est irrecevable ou qu'elle est mal fondée ; qu'à cet égard, il appartient au juge d'appel de prendre en considération les éléments recueillis par le juge du premier degré dans le cadre de la procédure écrite et orale qu'il a diligentée ;

2. Considérant qu'après avoir relevé qu'eu égard aux conditions dans lesquelles il était présenté aux spectateurs le spectacle « Exhibit B » avait pour objet de dénoncer les pratiques et traitements inhumains ayant eu cours lors de la période coloniale ainsi qu'en Afrique du Sud, au moment de l'apartheid, le premier juge en a déduit que l'absence

d'interdiction, par l'autorité administrative, de cette manifestation, ne portait aucune atteinte grave et manifestement illégale à la dignité de la personne humaine ; qu'aucun moyen de la requête n'est de nature à remettre en cause ni ces constatations ni cette appréciation ;

3. Considérant qu'il résulte de ce qui précède qu'il est manifeste que l'appel du Centre Dumas-Pouchkine des diasporas et cultures africaines et autres ne peut être accueilli ; qu'ainsi la requête doit être rejetée, y compris ses conclusions tendant à l'application de l'article L. 761-1 du code de justice administrative, selon la procédure prévue par l'article L. 522-3 de ce code ;

ORDONNE

---

Article 1er : La requête du Centre Dumas-Pouchkine des diasporas et cultures africaines et autres est rejetée.

Article 2 : La présente ordonnance sera notifiée au Centre Dumas-Pouchkine des diasporas et cultures africaines, à l'association Alliance noire citoyenne, à l'association L'Amozaik et à Mme A… B….

Copie en sera adressée pour information à la ville de Paris, au ministre de l'intérieur et au préfet de police.

# ANNEXE V

## Table chronologique des trois querelles[1]

*SUR LE CONCEPT DU VISAGE DU FILS DE DIEU*

17 juillet 2010 : création lors du Festival international de théâtre en Allemagne (Theater der Welt) à Essen

20 au 26 juillet 2010 : représentations au Festival d'Avignon

13 octobre 2011 : représentation à la Biennale de Venise

**18 octobre 2011** : jugement en référé du Tribunal de grande instance de Paris

20 au 27 octobre 2011 : représentations au Théâtre de la Ville entraînant des manifestations extérieures et troubles intérieurs

22 octobre 2011 : communiqué de presse du ministre de la Culture

**28 octobre 2011** : ordonnance du Tribunal administratif de Paris rejetant la demande en référé de l'AGRIF demandant l'interdiction des représentations programmées au Centquatre

2 au 6 novembre 2011 : représentations au Centquatre entraînant des manifestations extérieures

10 au 12 novembre 2011 : représentations à Rennes

17 novembre 2011 : déclaration de la Conférence des évêques de France

**28 février 2012** : ordonnance du Tribunal administratif de Paris actant du désistement au fond de l'AGRIF

**21 juin 2013** : condamnation à des amendes par le Tribunal correctionnel de Paris de 32 prévenus pour voie de fait et entraves à la liberté d'expression

**11 mai 2016** : décision de la Cour d'appel de Paris confirmant les condamnations de 25 prévenus de première instance

---

1 Figurent en gras les décisions juridictionnelles françaises.

**28 juin 2017** : rejet par la chambre criminelle de la Cour de cassation des pourvois et confirmation des 25 condamnations d'appel
10-11 avril 2018 : représentations au Mans entraînant des contestations et dégradations extérieures
14 avril 2018 : soutiens sur Twitter de la ministre de la Culture et de la secrétaire d'État à l'égalité entre les femmes et les hommes

## *GOLGOTA PICNIC*

7 janvier 2011 : création au Centre dramatique national de Madrid
25 janvier 2011 : plainte du parti Alternativa Española devant le tribunal supérieur de justice de Madrid
29 mars 2011 : rejet de la plainte
24 octobre 2011 : demande d'interdiction par l'AGRIF des représentations à Toulouse auprès du maire et du préfet
27 et 28 octobre : rejets du maire et du préfet de la demande d'interdiction
8 novembre 2011 : demande de suspension par l'AGRIF des rejets précités et d'injonction de prendre un arrêté d'interdiction devant le TA de Toulouse
**15 novembre 2011** : ordonnance de référé du TA de Toulouse de rejet
16 au 20 novembre 2011 : représentations au Théâtre Garonne à Toulouse
23 novembre 2011 : assignation par l'AGRIF du Théâtre du Rond-Point devant le TGI de Paris demandant l'interdiction des représentations parisiennes
**7 décembre 2011** : décision de rejet du TGI de Paris
8 au 17 décembre 2011 : représentations au Théâtre du Rond-Point dans le cadre du Festival d'Automne suscitant des manifestations contestataires à l'extérieur
24 **février 2012** : ordonnance du Tribunal administratif de Toulouse prenant acte du désistement de l'AGRIF et condamnation aux dépens
14 **juin 2013** : la Cour administrative d'appel de Toulouse ordonne à la mairie de Toulouse de reverser les dépens à l'AGRIF
Juin 2014 : programmation annulée au festival international de théâtre « Malta » à Poznań pour risque élevé d'émeutes

28 au 30 octobre 2014 : représentations au théâtre de Grammont de Montpellier (programmation du Théâtre humain trop humain)
septembre-octobre 2015 : représentations à Buenos Aires et au festival international de théâtre Mercosur
**10 décembre 2015** : Tribunal correctionnel de Paris rejetant le recours de l'Alliance contre le racisme et pour le respect de l'identité française et chrétienne contre le Théâtre du Rond-Point
**22 juin 2016** : décision de la Cour d'appel de Paris confirmant la décision de première instance
**14 novembre 2017** : décision de la chambre criminelle de la Cour de cassation rejetant le pourvoi de l'AGRIF

*EXHIBIT B.*

Août 2014 : représentation au festival d'Édimbourg
23 au 27 septembre 2014 : représentations à Londres
27 au 30 novembre 2014 : représentations au Théâtre Gérard-Philippe à Saint-Denis
7 au 14 décembre 2014 : représentations au Centquatre à Paris
**9 décembre 2014** : ordonnance de référé du Tribunal administratif de Paris rejetant la demande de suspension de la programmation au Centquatre
**11 décembre 2014** : ordonnance de référé du Conseil d'État rejetant la demande d'annulation de l'ordonnance du TA

# BIBLIOGRAPHIE

## OUVRAGES

### ŒUVRES THÉÂTRALES

GARCÍA, Rodrigo, *Golgotha picnic*, traduit de l'espagnol par VASSEROT, Christilla, Besançon, Les Solitaires intempestifs, 2011, 78 p.

GARCÍA, Rodrigo, *Notes de cuisine*, traduit de l'espagnol par VASSEROT, Christilla, Besançon, Les Solitaires intempestifs, 2002, 136 p.

### MANUELS ET OUVRAGES D'ÉTUDES THÉÂTRALES ET ESTHÉTIQUES

ARTAUD, Antonin, *Le Théâtre et son double*, Paris, Gallimard, folio essais, 1964, 251 p.

ASLAN, Odette *Matthias Langhoff*, Arles, Éditions Actes Sud-Papiers, Paris Conservatoire national supérieur d'Art dramatique, 2005, 69 p.

BANU, Georges et TACKELS, Bruno (dir.), *Le cas Avignon 2005. Regards critiques*, Paris, Entretemps, 2005, 269 p.

BIET, Christian et TRIAU, Christophe, *Qu'est-ce que le théâtre ?*, Paris, Gallimard, Folio, 2006, 1050 p.

CASTELLUCCI, Claudia et Romeo, *Les Pèlerins de la matière. Théorie et praxis du théâtre. Écrits de la Socìetas Raffaello Sanzio*, Besançon, Les Solitaires intempestifs, 2001, 197 p.

CIVARDI, Jean-Marc, *La Querelle du Cid (1637-1638)*, Édition critique intégrale, Paris, Honoré Champion, 2004, 1232 p.

CORVIN, Michel, *Dictionnaire encyclopédique du théâtre à travers le monde*, Paris, Bordas, 2008, 1583 p.

HOSTIOU, Jeanne-Marie, TADIÉ, Alexis (dir.), *Querelles et création en Europe*, Paris, Classiques Garnier, coll. Rencontres, n° 387, 2019, 332 p.

HOSTIOU, Jeanne-Marie, VIALA Alain (dir.), *Le Temps des querelles*, Paris, Littératures classiques, n° 81, 2013, 332 p.

LECERCLE, François et THOURET, Clotilde (dir.), *Théâtre et scandale (I) et (II-Scandales d'hier, scandales d'aujourd'hui)*, actes de colloques (2015 et 2018), en ligne : https://www.fabula.org/colloques/sommaire5759.php et https://www.fabula.org/colloques/sommaire6658.php (consulté le 16 juin 2022)

LEHMANN, Hans-Thies, *Le théâtre postdramatique*, Paris, L'Arche, 2002, 312 p.

NAUGRETTE, Catherine, *L'esthétique théâtrale*, Paris, Armand Colin, 3e éd., 2016, 347 p.

NAUGRETTE, Catherine, *Paysages dévastés. Le théâtre et le sens de l'humain*, Belval Vosges, Circé, coll. Penser le théâtre, 2004, 171 p.

NEVEUX, Olivier, *Politiques du spectateur. Les enjeux du théâtre politique aujourd'hui*, Paris, La Découverte, 2013, 275 p.

PAVIS, Patrice, *Dictionnaire de la performance et du théâtre contemporain*, Paris, Armand Colin, 2e éd., 2018, 411 p.

PAVIS, Patrice, *Dictionnaire du théâtre*, Paris, Armand Colin, 4e éd., 2019, 1050 p.

RANCIÈRE, Jacques, *Le spectateur émancipé*, Paris, La Fabrique, 2008, 150 p.

RYNGAERT, Jean-Pierre *Lire le théâtre contemporain*, Paris, Armand Colin, 2009, 202 p.

SARRAZAC, Jean-Pierre, *Poétique du drame moderne. De Henrik Ibsen à Bernard-Marie Koltès*, Paris, Seuil, 2012, 403 p.

SERMON, Julie, RYNGAERT, Jean-Pierre, *Théâtres du XXIe siècle : commencements*, Paris, Armand Colin, 2012, 239 p.

THIROUIN, Laurent, *L'aveuglement salutaire. Le réquisitoire contre le théâtre dans la France classique*, Paris, éd. H. Champion, coll. Lumière classique, no 17, 1997, 292 p.

THOURET, Clotilde, *Le théâtre réinventé. Défenses de la scène dans l'Europe de la première modernité*, Rennes, Presses Universitaires de Rennes, coll. Le Spectaculaire, 2019, 322 p.

OUVRAGES DE DROIT, MANUELS DE LIBERTÉS FONDAMENTALES

ANDRIANTSIMBAZOVINA, Joël, et al. (éd.), *Dictionnaire des Droits de l'homme*, Paris, PUF, 2008, 864 p.

AUBY, Jean-François, *Le droit public de la culture*, Boulogne Billancourt, Berger Levrault, 2016, 420 p.

BIOY, Xavier, *Droits fondamentaux et libertés publiques*, Paris, LGDJ, coll. Cours, 2020, 1018 p.

CADIET, Loïc (dir.), *Dictionnaire de la Justice*, Paris, PUF, 2004, 1362 p.

CORNU, Gérard, *Vocabulaire juridique*, 12e éd., Paris, PUF, coll. Quadridge, 2018, 2300 p.

DECAUX, Emmanuel, MUHLMANN, Géraldine, ZOLLER, Elisabeth, *La liberté d'expression*, Paris, Dalloz, 2015, 160 p.

DUBREUIL, Charles-André (dir.), *L'ordre public*, Paris, Cujas, 2013, 344 p.

FAVOREU, Louis, GAÏA, Patrick, PENA, Anabelle, ROUX, André, SCOFFONI, Guy, DUFFY, Aurélie, FASSASSI, Idris, *Droits des libertés fondamentales*, Paris, Dalloz, coll. Précis, 8e éd., 2021, 978 p.

FRISON-ROCHE, Marie-Anne, MAZEAUD, Denis, *L'expertise*, Paris, Dalloz, 1995, 143 p.

GARNOT, Benoît, *Histoire de la justice. France, XVe-XXIe siècle*, Paris, Gallimard, folio histoire, 2009, 789 p.

GARAPON, Antoine, ALLARD, Julie, GROS, Frédéric, *Les vertus du juge*, Paris, Dalloz, 2008, 192 p.

GÉRARD, Philippe, OST, François, VAN DE KERCHOVE, Michel, *Fonction de juger et pouvoir judiciaire. Transformations et déplacements*, Bruxelles, Presses de l'Université Saint-Louis, 1983, 584 p.

HAURIOU, Maurice, *Précis de droit administratif et de droit public*, 1933, 12e éd., Paris, réimpr. Dalloz, 2002, 1150 p.

HENETTE-VAUCHEZ, Stéphanie, ROMAN Diane, *Droits de l'homme et libertés fondamentales*, Paris, Dalloz, coll. HyperCours, 4e éd., 2020, 775 p.

KRYNEN, Jacques, *L'État de justice – France, XIIIe-XXe siècle I – L'idéologie de la magistrature ancienne*, Paris, Gallimard, 2009, 326 p.

MUHLMANN, Géraldine, DECAUX Emmanuel, ZOLLER, Elisabeth, *La liberté d'expression*, Paris, Dalloz, 2016, 308 p.

OBERDORFF, Henri, *Droits de l'homme et libertés fondamentales*, Paris, LGDJ, coll. Manuel, 8e éd., 2021, 764 p.

PARANCE Béatrice (dir.), *La défense de l'intérêt général par les associations. Intérêt général versus intérêts collectifs*, Paris, LGDJ, coll. Grands colloques, 2015, 125 p.

PEYROUX-SISSOKO, Marie-Odile *L'ordre public immatériel en droit public français*, Paris, LGDJ, 2018, 598 p.

## AUTRES (DICTIONNAIRES, PHILOSOPHIE, LITTÉRATURE,…)

AMADIEU, Jean-Baptiste, DARMON, Jean-Charles, DESAN, Philippe (dir.), *L'immoralité littéraire et ses juges*, Paris, Hermann, 2019, 294 p.

AUGUSTIN (SAINT), *Confessions*, Livres I-VIII, traduction Pierre de Labriolle, Paris, Les Belles Lettres, 2009, 404 p.

DEBRAY, Régis, *Sur le pont d'Avignon*, Paris, Flammarion, 2005, 122 p.

HUGO, Victor, *Préface de Cromwell in : Critique, Œuvres complètes*, Paris, Bouquins, 2002, 780 p.

JAUSS, Hans Robert, *Pour une esthétique de la réception*, Paris, Gallimard, coll. Tel, 1978, 312 p.

REY, Alain, *Dictionnaire historique de la langue française*, Paris, Le Robert, 2006, 3 t.

ROUSSEAU, *Discours sur les sciences et les arts, Lettre à d'Alembert sur les spectacles*, Paris, Gallimard, folio, 1987, 416 p.

SCHAEFFER, Jean-Marie, *Pourquoi la fiction ?*, Paris, Éd. du Seuil, 1999, 349 p.

SOURIAU, Étienne, *Vocabulaire d'esthétique*, Paris, PUF, collection Quadrige, 2004, 1415 p.

TALON-HUGON, Carole, *Le conflit des héritages*, Arles, Actes Sud-Papiers, 2017, 96 p.

TERTULLIEN, *Contre les Spectacles in* : *Œuvres Complètes*, Paris, Les Belles Lettres, 2017, 1170 p.

## OUVRAGES SPÉCIALISÉS, CHAPITRES D'OUVRAGES, DOSSIERS, NUMÉROS SPÉCIAUX DE REVUES

### SUR *SUR LE CONCEPT DU VISAGE DU FILS DE DIEU* ET ROMEO CASTELLUCCI

CERVULLE, Maxime, « "Heureux celui qui croit sans avoir vu". À propos de la réception de la pièce de Romeo Castellucci, *Sur le concept du visage du fils de Dieu* » *in* : ENWEZOR, Okwui, *et al.* (dir.), *Intense Proximité. Une anthologie du proche et du lointain*, ArtLys et CNAP, 2012, p. 68-73.

PERRIER, Jean-Louis, *Ces années Castellucci*, Besançon, Les Solitaires intempestifs, 2014, 203 p.

TACKELS, Bruno, *Les Castellucci. Écrivains de plateau, I*, Besançon, Les Solitaires intempestifs, 2005, 123 p.

### SUR *GOLGOTA PICNIC* ET RODRIGO GARCÍA

ARZOUMANOV, Anna, BARRABAND Mathilde (dir.), *Polémique autour d'un « blasphème ». Regards croisés sur l'affaire Golgotha picnic, COnTEXTES*, 26/2020, en ligne : https://doi.org/10.4000/contextes.8617 (consulté le 16 juin 2022).

TACKELS, Bruno, *Rodrigo García. Écrivains de plateau, IV*, Besançon, Les Solitaires intempestifs, 2007, 109 p.

SUR ET AUTOUR D'*EXHIBIT B* ET BRETT BAILEY

BLANCHARD, Pascal, BANCEL, Nicolas, BOËTSCH, Gilles, LEMAIRE, Sandrine (dir.), « Zoos humains et exhibitions coloniales. 150 ans d'inventions de l'Autre », Paris, La Découverte, Poche/Sciences humaines et sociales, 2011, 600 p.

BLANCHARD, Pascal, BOËTSCH Gilles, JACOMIJN SNOEP, Nanette (dir.), *Exhibitions. L'invention du sauvage*, catalogue de l'exposition de 2011-2012, Arles, Actes Sud/Musée du quai Branly, 2012, 382 p.

CERVULLE, Maxime, *Dans le blanc des yeux. Diversité, Racisme et médias*, Paris, Éditions Amsterdam, 2013, 188 p.

CHALAYE, Sylvie, *Race et théâtre. Un impensé politique*, Arles, Actes Sud-Papiers, 2020, 160 p.

MABANCKOU, Alain, THOMAS, Dominic, « Chapitre 7. Crispations : La question noire ou le débat autour d'*Exhibit B* » *in* : BLANCHARD, Pascal et al., *Vers la guerre des identités ?*, Paris, La Découverte, Hors collection Sciences humaines, 2016, p. 110-119.

SUR LES QUESTIONS JURIDIQUES,
HISTORIQUES ET CULTURELLES TRANSVERSALES

ARZOUMANOV, Anna, « Les catégories de l'identification et de la distanciation dans les procès de fiction » *in* : ARZOUMANOV, Anna, LATIL, Arnaud, SARFATI LANTER, Judith (dir.), *Le démon de la catégorie. Retour sur la qualification en droit et littérature*, Paris, Mare & Martin, 2017, p. 197.

CASSIA, Paul, *Dignité(s). Une notion juridique insaisissable ?*, Paris, Dalloz, coll. les sens du droit, 2016, 148 p.

De GONCOURT, Edmond, *La censure sous Napoléon III*, Paris, Albert Savine, 1892, 275 p.

DELAVAUX, Céline, *Les procès de l'art. Petites histoires de l'art et grandes affaires de droit*, Paris, éditions Palette…, 2013, 352 p.

FABRE-MAGNAN, Muriel, *L'institution de la liberté*, Paris, PUF, 2019, 350 p.

KRAKOVITCH, Odile, « Une seule et même répression pour le théâtre et la presse au XIXe siècle ? », *Presse et scène au XIXe siècle*, sous la direction de Olivier Bara et Marie-Ève Thérenty, *Médias 19. Littérature et culture médiatique*, 2021, en ligne : https://www.medias19.org/publications/presse-et-scene-au-xixe-siecle (consulté le 16 juin 2022).

KRAKOVITCH, Odile, *La Censure théâtrale (1835-1849). Édition des procès-verbaux*, Paris, Classiques Garnier, 2016, 801 p.

KRAKOVITCH, Odile, *Hugo censuré. La liberté au théâtre au XIXe siècle*, Paris, Calmann-Lévy, 1985, 308 p.

LANG, Jack, *L'État et le théâtre*, Paris, LGDJ, coll. Bibliothèque de droit public, 1968, 373 p.

LECLERC Yvan, *Crimes écrits – La littérature en procès au XIXe siècle*, Paris, Classiques Garnier, coll. Littérature et censure, 2021, 456 p.

LINDFORS, Bernth (ed.), *Africans on Stage : Studies in Ethnological Show Business*, Bloomington-Indianapolis, Indiana University Press, 1999, 302 p.

NAHOUM Claire, *Étude comparée de la police du cinéma (France, Belgique, Grande-Bretagne, Canada et Australie)*, thèse dactylographiée, Université Paris-Saclay, 2022, 2 volumes, 882 p.

ORY, Pascal (dir.), *La censure en France à l'ère démocratique (1848-…)*, Bruxelles, éditions Complexe, 1997, 357 p.

PIERRAT, Emmanuel, *Nouvelles morales, nouvelles censures*, Paris, Gallimard, 2018, 176 p.

PONTIER, Jean-Marie, RICCI, Jean-Claude, BOURDON, Jacques, *Droit de la culture*, Paris, Dalloz, 2e éd., 1996, 540 p.

SAPIRO, Gisèle, *La responsabilité de l'écrivain. Littérature, droit et morale en France*, Paris, Seuil, 2011, 752 p.

SAUNIER, Sébastien (dir.), *Censure et arts*, Paris, Mare & Martin, à paraître.

SCHLESSER, Thomas, *L'art face à la censure. Cinq siècles d'interdits et de résistances*, Paris, Beaux-arts éditions, 2011, 239 p.

SÉNAT, étude de législation comparée, *La répression du blasphème*, 2016, LC 262, 98 p.

TALON-HUGON, Carole, *L'art sous contrôle. Nouvel agenda sociétal et censures militantes*, Paris, PUF, 2009, 141 p.

TALON-HUGON, Carole, *Morales de l'art*, Paris, PUF, 2015, 208 p.

TRICOIRE, Agnès, *Petit traité de la liberté de création*, Paris, La découverte, coll. Cahiers libres, 2011, 300 p.

YON, Jean-Claude *Histoire culturelle de la France au XIXe siècle*, Paris, Armand Colin, 2021, 400 p.

## ARTICLES SCIENTIFIQUES[1], ÉTUDES OFFICIELLES

### SUR LES QUESTIONS THÉÂTRALES TRANSVERSALES

BIARD, Michel, « Mark Darlow et Yann Robert, *Laya. L'Ami des lois* », *Annales historiques de la Révolution française*, 369, 2012, p. 178.

CHESTIER, Aurore, « Du corps au théâtre au théâtre-corps », *Dilecta*, 2007/1, n° 2, p. 105-110.

CIVARDI, Jean-Marc, « Quelques critiques adressées au Cid de Corneille en 1637-1638 et les réponses apportées », *L'information littéraire*, 2002/1, vol. 54, p. 12.

FORESTIER, Georges, VIALA, Alain, « De la modernité anti-classique au classicisme moderne. Le modèle théâtral (1628-1634) », *Littératures classiques*, n° 19, automne 1993, p. 87.

HALIMI, Carole, « L'artifice du "tableau" au théâtre : du texte à la photographie » *in* : LARRUE, Jean-Marc, PISANO, Giusy (dir.), *Les archives de la mise en scène. Hypermédialités du théâtre*, Villeneuve d'Ascq, Presses universitaires du Septentrion, Centre culturel international de Cerisy-la-Salle, 2014, p. 129-147.

NAUGRETTE, Catherine, « Une nouvelle dimension du cathartique », *Études théâtrales*, 2011/2-3, n° 51-52, p. 173.

NEVEUX, Olivier, « L'état de victime : quelques corps dans la scène théâtrale contemporaine », *Actuel Marx*, 2007/1, p. 99-108.

### SUR LES QUESTIONS TRANSVERSALES (MORALITÉ, BLASPHÈME, JUSTICE, CENSURE EN ART…)

CANIVET, Guy, « Au nom de qui, au nom de quoi jugent les juges ? De la gouvernance démocratique de la Justice », *Après-demain*, 2010/3, n° 15, p. 7.

De DAMPIERRE, Éric, « Thèmes pour l'étude de scandale », *Annales. Économies, Sociétés, Civilisations*, 1954, n° 3, p. 328.

ESQUERRE, Arnaud, « Le blasphème, saveur de la modernité », *in* : KAUFMAN, Laurence, KNEUBÜHLER, Marine (dir.), dossier « Affecter, être affecté. Autour des travaux de Jeanne Favret-Saada », *SociologieS* [Online], 24 juin 2014.

FAVRET-SAADA, Jeanne, « Rushdie et compagnie, préalable à une anthropologie du blasphème », *Ethnologie française*, 1992, n° 3, p. 252.

1 Les références aux articles de critique théâtrale dans la presse et les blogs figurant en notes de bas de pages n'ont pas été reprises dans cette bibliographie.

FOSSIER, Arnaud-Vivien, « Propter vitandum scandalum. Histoire d'une catégorie juridique (XII^e-XV^e siècles) », *Mélanges de l'École française de Rome – Moyen Âge*, École française de Rome, 2009, 121 (2), p. 317.

FUMAROLI, Marc, « La querelle de la moralité du théâtre avant Nicole et Bossuet », *Revue d'Histoire littéraire de la France*, sept.-déc. 1970, nº 5-6, p. 1007-1030.

GRAS, Frédéric, « Censure et ordre public : les associations procureur », *Legicom*, 2017/1, nº 58, p. 85.

HOCHMANN, Thomas, « Ordonnances Dieudonné : un dos-d'âne sur la pente glissante », *Grief*, 2015, nº 2, p. 97.

LOCHACK, Danièle, « Le droit à l'épreuve des bonnes mœurs. Puissance et impuissance de la norme juridique » *in* : *Les bonnes mœurs*, CURAPP-PUF, 1994, p. 15-53.

MAZOUER, Charles, « Censure religieuse et théâtre du Moyen Âge à la fin du XVII^e siècle », *Cahiers de l'Association Internationale des Études Françaises*, 2010, nº 62, p. 291-307.

MÉTAIS-CHASTANIER, Barbara, « La censure par le populaire. Gestions populistes de l'art et de la culture », *Agôn* [Online], Points of view, Tribune, 18 novembre 2014.

ROWELL, Margit (préface), *Brancusi contre États-Unis. Un procès historique 1928*, Adam Biro, 2003, 152 p.

SALAS, Denis, « Le juge aujourd'hui », *Droits*, 2002/2, nº 34, p. 69.

SAULNIER-CASSIA, Emmanuelle, « La protection de la jeunesse : limite à la liberté d'expression ? », *Revue du droit public*, 2006, nº 2, 37 p.

SAULNIER-CASSIA, Emmanuelle, « *Dialogues des Carmélites* de Poulenc : un cas pratique juridico-opératique », chronique Du droit dans les arts, *Les Petites affiches*, 8 mars 2018.

VIGNES, Marie-Hélène, « Juger l'art. Petites histoires de l'art et grandes affaires de droit », *Les Cahiers de la Justice*, 2015/1, p. 59-67.

WOLF, Laurent, « L'artiste, la règle et l'interdit », *Études*, mars 2011, nº 414, p. 365-375.

## SUR *SUR LE CONCEPT DU VISAGE DU FILS DE DIEU* ET/OU R. CASTELLUCCI

ANDOKA, Florence, « L'impossible transgression de Roméo Castellucci », *Philosophique*, 2016, 19, en ligne : https://doi.org/10.4000/philosophique.958 (consulté le 16 juin 2022).

DEBRINAY-RIZOS, Manuèle, « Romeo Castellucci », *La pensée de midi*, 2000, nº 2, p. 94-101.

DI MERCURIO, Francine, « Le scandale des violences esthétiques de Romeo

Castellucci », *Les Chantiers de la création*, 2013, 6 (La provocation), en ligne : https://doi.org/10.4000/lcc.500 (consulté le 16 juin 2022)

D'ORIANO, Pietro, « Le concept du visage du fils de Dieu, de Romeo Castellucci », *La Règle du jeu*, 21 novembre 2011, en ligne : https://laregledujeu.org/2011/11/21/7839/le-concept-du-visage-du-fils-de-dieu-de-romeo-castellucci/ (consulté le 16 juin 2022).

NEVEUX, Olivier, « Un matérialisme démocratique », *in* : « Le théâtre de Romeo Castellucci », *Théâtre/Public*, n° 194, septembre 2009, p. 67-72.

MÉVEL Matthieu, « La fête du refus », *in* : « Le théâtre de Romeo Castellucci, *Théâtre/Public*, n° 194, septembre 2009, p. 61-65.

SUR *GOLGOTA PICNIC* ET/OU R. GARCÍA

BOST, Bernadette, « Le théâtre de Rodrigo Garcia : un autoportrait à la dynamite », *Recherche et travaux*, 2009, n° 75, p. 103-110, en ligne : https://doi.org/10.4000/recherchestravaux.381 (consulté le 16 juin 2022).

DI FONZO BO, Marcial, « Le scandale c'est l'état du monde », *Théâtre/Public*, n° 220, 2016, p. 109-110.

MAJEWSKA, Ewa, « Art as counterpublics ? Modes of resistance in contemporary culture 1 », *Przeglad Kulturoznawczy*, n° 41 (2019), p. 217-286.

MAJEWSKA, Ewa, « A Bitter Victory ? Anti-fascist Cultures, Institutions of the Common, and Weak Resistance in Poland », *Third Text*, 2019, p. 397-413.

MAJEWSKA, Ewa, « Censorship as the Formative Mechanism of Neoliberal Culture ? : the Productive Function of Prohibition », *Polish Theatre Journal*, 01/2015, p. 1-19.

PEFANIS, Georges P., « Scènes et repas. La performance du repas et de la mort chez Rodrigo García et Vassilis Ziogas », *Cahiers balkaniques*, Hors-série, Manger en Grèce, 2016, en ligne : https://doi.org/10.4000/ceb.6123 (consulté le 16 juin 2022).

ROQUES, Sylvie, « Subversion et théâtralité : une écriture performative du corps », *Jeu*, 135/2010, p. 125-130.

SCOTT, Diane, « Double pince et raclée : notes sur Rodrigo García », *Théâtre/Public*, n° 194, 2009, p. 39 s.

SOFIA, Gabriele, « Blasphème, Sacré et Politique. Quelques réflexions sur Golgota Picnic », *Revista Brasileira de Estudos da Presença*, Porto Alegre, v. 8, n° 2, avril-juin 2018, p. 348-363.

SUR *EXHIBIT B*

ARYA, Rina, « Whose history is it anyway ? The case of Exhibit B », *Journal for Cultural Research*, 2018, vol. 22, n° 1, p. 27-38.

BARLET, Olivier « Exhibit B : un spectacle à critiquer », *Africultures*, 2 décembre 2014.

BOUKO, Catherine, VANHAESEBROUCK, Karel, « De Carl Hagenbeck à Brett Bailey. Mettre en scène la problématique des zoos humains aujourd'hui », *Ligeia*, 2016/1, n° 145-148, p. 28-39.

CARRÉ, Alice, « Exhibit B : l'impensé colonial. L'installation de Brett Bailey taxée de racisme », *Agôn*, Reviews, en ligne : https://doi.org/10.4000/agon.3125 (consulté le 16 juin 2022).

CERVULLE, Maxime, « Exposer le racisme. *Exhibit B* et le public oppositionnel », *Études de communication*, 48, 2017, p. 37-54.

DIAO, Claire, « Exhibit B : bien plus qu'une polémique », *Africultures*, 25 novembre 2014.

KEBABZA, Horia, « L'universel lave-t-il plus blanc ? » : « Race », racisme et système de privilèges, *Les cahiers du CEDREF*, 2006, 14, p. 145-172.

MAIRE, Marc, « La Passion, noire et animiste, selon Brett Bailey. Une expérience et une re-connaissance critique d'Exhibit B », *Cahiers d'Études africaines*, 2016, n° 22, p. 607-636.

ROBLES, Fanny, « From Reverse Ethnography to Cultural Performance : Reenacting Colonial Shows in Contemporary France », *Interventions : International Journal of Postcolonial Studies*, 20/7, 2018, p. 1037-1052.

ROBLES, Fanny, « Brett Bailey : Ritualizing creative energy », interview, *e-Rea* (*Revue électronique d'études sur le monde anglophone*), 19.1, 2021, en ligne : https://doi.org/10.4000/erea.13030 (consulté le 16 juin 2022).

SIEG, Katrin, « Towards a Civic Contract of Performance : Pitfalls of Decolonizing the Exhibitionary Complex at Brett Bailey's *Exhibit B* », *Theatre Research International*, Vol. 40, Issue 3, October 2015, p. 250-271.

## TEXTES JURIDIQUES

### NATIONAUX

Déclaration des droits de l'homme et du citoyen de 1789

Loi du 29 juillet 1881 *sur la liberté de la presse*, JORF du 30 juillet 1981

Ordonnance n° 45-2339 du 13 octobre 1945 *relative aux spectacles*, JORF du 14 octobre 1945.

Loi n° 49-956 du 16 juillet 1949 *relative aux publications destinées à la jeunesse*, JORF du 19 juillet 1949

Loi n° 99-198 du 18 mars 1999 portant modification de l'ordonnance n° 45-2339 du 13 octobre 1945 *relative aux spectacles*, JORF du 19 mars 1999

Loi nº 2016-925 du 7 juillet 2016 *relative à la liberté de création, à l'architecture et au patrimoine*, JORF du 8 juillet 2016.

INTERNATIONAUX

Convention européenne de sauvegarde des droits de l'homme et des libertés fondamentales de 1950
Déclaration universelle des droits de l'homme (DUDH) de 1948
Pacte international relatif aux droits économiques, sociaux et culturels de 1966.
Pacte international relatif aux droits civils et politiques de 1966

## JURISPRUDENCE

ADMINISTRATIVE

CE, 7 avril 1916, *Astruc et Société du Théâtre des Champs-Élysées c. ville de Paris*, S. 1916.3.41
CE, 10 août 1917, *Sieur Baldy*, Lebon, p. 637.
CE, 27 juillet 1923, *Gheusi*, Lebon, p. 638.
CE, 7 novembre 1924, *Club indépendant chalonnais*, Lebon, p. 864.
CE, Sect., 18 décembre 1959, *Société Les Films Lutétia*, Lebon, p. 693.
CE, 20 juillet 1990, *Ville de Melun*, nº 69867.
CE, Ass., 27 octobre 1995, *Commune de Morsang-sur Orge et Ville d'Aix-en-Provence*, Lebon, p. 372.
CE, Sect., 30 juin 2000, nº 222194, 222195.
CE, Sect., 6 avril 2007, *Commune d'Aix-en-Provence*, nº 284736.
TA de Paris, 28 octobre 2011, *Alliance générale contre le racisme et le respect de l'identité française et chrétienne,* nº 1118111
TA de Toulouse, ord., réf., 15 novembre 2011, *Alliance générale contre le racisme et le respect de l'identité française et chrétienne*, nº 1105012
TA de Toulouse, ord., 24 février 2012, nº 1105013
TA de Paris, 28 février 2012, *Alliance générale contre le racisme et le respect de l'identité*, nº 1118097
CAA de Toulouse, 14 juin 2013, *Alliance générale contre le racisme et le respect de l'identité*, nº 12BX01022
CE, ord., 9 janvier 2014, *Sté Les Productions de la Plume et M. D.*, req. nº 374508.
CE, ord., 10 janvier 2014, *Sté Les Productions de la Plume et M. D.*, req. nº 374528.

TA de Paris, ord., réf., 9 décembre 2014, *Centre Dumas-Pouchkine des Diasporas et Cultures* Africaines, n° 386328, n° 1430123
CE, ord., réf., 11 décembre 2014, *Centre Dumas-Pouchkine des Diasporas et Cultures Africaines*, n° 386328
CAA de Paris, 8 décembre 2015
CAA de Paris, 2 février 2016
CE, 28 septembre 2016, *Association Promouvoir*, n° 395535
TA de Paris, réf., 14 décembre 2016, n° 16629779/9 et 1620839/9

JUDICIAIRE

Cour de cassation, chambre criminelle, 16 avril 1991, n° 90-87.509
TGI de Paris, réf., 18 octobre 2011, n° 11/58240
TGI de Paris, 7 décembre 2011, n° 11/59621
Tribunal correctionnel de Paris, 24e chambre, 21 juin 2013
CA de Paris, 13 octobre 2015, *G. Bernanos et a. c/ Tcherniakov, Bel Air et autres*
Tribunal correctionnel de Paris, 10 décembre 2015
Cour d'appel de Paris, 22 juin 2016
Cour de cassation, chambre criminelle, 28 juin 2017, n° 16-83680
Cour de cassation, chambre criminelle, 14 novembre 2017, n° 16-84945
Cour de cassation, civ., 1re ch., 22 juin 2017
Cour d'appel de Versailles, 30 novembre 2018, RG n° 17/08754
TGI de Paris, ord. réf. 19 février 2019
TGI de Lyon, réf., 18 février 2019

CONSTITUTIONNELLE

CC, 27 juillet 1994, n° 94-343/344 (décision dite « Bioéthique »).

EUROPÉENNES

Cour EDH, 7 décembre 1976, *Handyside c. Royaume-Uni*, n° 5493/72
Cour EDH, 20 septembre 1994, *Otto-Preminger-Institut c. Autriche*, n° 13470/87
Cour EDH, 24 mai 1998, *Müller et autres c. Suisse*, n° 10737/84
Cour EDH, 25 janvier 2007, *Vereinigung Biedender Künstler c. Autriche*, n° 68354/01
Cour EDH, 3 mai 2007, *Ulusoy et autres c. Turquie*, n° 34797/03
Cour EDH, 30 janvier 2018, *Sekmadienis Ltd. c. Lituanie*, n° 69317/14
CJUE, 27 février 2020, *Constantin Film Produktion GmbH c/ EUIPO*, aff. C-240/18 P

## SITOTHÈQUE

Compagnie *Third World Bunfight* de Brett Bailey : http://thirdworldbunfight.co.za/exhibit-b/ (consulté le 16 juin 2022)

Compagnie de Claudia, Romeo Castellucci et Chiara Guidi : https://www.societas.es/artists/?lang=en (consulté le 16 juin 2022)

Vidéos de présentations sur le site *Théâtre contemporain* :

Sur *Sur le concept du visage du fils de Dieu* : https://www.theatre-contemporain.net/video/Sur-le-concept-du-visage-du-fils-de-Dieu-Romeo-Castellucci-11781 (consulté le 16 juin 2022)

Sur *Golgota picnic* : https://www.theatre-contemporain.net/spectacles/Golgota-picnic/videos/ (consulté le 16 juin 2022)

Sur *Exhibit B* : https://www.theatre-contemporain.net/spectacles/EXHIBIT-B-12448/ (consulté le 16 juin 2022)

# INDEX DES NOMS

# INDEX DES SPECTACLES

# INDEX DES NOTIONS, MOTS CLEFS

# TABLE DES MATIÈRES

DEUXIÈME PARTIE

# ANALYSE JURIDICO-ESTHÉTIQUE DE TROIS QUERELLES THÉÂTRALES CONTEMPORAINES

IMPRIM'VERT®

Achevé d'imprimer par Corlet,
Condé-en-Normandie (Calvados),
en Janvier 2023
N° d'impression : 179452 - dépôt légal : Janvier 2023
Imprimé en France